Christian E. Hannig

Vom Silberfluss zum Silberberg

Auf Abenteuerkurs durch Südamerika

SIERRA

Die Deutsche Bibliothek – CIP-Einheitsaufnahme
Ein Titeldatensatz für diese Publikation ist bei
der Deutschen Bibliothek erhältlich.

REISEN · MENSCHEN · ABENTEUER

Originalausgabe, 1. Auflage 2001

Fotos: Christian E. Hannig
Lektorat: Dr. Konrad Dietzfelbinger, München
Karte: Margret Prietzsch, Gröbenzell
Umschlaggestaltung: Atelier Seidel, Altötting
Satz: Uhl + Massopust, Aalen
Herstellung: Sebastian Strohmaier, München
Druck und Bindung: Clausen & Bosse, Leck
Papier: Das Papier wurde aus chlorfrei gebleichtem Zellstoff hergestellt
ISBN 3-89405-125-6

www.frederking-und-thaler.de

Para los Niños de la Tierra

Inhaltsverzeichnis

Hürdenlauf

Die ersten Ansagen aus dem Bordlautsprecher klingen fast nach Heimatkunde: »... Start in Frankfurt, wir haben Rüsselsheim überflogen und nehmen jetzt Kurs auf Frankreich ...«

Doch Fliegen ist Geografie im Zeitraffer. Schon liegen Paris , die Pyrenäen und bald Spanien hinter uns. In der Schwärze der Nacht lässt sich Afrika nur ahnen. Der Flugwegschreiber verrät es: zur Linken jetzt der Senegal, rechts die Kapverden. Weiter geht es zwischen zwei Meeren: über uns das All, unter uns der Atlantik. In dieser Endlosigkeit lohnte nur noch eine Positionsmeldung: der Äquator.

Sechzig Millionen Jahre Evolution waren notwendig, um aus dem Urvogel Archäopteryx einen Kolibri, einen Kondor zu entwickeln. Der Mensch baute schneller. Längst haben die Nachfahren des Flugsauriers Konkurrenz bekommen, Silbervögel aus Metall. Ich bitte die Stewardess, mir aus dem Cockpit ein paar technische Daten zu besorgen. Nach ein paar Minuten kommt sie mit einem Handzettel zurück: »vierhundertvierundzwanzig Personen an Bord, zweihundertzweitausend Liter Treibstoff getankt, dreihundertzweiundneunzig Tonnen Abfluggewicht«. Das alles schwebt – luftgetragen. Technische Evolution in nur wenigen Jahrzehnten. Wahrscheinlich bin ich der einzige Passagier, dem solches durch den Kopf geht, während Flug VARIG 741 Zeitzonen durcheilt.

Mein Sitznachbar ist eingeschlafen. So verpasst er den Sonnenaufgang über Brasilien. Schwarzgrün der Urwald, silbern die Flüsse. Nebel hat ihren Lauf nachgezeichnet. Irgendwann ein Puzzle aus unregelmäßigen Flächen: Landwirtschaft aus der Vogelperspektive. Überfliegen wir schon Uruguay?

Die meisten Passagiere sind Südamerikaner. Viele waren wohl geschäftlich unterwegs gewesen, doch mancher wird sein Fernweh gestillt haben und kehrt nun in sein Land zurück. Ich dagegen trage es noch in mir.

»Buenos dias, Señor!« Mein Nachbar ist aufgewacht. Er streckt sich, um einen Blick aus dem Fenster zu werfen. »Schmutzig, sehr schmutzig!« Mit diesen Worten kommentiert er die Wasserfarbe des Rio de la Plata. Was unter uns jetzt eher nach einem Meeresarm als nach einer Flussmündung aussieht, ist meine »Startlinie«. Die Spanier hofften seinerzeit über diesen Strom in das legendäre Silberland Peru zu gelangen; doch er führte sie nur in den Urwald. Der Name, den sie ihm gaben, ist geblieben: Rio de la Plata, Silberfluss.

Wie immer, so reist auch dieses Mal mein Fahrrad mit. Zu den dreihundertzweiundneunzig Tonnen Abfluggewicht hatte es ganze sechzehn Kilogramm beigetragen. Ein Klacks und doch ein Problem – zumindest für seinen Besitzer. Am Zielflughafen Ezeiza, in Buenos Aires, wird keine Straße auf mich warten, nur eine Autopista mit den üblichen Hinweisen: »Traktoren, Pferdewagen und Fahrräder verboten!« Als die Maschine in niedriger Höhe noch eine Warteschleife drehen muss, sehe ich meine Bedenken bestätigt: kein normales Asphaltband, kein Weg, nicht einmal ein Trampelpfad, den auch ein Pedalist benutzen könnte – nur eine Autobahn zwischen Airport und Metropole. Vierzig Kilometer Fahrverbot! Ich werde mich wohl mit der Polizei anlegen müssen.

Ein zweites »Buenos dias!«. Dieses Mal gilt es einem neuen Land, Argentinien. Kaum zu glauben: Der Zollbeamte winkt mich durch. Vier Packtaschen, Gepäckrolle, Fahrrad – nicht zu übersehen die voluminöse Fotoausrüstung. Wo war sie, die dem Land nachgesagte, stilblütentreibende Bürokratie? Ich bin angenehm überrascht.

Hinter mir das Desinteresse der Zollbeamten, vor mir die Neugier der ganzen Airporthalle. Nicht alle Tage wird hier ein Fahrrad für »große Tour« startklar gemacht. Fragen von allen Seiten: »Woher, Señor? Wohin? Welche Strecke? Keine Angst ...?« Sogar mein Alter interessiert. Als ich es nenne, kommentiert ein Mann meine Antwort mit: »Mutig, Señor, sehr mutig!« Mir ist nicht nach langem Gespräch. Mein Hauptproblem ist in diesen Minuten, alles Gepäck im Auge zu behalten. Bei solchen Flughäfen ist Vorsicht geboten.

Fertig! Hinter mir klingt ein vielstimmiges »Suerte, Señor! Buen viaje!«. Von diesem mir gewünschten Glück könnte ich schon jetzt etwas gebrauchen. Vor mir die Autobahn, an ihrem Ende der Millionenmoloch Buenos Aires. Ein Optimist, wer sich auf so ein Wagnis einlässt.

Die von mir befragten Busfahrer am Airport hatten abgewinkt: »Fahrradtransport? Nicht möglich!« Die Taxifahrer dagegen, an die man mich verwies, bekamen sofort den Dollarblick, als sie mein Problem sahen. Doch es gibt Rachen, in die werfe ich nichts – aus Prinzip.

Auf den ersten Kilometern geht alles gut. Ich nutze die schmale Standspur. Das Hupen der mich überholenden Autofahrer klingt eher nach Gruß. Bald wird der Verkehr dichter. Mehrfach passiere ich das Verbot: »Traktoren, Pferdewagen ...« Die ersten Unannehmlichkeiten. Handzeichen aus den Seitenfenstern: »Ciclista, verschwinde von der Autopista!« Das Hupen wird zum Schimpfen. Einer der Fahrer nimmt mit dem Außenspiegel »Maß«. Ich habe Glück. Mein Gepäck ist so breit, dass es die Ellenbogen schützt. Es macht nur »ssst!«: Blech auf Stoff. Nun ist er es, der von den anderen ausgehupt wird. Soweit durfte technische Überlegenheit nun doch nicht gehen.

Es heißt, in Buenos Aires sei der Verkehr schlimmer als in Mexico City. Das wäre Weltrekord. Davon bekomme ich nun eine Kostprobe. Froh darüber, dass mich noch keine Polizeistreife gegriffen hat, versuche ich der rollenden Blechlawine zu entkommen. Doch die willkürlich gewählte Abfahrt führt mich in noch Schlimmeres. Zu den Vororten der 15-Millionen-Metropole gehören die »Villas miserias«. In einem solchen Elendsviertel lande ich. Der Anblick ernüchtert. Das Risiko, falls ich weiterhin die Autobahn benutze, scheint mir allemal geringer, als wenn ich mir den Weg durch solche Slums suche. Meine Umkehr sieht nach Flucht aus. Schon hat mich die Autopista wieder.

Verkehr lässt sich steigern, bis zum Kollaps. Erneut der Versuch zu entkommen. Dieses Mal klappt es – für die Länge der Ausfahrt. Allein zwanzigtausend Busse sollen in Buenos Aires um die Wette lärmen und stinken. Ihre Fahrer scheinen besondere Freude an einem Spiel zu haben, das man »Radlerhatz« nennen könnte. Erster Sieger ist der, der so ein armes Schwein in einen offenen Gullyschacht schiebt, zweiter, dem es gelingt, es langsam an der Bordsteinkante zu zerquetschen. Noch nie wurde ich als Verkehrsteilnehmer so konsequent übersehen, so rüde behandelt.

Geschoben, gestoßen, ausgebremst, umgeworfen, dazu reichlich Dezibel in den Ohren und Blei in der Lunge, so arbeite ich mich ins Zentrum vor. Einen vernünftigen Stadtplan konnte mir der deutsche Buchhandel nicht beschaffen; ersatzweise navigiere ich nach der Sonne. Auf der südlichen Halbkugel steht sie mittags im Norden. Dieses Wissen genügt, um selbst in einem Häusermeer wie dem von Buenos Aires das andere Ufer zu finden.

Straßennamen im Dutzend. Jetzt die Avenida Callao. Weiter mit Ostkurs, durch Einbahnstraßen wie ein Hase zum Hakenschlagen gezwungen. Die Hatz geht weiter; überall »Hunde« mit bulligen Schnauzen: Busse. Avenida 9. Juli. Am liebsten möchte ich das Rad hinschmeißen und den Motorisierten zurufen: »Nun macht es doch endlich platt! Auf dem Bürgersteig ist noch Platz für mich – als Fußgänger!« Die Avenida Leandro. Das »Suerte!« vom Flughafen scheint zu wirken, Rad und Reiter noch immer unversehrt.

Später die Avenida Edouardo, das Glück klebt weiter am Pedal. Plötzlich der Blick auf Wasser. Vor mir der Rio de la Plata. Ich stehe an meiner Startlinie!

Zwei Hürden liegen hinter mir, ein Millionenmoloch und seine Autobahn; doch dort vorn im Hafen wartet schon die nächste. Ich weiß es nur noch nicht.

Man kann Reisen bis ins kleinste Detail planen, man kann sich aber auch die Freiheit spontaner Entscheidungen erhalten. Letzteres ziehe ich vor. So ist im Augenblick nicht einmal sicher, welche Fähre ich über den Fluss nehmen werde: die nach Montevideo oder die nach Colonia del Sacramento. Hauptsache, sie bringt mich ans andere Ufer. Von dort soll es mit Nordkurs weitergehen: Uruguay, ein Stückchen Brasilien, Paraguay, Bolivien. Sehnsucht sucht sich stets neue Horizonte.

Der Ticketkauf beginnt mit einem Missverständnis. Am Schal-

Die Hafenausfahrt von Buenos Aires mit meiner »Startlinie«, dem Rio de la Plata, dem Silberfluss.

ter der Hinweis: »Montevideo!« Doch es werden hier nur Fährscheine nach Colonia verkauft. Also gut. Montevideo passé! So schnell kann Umplanen gehen. Zunächst schickt man mich weg, zum Formularausfüllen, letzter Schalter links. Dann wieder Einreihen in die Warteschlange. Endlich dran, darf ich lediglich meinen Wunsch anmelden: »Colonia!« Ein ausgestreckter Arm zeigt erneut nach links, noch einmal letzter Schalter. Jetzt soll ich bezahlen – vorab. So geht es nicht nur mir; es trifft auch die anderen. Jeder darf sich in Geduld üben. Aus der Warteschlange wird allmählich ein Vollkreis. Das sind sie, die Stilblüten südamerikanischer Bürokratie. Einen ganzen Strauß davon würde ich hier noch sammeln.

Warteschlangen lassen sich optisch verfeinern. Seilpfosten werden aufgestellt. Man holt sie von den anderen Schaltern. Endlich Ticketbesitzer, begebe ich mich zur Kontrolle – seilgeführt. Fast gelangweilt legt der Beamte das vorgezeigte Ticket in den Pass und reicht mir beides wieder zurück: »Ohne Bordkarte ungültig!« Mein Argument: »Keine erhalten!«, überhört er. Eine Handbewegung: »Der Nächste!« Das Wenden zwischen zwei Tauen – mit bepacktem Rad – ist fast unmöglich, erst recht das »Schwimmen« damit gegen den Strom. Einige Passagiere helfen mir den Lenker auszurichten, während ich, hinter dem Rad gehend, dieses schiebe. Auf dem Rückweg zum Schalter führe ich ein Selbstgespräch: »Ruhig Blut! Die machen dich nicht lang!« Trotzdem mag meine Frage, warum man mir ein Ticket ohne Bordkarte verkauft hat, etwas ungehalten geklungen haben. Die Antwort der Señorita ist ein Beispiel argentinischer Arroganz: Schweigen, Wegschauen. Schon gut! Hier reklamiert man nicht, hier bittet man. Nach einem »Por favor!« und einem »Lo necesito!« klappt es dann. Ein Tastendruck, die Bordkarte wird erstellt. Aber noch während mir die Schöne diese aushändigt, wendet sie sich bereits wieder ab. Ich sehe »Schulter von hinten«. Vielleicht sollte ich wiederkommen – nicht in alten Radlerklamotten, sondern im dezent Gestreiften, Diplomatenköfferchen in der Hand, unterm Arm ein Exemplar der *La Marga*[1] – lediglich als Service-Test.

Inzwischen bin ich der Letzte. Das Schiff soll in fünf Minuten auslaufen. An der Kontrolle präsentiere ich erleichtert die Bordkarte. Ein höfliches »Gracias, Señor!« ist die Antwort; doch dann erwischt mich der Nachsatz: »Mit dem Fahrrad dürfen Sie hier nicht durch! Sie müssen es abgeben!« Der Uniformierte sagt das, als wäre es ihm erst jetzt eingefallen. Dabei war er es doch, der mich schon einmal zurückgeschickt hatte. Mein Rad konnte er dabei unmöglich übersehen haben. Nun bin ich es, der auf arrogant schaltet. Wortlos mache ich kehrt. Am Kartenverkauf »übersehe« ich die Señorita, spreche einen Mann im Hintergrund direkt an: »Señor, dieses Fahrrad muss auf die Fähre nach Colonia!« Ein Handycall, ein Wink. Das Schiff wird nicht auslaufen, nicht ohne dieses »bici«. Ein Elektrokarren schnurrt heran. Hilfreiche Hände packen zu. Der Hürdenlauf ist zu Ende!

Mit »Buenos dias!« hatte ich Argentinien begrüßt, mit einem »Muchas gracias!« verlasse ich es. Doch nach diesem Buenos Aires werde ich mich an Bord nicht einmal umdrehen.

Gauchos und gelbe Horizonte

Langsam gleitet die Fähre aus dem Hafen. Doch kaum im offenen Wasser, zeigt sie, dass ein paar tausend Pferdestärken in ihrem Bauch stecken. Der Bug hebt sich. Heckwärts schäumt der Fluss. Die Überfahrt wird zum Wellenritt.

An seiner Mündung ist der Rio de la Plata über zweihundert Kilometer breit. Aber selbst noch hier, zwischen Buenos Aires und dem uruguayischen Colonia, glaubt man sich bei der Überfahrt eher auf dem Meer. Ich gäbe viel darum zu wissen, was mich am anderen Ufer erwartet. Dass es das kleine Uruguay überhaupt noch gab, war mir bis zu der Planung der Tour fast entfallen – auch dank des Schweigens unserer Medien. Ein Land, in dem es viermal so viel Rinder wie Menschen gibt, interessiert eben nur dann, wenn es nicht nur Fleisch, sondern auch Schlagzeilen liefert.

Das Ostufer. Nur einen halben Tag auf einem fremden Kontinent, und schon hatte ich das Land gewechselt. Zu Hause hatte es geschneit, als ich abflog; hier empfangen mich hochsommerliche fünfunddreißig Grad – kein Wunder, dass der Körper murrt. Dazu kommt noch der Langstreckenflug. Doch die Neugier hält mich weiter auf den Beinen.

Der Hafen von Colonia wirkt wie die Miniaturausgabe eines richtigen Ports. Das Ankunftsgebäude gleicht einer gemauerten Röhre, vorne und hinten offen. Dieses Mal scheinen die Zöllner ein Opfer zu wittern. Ein Handzeichen unter zwei Uniformierten: »Nimm du dich mal des Radlers an!« Wenn das jetzt heißen sollte: »Alle Taschen leeren!«, dann würde ich eine Art »Waffe«

ziehen, einen Stapel Papiere. Man macht sich nicht an die Durchquerung eines Kontinents, schon gar nicht des lateinamerikanischen, ohne entsprechend Vorsorge zu treffen. Journalistenvisa, besondere Aufenthaltsgenehmigung, ein Fax aus dem Hauptzollamt in Montevideo, dazu Empfehlungsschreiben gleich mehrerer Botschaften – samt augenfälliger Stempel: »Consul General Honorario« oder gar »Embajador«, seine Exzellenz persönlich. Ich sehe die Zollbeamten schon strammstehen. Doch das »Waffeziehen« erübrigt sich. Unverhofft ergibt sich ein Verbündeter, die Temperatur. Hitze macht lustlos. Das mag besonders für Uniformen gelten. Während sich die zwei Zollbeamten über die Notwendigkeit meiner Kontrolle zu streiten beginnen – jeder will diese Aufgabe dem anderen zuschieben –, macht der Jüngere hinter dem Rücken des anderen eine unmissverständliche Geste: »Weitergehn!« Das Handzeichen wird zum Wedeln: »Los, los! Schnell!« Ich habe verstanden. Zehn Schritte und ich bin im Land. »Guten Tag, Uruguay!«

Wer aus Buenos Aires kommt und seinen Fuß auf das alte Pflaster Colonias setzt, dem ist, als hätte er einen lärmgefüllten Saal verlassen und ein kleines, gemütliches Zimmer betreten. Ich fühle mich spontan wohl. Überall sitzen die Menschen im Schatten der Alleebäume. Freie Plätze auf den Bänken sind Mangelware. Man saugt Mate. Fast in jedem Mund die *Bombilla*[2]. Für ungeübte Gaumen soll dieser Tee scheußlich schmecken. »Sag mir, worauf du achtest, und ich sage dir, wer du bist.« Diese Worte Ortega y Gassets fallen mir ein, als ich schon nach wenigen Minuten bemerke: Beim Matetrinken kann man soziale Unterschiede erkennen. Da halten schwielige Hände Becher aus Blech, aus Kuhhorn, oder ummantelt mit abgegriffenem Leder. Da gibt es einfache Kalebassen, kunstvoll geschnitztes Holz, billiges Plastik. Feingliedrige Finger umfassen matten Glanz, etwa Silber? Zumindest die Trinkgefäße, die Füßchen wie alte englische Zuckerdosen haben, scheinen

»echt« zu sein. Neugierde auch bei den Uruguayern. Der fremde Radler wird zum Blickfang. Grüße vom Straßenrand, die ersten Fragen. Man wiederholt meine Antwort: »Alemania? Herzlich willkommen!« Eine Hand voll Autos in Schleichfahrt. Wie wohltuend. Keine Radlerhatz, keine Bleilunge. Wer dem Moloch Buenos Aires entkommen ist, der *muss* sich in Colonia wohl fühlen.

Die Zimmersuche ist völlig unproblematisch. Alle Hotels scheinen auf Gäste zu warten. Ich entscheide mich für das *Posada del Rio* – aus subjektiven Gründen: klein, familiär. In der Rezeption ein Erlebnis, das nachdenklich macht. Kaum hat die junge Frau meinen Pass aufgeschlagen, sagt sie: »Alemania?« Dann folgt in nachgemacht-militärischem Ton: »Hitler!« Zu meiner Verblüffung kommt nun auch noch die Frage: »War Hitler wirklich Deutscher?« Ich weiche einer Diskussion aus und sage nur: »Ja, ja! Geben Sie mir bitte ein ruhiges Zimmer.«

Während ich nach einem Flug von mehr als zehntausend Kilometern, nach Klimawechsel und nach »Buenos Aires diagonal« wie tot daliege und schlafe, steht mein Rad gleich einem Wachhund vor der Tür. Ich bräuchte keine Bedenken haben, es nicht einmal abzuschließen, hatte man mir gesagt. Ein unübliches Versprechen in Südamerika.

Es ist bereits mein dritter Tag in Colonia. Akklimatisierung hat sich eingestellt, aber auch Sympathie für diese Stadt. Was die Portugiesen hier vor mehr als dreihundert Jahren erbaut haben, hat sich fast unversehrt in die Gegenwart gerettet. Das Pflaster ist zwar zum Knöchelbrechen, doch Stolperkanten gehören nun einmal zum Flair eines solchen »Museums«. In diesen Gassen ein Trupp Conquistadores in historischer Tracht und hoch zu Ross – der Zeitsprung wäre perfekt.

Ich sitze vor einem Restaurant in der Calle Santa Maria. Rot, fett und feurig versinkt die Sonne jenseits des Rio de la Plata. Am Ufer die Silhouetten von Liebespärchen. Romantiksuche. Daheim hatte es Neuschnee gegeben. Hier zeigt das Thermometer noch in den Abendstunden dreißig Grad. In den Palmen turnen Papageien. Die Bougainvilleen protzen mit Blütenwolken. Die Bedienung bringt mir die Speisekarte: »Señor, Sie können in Nuevo Peso, in argentinischer Währung oder mit Dollar bezahlen.« »Schau an«, denke ich, »das kleine Uruguay gibt sich international!« Ein Straßenverkäufer geht von Tisch zu Tisch und bietet seine Ware an, Nützlich-Unnützes: Heftpflaster, Isolierband, Rosenbildchen fürs Poesiealbum. Als ich dankend ablehne, zeigt er auf mein Tagebuch, das vor mir liegt. Da hinein könnte ich doch eine solche »Rose« kleben. Wenn der Mann nur um den Inhalt des Büchleins wüsste. Es beginnt mit den Telefonnummern der diplomatischen Vertretungen – für den Ernstfall.

Sambaklänge hallen durch die Calle Santa Maria. Brasilien ist nicht weit. Auch sein Karneval schwappt herüber. Montevideo, heißt es, stehe dann eine Woche lang Kopf. Die Stadt wird erst jetzt richtig wach. Autoradios lärmen um die Wette, Mopedralleys in

Das uruguayische Colonia del Sacramento. Durch dieses Stadttor ritten portugiesische und spanische Eroberer.

den größeren Straßen. Bei den Señoritas Stoffmangel, einige sogar nur im Unterkleid. Der Papst würde rot. Wer jetzt noch keinen Platz in einem der vielen Straßenrestaurants hat, ist chancenlos. Das kleine Colonia holt gegenüber Buenos Aires mächtig auf.

Am nächsten Morgen hört man mehr Vogelstimmen als Autoradios. Ich möchte mich noch etwas mit Geld versorgen und reihe mich in die Warteschlange vor einer Bank ein. Sieht man den Andrang, ist man versucht zu glauben, die Währung des Landes stehe kurz vor dem Zusammenbruch. Doch Szenen wie diese sind üblich – in ganz Lateinamerika. Nach dem Öffnen geht das Warten weiter. Dann die Überraschung: Aufregung an allen Schaltern. Totaler Stromausfall. Damit ist auch das Computersystem der Bank lahm gelegt. Uniformierte schließen die schweren Türflügel – aus Sicherheitsgründen. Es droht Überfüllung. Auf den oberen Stufen zum nächsten Stockwerk lässt sich ein Herr in schwarzem Anzug blicken, wohl »El Señor Director«. Das aufflammende Murren in der Halle verstummt, als der dunkle Anzug würdevoll die Stufen herabschreitet: »Perdone …!« Eine Gasse öffnet sich für die Autorität.

Warten vor der Bank, warten auf Strom, warten vor dem Schalter. Endlich klappt es. Nach mehr als einer Stunde bin ich dran. Doch das Gelassenheit üben war umsonst. Man akzeptiert keine Reiseschecks, cash möchte man sehen, am liebsten »Dollares«, wenigstens jedoch argentinische Pesos. Also doch nicht so international das Ländle, wie es mir gestern schien. Ich werde bei einer anderen Bank das Warten üben. Dort klappt es dann.

Ein letzter Rad-Check vor dem Hotel. Aus winterlicher Ungemütlichkeit in hochsommerliche Hitze: So ein Wechselbad mag kein Körper. Ich werde die Tour langsam angehen lassen; auch wenn das Abenteuer lockt. »Adios, Colonia!«

Die ersten Kilometer, die ersten Eindrücke. Männer schneiden mit Macheten Verkehrsschilder frei. Die üppig sprießende Natur hatte sie vereinnahmt. Ein Trupp grüner Papageien stürzt im Messerflug vorbei. Mannshohes Pampasgras fächelt sich selbst Wind zu. Ich passiere eine alte Farm: morsches Holz, rostiges Blech. Nicht jeder Estancia-Besitzer Uruguays ist ein Rinderbaron. Ein Gaucho taucht auf, auf dem Rückweg von der Weide, vielleicht auch nach langem Überlandritt. Der Mann ist im Sattel eingeschlafen. Sein Kopf nickt rhythmisch im Takt der Hufe. Das Tier scheint den Weg zu kennen. Vor dem Tor der Estancia wird es stehen bleiben und wiehern, damit sein Reiter aufwacht.

Keine Häuser mehr. Vor mir leeres Land, weites Land. Es riecht nach Vieh. Doch wo sind die Millionen Rinder, die den Reichtum Uruguays ausmachen? Allenfalls in der Ferne kann ich ein paar dunkle Punkte ausmachen. Es mag an der Größe der Weideflächen liegen, die europäische Vorstellungen sprengt. Ein Zweitausendhektarbesitz gilt hier noch als klein. Zehntausend Hektar sind keine Ausnahme. Solche Dimensionen lassen ein Land einsam erscheinen.

Nicht jeder Estancia-Besitzer ist ein Rinderbaron.

Das erste Dorf. Die Karte verschweigt es. Seinen Namen erfahre ich auf Nachfrage: Piedra de los Indios. Der kleine Ort mag Geschichte haben, Zukunft sicher keine. Überall Zerfall. Die Tür der Dorfbar steht offen, eine Einladung, die ich spontan annehme. Vier Männer sind anwesend. Das plötzliche Auftauchen des Fremden lässt die Unterhaltung verstummen. Die Starre weicht, als einer von ihnen das vor der Tür abgestellte Rad entdeckt. Fragen und Antworten ergeben sich nun wie von selbst. Erstaunlich, dass es neben harten Getränken hier auch Mineralwasser gibt. Als ich es bezahlen möchte, winkt man ab: »Schon erledigt! Kein Geld, Señor!« Der Mann, der unmittelbar neben mir steht, fügt hinzu: »Was ist schon Geld?« Er ahmt den Kugelwurf eines Kricketspielers nach: »Aus! Weg!« Die »Münzen« rollen ihm durch die gespreizten Finger. Seine Kumpane lachen: »Salut, Señor!« Scherzhaft prosten sie mir zu.

In dem fensterlosen Raum war die Temperatur fast angenehm gewesen. Die Lehmwände hatten die Hitze ferngehalten. Wieder draußen, schlägt sie mir ins Gesicht. Ich werfe einen Blick auf das kleine Thermometer im Schatten der Fototasche: sechsunddreißig Grad, und die Spitze ist noch nicht erreicht. Während der Weiterfahrt begleitet mich das Zirpen der Zikaden. *Sie* mögen diese Temperatur. Irgendein Fluss. In seinem Galeriewald steigert sich das Geräusch zum Lärm. Auch die Natur kann »laut« sein. Das nächste Beispiel wartet nur wenige Kilometer voraus. In einer Gruppe Eukalyptusbäume nistet eine Hundertschaft Papageien. Wie bei uns die Spatzen oder Stare lieben auch sie die Nachbarschaft von ihresgleichen. Gegen das halb Schreien, halb Krächzen helfen nur Ohrenstöpsel. Ein Obstwagen auf Rädern überholt mich. Der Fahrer bremst und ist bereits ausgestiegen, als ich ihn erreiche. »Frutas?« Das ist Frage und Angebot zugleich. Er klettert unter die Plane und reicht mir einen Bund Bananen herab. Mit geballter Faust deutet er an: »Gibt Kraft!« Schon ist er wieder im Führerhaus. Mein »Muchas gracias!« erreicht ihn gerade noch. »Ein Land voller ›Kricketspieler, denen das Geld aus den Fingern rollt‹«, freue ich mich über das Geschenk. Doch wohin mit der gelben Frucht? Ich werde gegen das Verderben anessen müssen. Das Lärmen der Papageien kommt mir jetzt wie Neidgeschrei vor. Ich warte auf ein paar Bäume ohne Nestbewohner.

Rast unter subtropischer Sonne. Ein goldgelber Berg Bananen zum Picknick, Zikadenmusik in den Ohren. Das idyllische Bild täuscht. Der Schatten der Eukalyptusbäume ist dürftig. Ein Geschwader Bremsen, unterstützt von einem Fußvolk Ameisen, schlägt mich in die Flucht. Diese Erfahrung sollte ich noch häufiger machen.

Hupgrüße von hinten. Vor mir rollt das Auto aus. Doch was für ein Mobil! Uruguay hat den Ruf eines Landes der Oldtimer. Astronomische Preise machen Neukäufe für viele unerschwinglich. Glücklich also, wer einen alten fahrbahren Untersatz besitzt. Das wertvolle Stück wird zwangsläufig zum Gefährten. Doch mit den Jahren taucht ein Problem auf: die Ersatzteilfrage. Windschutzscheiben für Karossen mit Holzrahmen gibt es schon lange nicht mehr, aufmontierte Scheinwerfer ebenso wenig. Notfalls fährt man eben windumsäuselt, einäugig oder ganz ohne Licht. Ein solcher »Lebensgefährte« hatte eben angehalten. Der Fahrer ist ausgestiegen, rückt sich die Hose zurecht und kommt mir entgegen. Ich weiß schon, was er fragen wird. Seit ich am Flughafen von Buenos Aires das Rad startklar machte, wiederholen sich die Fragen. Natürlich! Er breitet die Arme aus, »singt« wiederholend meine Antwort: »De Aaalemaaania! Bienveniiido!« Der Überschwang hat Gründe. Ein fremder Radler auf den Straßen Uruguays: Schon das allein macht ihn zum Exoten. Nun gar noch einer aus dem fernen »Alemania«. Das Wort hat in Uruguay Klang. Es steht für anständig, für arbeitsam, für tapfer, für zäh… Deshalb diese »Umarmung«. Das Angebot des Begeisterten, mir zu helfen, kann ich dankend ablehnen. Ich verweise auf die gefüllten Wasserbeutel am Lenker und auf die Bananen, die nun unter dem hinteren Spanngurt klemmen. Ja, vielleicht sollte ich den Spieß umdrehen – und eher ihn anschieben. So bleibt es bei: »Dann noch eine gute Reise!« Ein Zuwinken vor dem Einsteigen und ein weiteres »Buen viaje!«, dieses Mal gekeucht aus einer Hupe, für die es auch keinen Ersatz mehr gibt. Eiertanz der Hinterräder. Das Vehikel entfernt sich. »Uruguay, deine Automobile sind sehenswert!«

Bei der Vierziggradmarke hatte es sich das Thermometer überlegt. Genug für heute! Morgen könnte die Quecksilbersäule wieder Anlauf nehmen. Genug auch für den Radler. Etappenende.

Dort vorn liegt eine Stadt, nach meiner Karte Carmelo. Hier endet der Rio de la Plata, besser: Hier wird er geboren. Weit im Westen, jenseits des Wasserhorizontes, liegt das Mündungsdelta des Rio Paraná. Ebenso mächtig fließt von Norden der Rio Uruguay heran. Dort, wo sich die beiden Ströme treffen, verlieren sie ihren Namen. Der Silberfluss ist geboren.

»Hola, Carmelo!« Vor der Tür der Präfektur schmettert ein Polizist ein Lied – beide Daumen selbstgefällig hinters Koppel gehakt. Entweder ist es mein Anblick oder der Schreck über seine eigene Lautstärke, der ihn plötzlich verstummen lässt.

Nach der Unterkunftssuche beginnt die übliche Neugierrunde. Aus den Lautsprechern tönt Lambada statt Samba. Das Restaurant *Bohemia* leer, die Straßenkonkurrenz brechend voll. Junge Mütter zeigen ihren Kleinen »Carmelo nach Sonnenuntergang«. Manches Köpfchen baumelt bereits im Schlaf auf Mamas Schulter. Taumelfreudig dagegen die zahllosen Falter an den Straßenlaternen. Ein einäugiges Auto, ein zweites ganz ohne Licht. Die Polizei schaut weg. Dieses Carmelo unterscheidet sich von Colonia wohl nur in Nuancen.

Ein Land der Gauchos und der grünen Horizonte hatte ich erwartet. Doch Uruguays Wirklichkeit straft das Klischee Lügen. Heute radle ich schon seit Stunden durch ein Meer aus Sonnenblumen.

Aus den Stunden sollten später Tage werden. Das Land präsentiert sich golden. Vermeintliche Schotterberge vor einer Fabrik entpuppen sich beim Näherkommen als riesige Anhäufungen von Sonnenblumenkernen. Hier fließt aus Ölmühlen Uruguays »Gold«. Ein vorübergehender Landschaftswechsel von Gelb in Grün: Rinder pilgern zu den Tränken. Sie folgen ausgetretenen Pfaden. So heiß brennt die Sonne, dass einige der Tiere in den wassergefüllten Mulden ein Stehbad nehmen. Andere stellen sich in Ermangelung von Bäumen in den Schatten von Strommasten. Ihr Instinkt sagt ihnen nicht, dass Eisenstäbe kein Blätterdach haben.

Während der Nacht hatte sich ein Gewitter entladen. Den damit verbundenen Temperatursturz glich die Sonne schon in den Morgenstunden aus. Zur Hitze kommt jetzt auch noch Heftpflasterasphalt. Was bei einem Auto die Stoßdämpfer schlucken, übertragen Veloräder fast ungemindert auf die Wirbelsäule. Ich schimpfe: »Man kann Löcher in Straßen auch richtig ausbessern!«

Uruguay ist nicht nur ein Land der weiten Rinderweiden, sondern auch der endlosen Sonnenblumenfelder.

So viel ich auch trinke, all die Flüssigkeit findet als Schweiß wieder den Weg zurück in die Natur. Radlerbedingungen wie im australischen Outback. Meine Wasserbeutel sind inzwischen so hohlwangig, dass ich Nachschub benötige. Doch weit und breit kein Haus, geschweige denn ein Dorf. Klein – und leer ist dieses Land. Endlich ein Wasserbassin, gefüllt durch ein Windrad. Willkommenes Nass nicht nur für Rinder, sondern auch für Radler. Nach einer weiteren Stunde Treten taucht dann doch noch auf, worauf ich die ganze Zeit vergeblich gehofft hatte: eine Tankstelle. Der Fremdgeschmack des Wassers aus dem Bassin hatte mir nicht behagt, aber zu meiner Überraschung gibt es in der Station überhaupt kein Wasser, nur Flüssiges für durstige Motoren. Nicht einmal die Segnungen der US-Getränkeindustrie hat man in den Regalen. Also radle ich weiter.

Wieder dumpfes Treten auf holprigem Asphalt. Die Straße folgt weiter dem Rio Uruguay. Doch der Fluss gibt sich bedeckt. Galeriewälder säumen ihn. Am Himmel braut sich erneut etwas zusammen. Die Wolkentürme werden immer höher. Wie auf Absprache brechen mehrere Gewitter gleichzeitig los. Unter der Plastikplane hockend, die eigentlich zum Schutz des Zeltbodens gedacht ist, lasse ich die Unwetter über mich ergehen. Der Geschützdonner in den Wolken will nicht enden, auch nicht das Trommelfeuer der dicken Regentropfen. Wenn das so weitergeht, werde ich mein heutiges Ziel, die Stadt Mercedes, nicht mehr erreichen. Am Ende klappt es gerade noch, wenngleich in einer Nachtfahrt. Selbst ohne Licht (an meinem Rad gibt es weder Lampe noch Dynamo), hänge ich mir ein helles Handtuch über die Schultern – als Hinweis für ebenfalls »blinde« Autofahrer: »Da ist noch jemand!«

Mercedes! Zu meiner Überraschung sind alle Hotels ausgebucht, irgendein Festival. Bliebe nur das Zelten am mückenverseuchten Ufer des Rio Negro, dem Hausbach der Stadt. Aber dort, wo die Straßen bereits unbeleuchtet sind, werde ich doch noch fündig. Zehn Dollar, mit Frühstück. Das ist ein echtes Schnäppchen. In einem Restaurant, das zu dem Hotelchen »passt«, versuche ich den Radlerhunger zu stillen. Das Inventar: abgewetztes Holz, Plastik, Metall. Aus dem Lautsprecher klingen vertraute Töne, Johann Strauß, jedoch auf ausgeleiertem Band arg vergewaltigt. Über mir hangelt sich eine Heuschrecke an der Neonlampe entlang, auf dem Fußboden Wettrennen zweier Kakerlaken. Wer ist zuerst in der Schattenfuge? Ein ohrwurmähnliches Insekt war von der Decke abgestürzt, direkt auf meinen Tisch; mit den Fingern weggeschnippt, geht sein »Flug« sogleich weiter. Hätte dieses Restaurant noch keinen Namen, ich würde es »Brehms Tierleben« nennen.

Speisekarten in solchem Umfeld haben es in sich. Oft werden sie nur verbal vorgetragen. Wie wäre es mit Brotresten – speziell zubereitet, mit Innereien, mit Pansensuppe? Alles schon erlebt auf Reisen. Hier hatte ich nun »ins Blaue« das Angebot des Wirtes bestellt, eine *Chevita a la casa*. Als er mir die Überraschung bringt, taufe ich sie sofort um – in *Hamburguesa vertical*. Der Turm aus Toastscheiben, Fleisch, Tomaten, Ei, Gurken und Salatblättern, und alles soßeüberzogen, ist mit vier Holzspießen zusammengenagelt. Essen kann man das Ganze nur von oben nach unten, eben »vertikal«. Derweil hat das Brot reichlich Zeit zum Durchweichen. Ich schelte das Land: »Uruguay, du könntest sicher Besseres auf den Tisch bringen als American Fastfood in Megaform!« Das Johann-Strauß-Band ist zu Ende, Entlastung für die Ohren. Der Wirt legt ein neues auf. *Samba do Brasil.* Es fällt schwer, gegen diesen Rhythmus anzukauen; man kommt dabei automatisch in den Takt. Weil keine anderen Gäste da sind und der Wirt offensichtlich müde ist, erübrigen sich Gespräche. »Buenas noches, Brehms Tierleben!«

Meine Bleibe: Mückenbesuch vom nicht weit entfernt fließenden Rio Negro ist normal, doch da ist noch mehr Leben. Jetzt wieselt etwas durch meinen Bart. Mit den Fingerspitzen erwische ich das Tier. Für einen Floh ist es zu weich. Ich spare mir das Identifizieren und zerquetsche es im Dunkeln; sonst könnte ich die ganze Nacht das Licht an- und ausschalten. Eine gesunde Müdigkeit bringt mir den Schlaf.

Meine Abfahrt aus Mercedes war wohl nicht unbemerkt geblieben. Ich werde verfolgt – von einem Rennradler. Etwa zehn Kilometer hinter der Stadt holt er mich ein. Atemlos keucht er seine Fragen. Nachdem ich ihm alle beantwortet habe, macht er zufrieden kehrt. Nun kann er berichten.

Ein *Parador*. Eines jener urtypischen Rasthäuser des Landes. An so etwas fährt man nicht vorbei. Dieser nennt sich *Las Viboras*. Der Name ist gerechtfertigt. Uruguay ist Schlangenrevier. Die Letzte, auf die ich traf, war so dumm gewesen, sich abends auf den warmen Asphalt zu legen. Ein Laster hatte sie überfahren. Ihre giftgrüne Farbe sprach für sich. Über dem Kaminfeuer des Parador hängen Würste, schlangenartig – eine Assoziation. Gerade werden sie gegen Fleischstücke ausgewechselt. Dies alles wartet auf hungrige Fernfahrermägen. Da kann auch ein Radler nicht widerstehen. Mit leichtem Völlegefühl im Bauch fahre ich weiter.

Vorerst ist es offenbar genug der gelben Horizonte. Weideland, so weit der Blick reicht – wellig wie ein Meer. Jeder der Hügel voraus hebt die Straße ein Stück höher. Kein Wunder, noch immer folgt sie dem Fluss, und Wasser fließt bekanntlich bergab. Zusätzliche Beinarbeit ist gefordert.

Links der Urwaldstrom, hinter mir der »Strom« aus Sonnenblumenöl, vor mir nun ein dritter: Rinder. So etwas wie ein Auftrieb ist im Gange. Schon etlichen Gauchos war ich begegnet. Einer von ihnen ruhte sich am Straßenrand im Gras aus, den Hut aufs Gesicht geschoben. Neben ihm stand mit gesenktem Kopf sein Pferd. Eigentlich ein Fotomotiv, doch ich hatte Bedenken, dass das Klicken des Kameraverschlusses ihn womöglich nervös reagieren ließe. Schließlich trägt jeder richtige Gaucho eine Waffe bei sich. Der Viehtreiberalltag dieser Männer ist hart. In stundenlangen Ritten müssen sie die halbwilden Rinder aufbringen. Selbst Regengüsse sind kein Grund, die Arbeit zu unterbrechen. Dann hetzen sie wie Wasserteufel über die Weiden. Als ich später einen im Sattel treffe, bitte ich ihn, ein Foto machen zu dürfen. Für einen Moment richtet er sich stolz auf, dann »hängt« er wieder. Die Müdigkeit eines harten Cowboytages steckt ihm in den Knochen.

Erneuter Landschaftswechsel. Dieses Mal von Wiesen in Wald – Eukalyptuswald wie in Australien. In regelmäßigen Abständen erinnern Schilder daran, dass es sich hier um Privatbesitz handelt und dass das Betreten verboten ist. Über Kilometer die Warnung: »Prohibido!« Ein einzelner »freier« Baum voraus am Straßenrand verspricht Schatten für eine Rast. Doch als ich näher komme, sehe ich: schon belegt. Ein aufsteigendes Rauchfähnchen zeigt es an. Unter dem Eukalyptus treffe ich auf ein ganz anderes Uruguay als das, von dem die Verbotsschilder stammen. Das Alter der ausge-

Rückkehr vom Rinderauftrieb. Trotz langem harten Ritt posiert der Gaucho für ein Foto.

mergelten Gestalt hier ist schwer zu schätzen. Die viel zu große Hose hängt schlaff am Körper. Sonst nur kaffeebraune Nacktheit. Der Mann hat sich ein Lagerfeuer gemacht. In einem verbeulten Alukessel dampft Wasser. »Mate?«, macht er mir ein Angebot, als ich halte. Ich lehne dankend ab, kaschiere jedoch meine Unhöflichkeit mit der Ausrede: »… mein Magen, habe Probleme!« Im Gras liegt das Rad des Mannes. Rostgestänge, die Pedale zwei nackte Spindeln, der Sattelrest lappenumwickelt. Irgendwie hatte er es geschafft, sein Schlafbündel und ein halbes Dutzend Plastikflaschen mit Wasser daran zu befestigen. Kein Wunder, dass sein Blick jetzt an meinem Rad klebt. Fast ehrfürchtig beginnt er es zu untersuchen, verfolgt mit den Fingern die Schaltzüge. So etwas hatte er wohl noch nie gesehn. Er tätschelt den Lenker, den Sattel: »Gut! Schön!« Dann steigert er sein Urteil: »Sehr gut! Aus welchem Land?« Meine Antwort, »Alemania«, wiederholt er fast singend: »Wie viel verdient man in Alemaa …?« Die Neugier des Mannes ist verständlich. Denn im weiteren Gespräch erfahre ich, dass er von Estancia zu Estancia fährt und dort seine Arbeitskraft anbietet – häufig umsonst, wie er sagt. Mich wundert das nicht. Eine solche Gestalt muss ja selbst in den Sattel gehoben werden. Es können also nur Hilfsarbeiten für ihn anfallen. Für zwölf Stunden, so erzählt er, bekommt er sechzig Peso, aber nur, wenn der »Hombre rico« ehrlich ist. Er nennt die Estancia-Besitzer »reiche Männer«. Ich überschlage den Lohn und komme auf umgerechnet etwa eine Mark pro Stunde. In einem Land wie Uruguay reicht das gerade zum Überleben. Während der Mann mein Rad untersuchte, hatte er innegehalten. Die an einem Spanngurt untergeklemmte Keksrolle war ihm aufgefallen. Ich verstand den Blick. Jetzt wo ich weiterfahre, schenke ich sie ihm. Auch ich bin in seinen Augen wohl ein »Hombre rico«.

Was auf meiner Tourenkarte mit »Tres Bocas« bezeichnet ist, erweist sich als Treffpunkt dreier Straßen mit Tankstelle. Da das Land inzwischen so einsam geworden ist, dass bis zum Abend eine

Unterkunft nicht mehr zu erreichen wäre, möchte ich hier in der Nähe zelten. Als ich an der Tankstelle dafür um Erlaubnis bitte, bekomme ich zunächst ein freundliches »Kein Problem, hier überall!« zu hören. Doch dann Verlegenheit: »... vielleicht doch besser, wenn der Señor den Patron fragt. Der wohnt dort drüben.« Schon der Eingang zeigt es: hier lebt ein »Hombre rico«. Aber wer sagt, dass Reichtum kein Herz hat! Geradezu freundlich macht mir der Patron das Angebot: »Öffnen Sie die rechte Gartentür und suchen Sie sich unter den Bäumen ein schönes Plätzchen. Sie können die Dusche des Personals benutzen; wenn Sie etwas benötigen, so melden Sie sich.« Eine lange Offerte. Der Patron beruhigt noch die Hunde, die den Radler nicht einschätzen können: weder Rind, noch Schaf, noch Reiter! Später umkreisen sie das Zelt und markieren im Abstand Bäume, was wohl so viel heißt, wie: »Bis hierher und nicht weiter!«

Der nächste Tag bringt einen Hitzerekord. Zweiundvierzig Grad im Schatten. Keine Tiere, keine Menschen, nicht einmal Autos sind unterwegs. Das Land wirkt wie gelähmt. Der Asphalt schlägt Blasen, aber auch die Haut auf meinem Handrücken. Der Polizist eines Kontrollpostens winkt mich zu sich herüber. Doch mein Pass interessiert ihn nicht. Stattdessen mitfühlende Fragen: »Warum fahren Sie bei *diesem* Wetter? Sie werden viel trinken müssen. Brauchen Sie frisches Wasser?« Eine Handbewegung: »Mitkommen!« Er lotst mich durch ein Gebäude und weiter in den Hinterhof. Dort drückt er den Schaltknopf einer Elektropumpe. Sekunden später schießt ein Wasserstrahl aus dem geöffneten Hahn. »Perfekt zum Trinken!«, meint der Polizist und gibt mir zum Abschied noch den Rat: »Langsam fahren – bei diesem ›schlechten‹ Wetter!«

Gestern hatte ich ein Schild passiert: »Richtung Nuevo Berlin!« Der Ortsname ist ein Stück Heimat deutscher Auswanderer. Heute begegnet mir Ähnliches. Irgendwo hinter dem östlichen Horizont, so eine Hinweistafel, liegt die Kolonie *Gartental*. Wäre der Weg nicht so schlecht, ich folgte ihm. Aber Lehmfurchen unter den Rädern, das löscht jede Neugier.

Bei einer solchen Hitze fährt man keine Rekorde. Die sechzig Kilometer in die Stadt Paysandú reichen mir. Nach vielen Vergleichen entscheide ich mich für ein Bett im *Colonial*. Der Eingang ist eher ein Kirchenportal, die Marmorstufen sind ausgetreten, an den Wänden blüht der Kalk. Doch das samtunterlegte Messingschild mit dem Namen des Hotels glänzt, als habe man es gerne poliert. »Schon hundert Jahre lang sieht es so aus, wie Gold«, meint der Portier, korrigiert sich dann aber: »Nicht ganz hundert, vielleicht achtzig.« Er warnt mich: »Señor, Paysandú ist leider keine ehrliche Stadt. Auch hier im Hotel müssen Sie aufpassen!« Dabei deutet er auf mein Rad. Als ich es später an einen gusseisernen Blumenständer anschließe, ist er beruhigt. Jeder, der es wegzutragen versuchte, hätte ein Gewichtsproblem.

Abends wird es in den Straßen der Stadt laut, sehr laut. Neuwahlen stehen an. »Blancos« gegen »Colorados«. Beide Parteien rufen ihren Favoriten zum »El Presidente« aus. Die Musik, die dazu aus den Lautsprechern kommt, ist jedoch alles andere als mitreißend. Das ist Schmalz in Töne gegossen. Es erstaunt mich gar nicht, dass kaum ein Passant Notiz von dem Spektakel nimmt. Denn auch wenn es die Offiziellen nicht wahrhaben wollen: Politik ist für viele im Land »out«. Marcanasso-Stimmung[3] hat sich breit gemacht. Man geht nicht mehr zu den Wahlurnen, sondern stimmt mit den Füßen ab, macht, wie es heißt, hinter sich das Licht aus. Allein dreihunderttausend Auswanderer haben bisher ihre Zukunft westlich des Rio Uruguay gesehen, in Argentinien, andere in Kanada, in Schweden, in Australien. Ein Mann muss in mir den Fremden erkannt haben. Unvermittelt spricht er mich an: »Wissen Sie, Señor, was uns dieser Zirkus hier kostet?« Er zeigt auf die Plakate und Spruchbänder: »Sechsundsiebzig Millionen Dollar! Wissen Sie, dass wir achthunderttausend Militärs und siebenhunderttausend Beamte durchschleppen müssen? Wie viel bleibt dann noch für uns übrig?« So wie der Mann das herausstößt, habe ich den Eindruck, er musste das einfach loswerden. Später erlebe ich in einem Restaurant erneut das politische Desinteresse. Keine Fragen bitte! Lieber: »Prost auf das große Alemania! Ein schönes Land! Ein reiches Land!«

Paysandú. Ein Abend wie eine Lektion.

Wenn ich auf meiner Südamerikakarte die bisher zurückgelegte Strecke mit der noch verbleibenden vergleiche, wird mir ganz komisch zu Mute. Daumenlänge gegen mehrere Handspannen. Ob ich überhaupt das anvisierte Ziel, den Silberberg »Cerro Rico« in den Anden, erreichen werde? Doch jede Radumdrehung bringt mich gut zwei Meter weiter. Uruguay wird schon langsam kleiner, Brasilien rückt näher. Auch ein Kontinent besteht am Ende nur aus »Radumdrehungen«.

Eine Bücke quert den Queguay Grande, einen der großen Flüsse des Landes. Dann wieder Gewohntes: grüne Hügel, Horizonte, die die Straße höher heben, rekordverdächtige Hitze. Im Mehrstundentakt ein paar Abwechslungen. Die erste: wieder ein Parador. Schon vor der Tür ein herzliches »Willkommen!«. Dann ein Lob für das Rad, »Marca Alemania«, ein zweites für den Radler: »Sie reisen ökonomisch, Señor«, meint die Frau und fragt nach meinen Wünschen. Zur Abwechslung möchte ich den Durst mit Milch löschen, einem ganzen Liter. Als ich ihn bestelle, stolpert mein Verstand. Mit hitzedröhnigem Kopf denke ich an »kalt« und frage nach »leche *caliente*« (»heißer Milch«). Schon der erstaunte Blick der Frau hätte mich den Fehler bemerken lassen müssen. Doch dann geht sie – und bleibt lange aus.

»Die Kuh«, denke ich, »muss noch gemolken werden.« Später: »Die Kuh, die man melken möchte, muss man erst einfangen.« Schließlich: »Es fehlt dafür an einem Gaucho.« Endlich! Die Frau erscheint wieder. In ihren Händen dampft es aus zwei Kännchen. Bei dem Anblick macht es »klick« in meinem Kopf. Mit »caliente«

Das Interieur des Paradors *El Litoral.*

hatte ich »heiß« bestellt. Während das schweißtreibende Getränk abkühlt, schreibe ich Tagebuch: »Parador *El Litoral,* Dekoration: Steigbügel, Hufeisen, alte Poster von Stierkämpfen. Flaschen wie auf Theaterrängen angeordnet. Holzbalken heben die hinteren Bretter höher. *Sandy McDonald* blickt auf *Aperitivo Arazá* herab, *Arazá* auf *Caña 33.* Decke nicht regendicht…«

Bis kochend heiße Milch auf Trinktemperatur abkühlt, das dauert. Ich rechne den Zeitverlust in Straßenkilometer um – gerechte Strafe für einen Denkfehler.

Eine Tretstunde weiter das nächste Erlebnis: der Laden einer Kooperative. Auf dem Boden vor der Tür liegen tausende Käfer auf dem Rücken. Sie hatten an der nackten Außenlampe den Taumeltod gefunden. Unter meinen Füßen knirscht es, lauter Insektenleichen. Das Geschäft ist eher eine Halle. Halb leere Regale gähnen mir entgegen. An einem Stützpfeiler ein Farbdruck. Nur das Blau der Uniform hat unverblichen die Zeit überlebt. Wer steht dort wohl in Feldherrnpose? Sicher Artigas, der hochverehrte

Held des Landes. Er hatte die Spanier besiegt. Aus dem Hintergrund löst sich ein Schatten. Fast ängstlich nähert sich der Mann. Der Fremde mit Bart und Schlapphut muss ihm suspekt vorkommen. Meine harmlose Frage nach Obst beruhigt ihn. Ein hilfloser Blick in die Regale: »Was hätten wir denn da? Nudeln, Mehl, Reis, in Tüten, in Beuteln, in kleinen Säcken. Un momentito!« Anscheinend war ihm etwas eingefallen. Er verschwindet hinter einer Tür. Mit vier Birnen in den Händen kommt er zurück: »Peras! Noch etwas, der Herr?« »Ja, Wasser, Mineralwasser.« Stumm schaut der Mann zu, wie ich es in die Stoffbeutel umfülle. Sein erstaunter Blick stellt Fragen. Ich beantworte sie ihm. »Wasserdicht, ›Marca Alemania‹!« Wenn ich wieder draußen bin, wird er in den Schatten der Regale zurücktreten und dort auf den nächsten Kunden warten. Dieser bräuchte wohl nicht mehr nach »Frutas« zu fragen. Ausverkauft!

Auch solche Erlebnisse zählen auf einer Reise, sind sie doch Mosaiksteinchen im Gesamtbild.

Das dritte typische Uruguayerlebnis »höre« ich. Schon seit geraumer Zeit tuckert so etwas wie ein Traktor hinter mir her. Wir sind etwa gleichschnell, ein Pattrennen. Vielleicht war es dem Fahrer gelungen, ein paar Stundenkilometer mehr aus dem Motor herauszukitzeln, vielleicht war ich einen Deut langsamer geworden – jedenfalls kommen plötzlich verzerrte Töne aus einer alten Hupe. Das heißt wohl kaum: »Achtung! Jetzt komme ich!« Eher sind es gequakte Grüße – sozusagen vorab. Langsam schiebt sich jetzt das Gefährt vorbei – kein Traktor, sondern ein betagtes Mobil, mit menschlicher und anderer Fracht mächtig beladen. Die Hinterräder laufen x-beinig. Noch immer ertönt gequaktes »Hola, ciclista!«. Jetzt, wo es vorbei ist, sehe ich, dass das Auto hinten mit einem Strick zusammengebunden ist. Der Lebensgefährte gerät wohl langsam aus den Fugen. Großzügig lasse ich den Fahrer das Rennen gewinnen. Aber zum richtigen Vorsprung reicht es nicht. Als er an der nächsten Tankstelle in die Box muss, hole ich ihn wie-

Das eine Gefährt seit sieben Tagen, das andere seit 37 Jahren auf den Straßen Uruguays.

der ein. Der Fahrer hat inzwischen den Strick gelöst und die hintere Verkleidung gleich einer Schranktür ohne Scharniere beiseite gestellt. Ich schaue dem Mann zu, wie er das Vehikel betankt – drinnen liegend. Was für ein Verfahren! Als er fertig ist, spreche ich ihn an: »Señor, wie alt ist Ihr Auto?« Er streicht mit der Hand über das Blech: »Mein ›Amigo‹ zählt siebenunddreißig Jahre!«

Der eine mit einem Zweirad seit sieben Tagen unterwegs auf den Straßen Uruguays, der andere seit siebenunddreißig Jahren. Da lohnt sich ein Foto. Als ich den Mann darum bitte, dreht er den Schirm seiner Mütze keck zur Seite und posiert neben seinem »Amigo«. Dieses Mal sollte vielleicht ich »Buen viaje!« wünschen.

Nach der Zuladung von Benzin werden die Räder jetzt noch schräger stehen.

Seit Tagen folgt das Wettergeschehen einem bestimmten Rhythmus. Aus diesiger Morgenluft wird Hitzeflimmern, spätestens in den Mittagsstunden bilden sich die ersten Quellwolken, die mächtigsten formen ihren Kopf zum »Amboss«. Der Anblick lässt die Energie erahnen, die dort oben lauert. Toben solche Gewitter auf Distanz, sind sie ein herrliches Schauspiel, steckt man mitten drin, lernt man, sollte man es vergessen haben, das Beten wieder. Auch jetzt hocke ich unter meiner Schutzplane.

Aus Sicherheitsgründen liegt das Rad weit abseits im Gras, lockt doch so ein Stück Metall in freier Landschaft die Blitze förmlich heran. »Bitte nicht mein Rad«, spreche ich das Himmelsfeuerwerk an, »oder gar mich! Such dir lieber ein Rind!« Das eigene Hemd ist einem in solchen Situationen nun einmal das Nächste. So brutal gestoppt, schrumpft die für heute anvisierte Etappe. Hinter den zerfallenden Gewittern herradelnd, erreiche ich immerhin noch Guaviyú – kein richtiger Ort, sondern nur ein Thermalbad.

Links der Straße die »Molke«, gegenüber die »Butterflocken«. Dieser Vergleich drängt sich mir auf, als ich nach einer Schlafmöglichkeit frage. Man schickt mich von der »Molke« auf die andere Straßenseite. Die Hütten hier, so sagt man mir, seien nur für »normale« Besucher. Vor dem mir empfohlenen Hotel parkt ein halbes Dutzend Wagen, alles *keine* Lebensgefährten, *keine* Amigos, eher Wechselware im Modelltrend. Dezent lächelnd akzeptiert der Mann am Empfang mein Plastikgeld. Ich lächle zurück. Der Zimmerpreis ist sechsmal so hoch wie im *Colonial*. Später sehe ich, dass es dafür statt Flair einen Fernseher gibt. Für eine Stunde spiele ich die Rolle der anderen Gäste mit, liege im Whirlpool und lasse mir von den warmen Wasserwirbeln die Muskeln massieren. Fehlt nur noch, dass ich einem Kellner zuwinke und mir auf dem Tablett die Getränke zufloaten lasse. Genug der Schickimickimanier. So dekadent komme ich mir vor, dass ich mich wieder unters Volk sehne.

Linke Straßenseite. Auf der Speisekarte des Restaurants steht »Huhn« – monoton abgewandelt: »Pollo de grana, Pollo con puré, Pollo con ruse, con arroz, con fritas, con mixta, con ...«

Ich höre auf zu lesen. Ob nun »mit Reis«, »mit Püree« oder

»mit Pommes«, Huhn bleibt Huhn. Außerdem ist da die Assoziation mit Massentierhaltung. Als ich nach einer Alternative frage, einem Omelett, bekomme ich zur Antwort: »Der Koch kommt erst um acht!« So erzwingt man einen Restaurantwechsel.

Bei der Konkurrenz habe ich mehr Glück. Man muss mich dort auch gleich als Deutschen erkannt haben: Einladungen von allen Seiten: »Beckenbauer!« »Fußball!« »Mercedes!«: die Umschreibungen für »Alemania«. Einer der Gäste zeigt auf den Kühlschrank hinter dem Tresen: »Dort, Señor! Alemania!« Den Aufkleber hatte ich längst bemerkt. Ein schöner Spruch: »MEIN STARKER FREUND; DIE POLIZEI AUS BADEN-WÜRTTEMBERG!« Darüber eine Ansichtskarte aus Stuttgart. Von rückwärts kommt ein Angebot: »Señor, kennen Sie ›Queso de cabra‹?« Auf die Spitze eines Messers gepiekt, wird mir ein Stück Käse gereicht. Mit den Fingerspitzen ahmt der Mann das Melken kleiner Zitzen nach. Ziegenkäse im Land der Rinder? Alle im Raum lachen.

Zu dem Omelett aus Eiern und Schinken, das ich bestellt hatte, steht längst ein Bier auf dem Tisch. »Von wem?« Etwa ein Dutzend Gäste sind anwesend, keiner will es gewesen sein. Mit »Gracias, Señores!«, proste ich allen zu. Beschämt denke ich: Wenn diese Menschen wüssten, dass du als »Butterflocke« drüben auf der anderen Straßenseite wohnst, sie wären wohl zurückhaltender. Eigentlich bist du es doch, der hier eine Runde springen lassen müsste.

Einer der Männer war aufgestanden und zum Telefon gegangen, das an der rückwärtigen Wand hängt. Während er spricht, schaut er unentwegt zu mir herüber. Ich habe das Gefühl, es geht um mich. Es ist nicht leicht, von all der Gastfreundschaft loszukommen. Aber morgen wartet wieder die Straße auf mich. Um der Hitze zu entgehen, wollte ich früh aufbrechen. »Adios, Señores, und danke für alles!«

Stur Nordkurs. Zum ersten Mal sehe ich Nandus. Die Vögel sind scheu – vielleicht wegen des Fahrrads, vielleicht sagt ihnen ihr Instinkt auch: »Mensch gleich Gefahr!« So reicht es leider nicht für ein gutes Foto. Bei achtzig Tieren höre ich auf zu zählen. So selten, wie man glaubt, scheint der »Strauß Südamerikas« wohl doch nicht zu sein.

Ein Pritschenwagen kommt mir entgegen. Schon von weitem winkt der Fahrer aus dem Seitenfenster. Anhalten und Herausspringen sind eins. Dann der Ruf: »Da sind Sie ja!« Den Grund für diese ungewöhnliche Begrüßung sollte ich gleich erfahren. Man hatte mich gestern am Telefon »verraten«. Vor mir steht Carlos Rossin. Auch wenn der Name anders klingt – Carlos ist deutschstämmig. Er spricht akzentfrei. »Wie kommt das?«, frage ich ihn. »Mein Vater…«, klärt er mich auf, »er ist neunundachtzig…« Kritisch rechne ich zurück: »Etwa alter Hitleroffizier? Rechtzeitig abgesetzt, bevor die Siegermächte ihn zur Verantwortung ziehen konnten?« Carlos Rossin scheint meine Gedanken erraten zu haben. »Vater ist noch sehr dafür…!« Dann winkt er ab: »Anderes Gesprächsthema!«

Er zeigt auf mein Rad: »Gestern rief mich ein Freund aus Guaviyú an: ›Du, Carlito[4], da ist ein deutscher Radler in Uruguay unterwegs – auf dem Weg nach Brasilien.‹ Also suchte ich dich.« Carlos ist ins Du gefallen: »Ich fahr schon den ganzen Morgen hier auf und ab. Du musstest ja diese Straße nehmen; es gibt keine andere. Ist das eine Sache! Aus Deutschland!«

Er gerät ins Schwärmen, springt in der Zeit zurück: »Damals… Die Firma *Dyckerhoff und Widmann* hat die Kais in Montevideo gebaut. Kein anderer konnte das, nur die Deutschen! Uruguay hat Deutschland im Krieg bis zum Schluss unterstützt. Der Walter Franz fuhr das letzte Schiff aus dem Hafen. Dann kam die ›Lista Negra‹ (Schwarze Liste) und keiner konnte mehr zurück…« Mir scheint, Carlos brachte da in seiner Euphorie etwas durcheinander. Nach dem Krieg wurde Uruguay zwar zum Schlupfloch für Hitleruniformen. Doch vorher stand das Land offiziell an der Seite der Alliierten, und das Schicksal des Schlachtschiffes *Graf Spee*[5] zeigt deutlich die damalige Antideutschhaltung. Aber wie Carlos so spricht, denke ich: »Der Apfel fällt nicht weit vom Stamm.« Er konnte nichts für sein Geschichtsbild. Wir sind etwa gleich alt. Als ganz Deutschland »Heil!« und »Sieg!« rief, lagen wir beide noch in den Windeln – zwei Unschuldslämmer, in einer Wolfszeit geboren. »Wie ist das Leben in Uruguay, Carlos?«, lenke ich vom Thema ab. Er beklagt sich laut: »Die Zeiten werden immer schlechter. Siehst du die Rinder dort drüben? Die stehen drei Jahre auf der Weide. Dann bekommst du für so ein Viech zweihundert Dollar. Ziehst du die Kosten ab, bleibt kaum was übrig. Wenn du nicht zu den ›Großen‹ zählst, kannst du deine Estancia kaum noch halten.« Die seine heißt *Silencio*, und ich wundere mich, dass er mich nicht einlädt. Vielleicht hatte er meine innere Distanz zum »glorreichen Deutschland« bemerkt und fürchtete, dass mich sein Vater noch »zeitgemäß« begrüßte. Zum Abschied gibt mir Carlos seine Funkerkarte, CX5-IF: »Ich bin um halb eins und abends um acht auf Empfang. Die Estancias haben alle Funk. Wenn es dir

Er fuhr Patrouille, um mich abzufangen: im Gespräch mit Carlos.

möglich ist, melde dich doch mal!« Es wird ein herzlicher Abschied. Carlos noch einmal begeistert: »Aus Deutschland! Nein! Und dann hier mit dem Fahrrad durch die Lande!« Wir hatten unsere Anschriften ausgetauscht. Wieder zu Hause, sollte eine Überraschung auf mich warten: eine Einladung auf die *Silencio*. Also doch noch.

Ich hatte Carlos gesagt, dass ich die »Wunderfarm« *La Aurora* besuchen möchte. Welcher Uruguayer kannte diese Estancia nicht? Erstaunliche Dinge geschahen an dem Ort. Feuer fiel vom Himmel, Tiere starben und mumifizierten augenblicklich, auf der Erde standen plötzlich christliche Zeichen und Symbole. Die Besitzerin selbst war in tiefe Religiosität versunken. Von Carlos wusste ich nun genau, wie ich zur *La Aurora* finden würde: weiter nach Norden, bis zum Chancho, dem Schweinefluss, dann dem rechten Weg folgen und an dessen Ende erneut nach rechts. So könnte ich die Farm nicht verfehlen. Dabei traf es sich gut, dass sie einen neuen Besitzer hatte, den Veterinär Tulio Tonna Rattin. Carlos und der Tierarzt waren Freunde; ich sollte Grüße von ihm bestellen.

In der Luft flimmern unzählige Libellenflügel. Das Land ist wasserreich. Doch nicht jeder Fluss ist mit seinem Namen ausgeschildert. Welcher war nun der Chancho? Zudem: Wege, die hinter Flüssen abbogen, gab es viele. Endlich eine Gelegenheit zum Fragen – und was für eine! Auch gierig auf ein kaltes Getränk, hatte ich bei einer *Hospedaje* angehalten. Es handelte sich um eine jener Schlafstellen (mit der obligatorischen Bar) unterhalb auch nur eines Hotelsternchens. Fünf weitere Durstige sind bereits anwesend, Reiter. Die Pferde drängen sich im Schatten eines Baumes. Man hatte ihnen die Sättel abgenommen, flache Ledersättel, nebst Schaffell. Als ich die Männer sehe, schüttele ich wie zum Wachwerden den Kopf: »Ich glaub, ich bin im Kino!« Ein Blick genügt, um die Truppe »das letzte Aufgebot von Pancho Villa« zu nennen. Lederhäutig, zerwetzte Hosen, die Hacken der Stiefel bis aufs Oberleder heruntergetreten. Drei von ihnen tragen ein Messer im Schaft. Ich wähle einen Tisch im Rücken der Männer. Ein abschätzender Blick trifft mich – aus »Sehschlitzen«. Solche Augen bekommt man nur durch endlose Ritte gegen die Sonne. Eine Bemerkung fällt. Sie gilt mir. Vier weitere Blicke wie ein missfälliger Kommentar. Den leeren Bierflaschen neben ihren Stühlen nach zu urteilen, werden die fünf heute wohl nicht mehr weiterreiten, sondern sich hier in ihre Schlafdecken rollen. Der mir am nächsten Sitzende hat seine Stiefel ausgezogen und kratzt sich ausgiebig zwischen den Zehen. Dann ein Ruf wie ein Befehl. »Otra cerveza!« Die nächste Runde Bier! Plötzlich splittert Glas. Die Männer haben ein »Spiel« entdeckt: leere Bierflaschen in die Luft werfen und diese beim Herunterfallen mit der flachen Hand wegschlagen. Vom Lärm alarmiert, erscheint die Wirtin – nicht mit Schritten, mit einem Sprung. Die Arme in die Hüften gestemmt, baut sie sich vor der Gruppe auf und schreit: »Wollt ihr Krieg?« Das »Guerra« rollt nach wie das Knurren eines Hundes. »Mit einem solchen Rock«, denke ich, »möchtest du nicht verheiratet sein. Der knurrt womöglich nicht nur, der beißt auch.«

Bevor hier außer leeren Bierflaschen womöglich noch Messer fliegen, verdrücke ich mich wieder. Immerhin weiß ich nun von der Wirtin, wo der Chancho liegt: nur ein Stückchen voraus.

Schotter schüttelt das Rad. Ich habe Fluss und Weg gefunden. Doch dann die Überraschung. Carlos' Wegbeschreibung war deutsch gründlich: *La Aurora* konnte ich zwar nicht verfehlen; aber nun stehe ich vor einem verschlossenen Tor. Dahinter ein zweites, dazu Warnschilder: »Achtung, Dobermann!«

Der Veterinär Rattin hatte sich abgeschottet. Er war wohl den Rummel der Neugierigen (eher der Pilger) leid. Ich schaue mir das Umfeld an. Rechts in der Weide ein Marienbild. Der Plastikblu-

Marienkult auf einer Weide der »Wunderfarm« *La Aurora*.

menschmuck am Wegrand – und weiter entlang des Zaunes –, zum Kult gesteigert. Auf der anderen Seite ein richtiger Pilgerpfad mit »Stationen«. Das alles war wohl noch das Werk der früheren Besitzerin, der böse Zungen nachsagten, sie gehe so gebückt, weil sie so viele Kreuze am Hals trage. Hinter mir stoppt ein Auto, argentinisches Kennzeichen. *La Auroras* Ruf schon über die Landesgrenzen gedrungen? Das Ehepaar ist erstaunt: »Alles zugeschlossen?« Dann die Frage an mich: »Was halten Sie davon?« Die beiden meinen sicher die »Wunder«, die hier geschehen sein sollen. Ich gebe eine höflich-ausweichende Antwort: »Man kann es glauben.«

Zurück zur Straße. Noch einmal Schotter. Die Grüße von Carlos an den Veterinär nehme ich wieder mit. Eigentlich schade.

Erneut einige Nandus, dann ein Gürteltier. Es scheint unschlüssig: sich zusammenrollen oder fliehen? Im Vorbeifahren spreche ich es an: »Dich hat die Evolution wohl vergessen!«

In der Tat, ihrem Aussehen nach gehören Gürteltiere eher in

das Zeitalter der Saurier. Ein Konvoi Laster überholt mich. Hoffentlich liegt das Tier jetzt nicht als »Hornplatte« auf dem Asphalt. Die Fahrzeuge lassen eine dicke Spur Maiskörner zurück. Eigentlich kann sich das Land eine solche Verschwendung nicht leisten. Doch Ritzen und Löcher in Ladeflächen auszubessern, das ist nicht nur eine Frage des Werkzeugs, sondern auch des Willens.

Es gibt Städte, die sind mir spontan unangenehm. Das uruguayische Salto gehört sofort dazu. Zur Begrüßung Schmutz, Bruch, brennender Müll. Das erste Hotel hat nur noch viel Fassade, das zweite verfällt auch schon außen. Im dritten versucht man mich übers Ohr zu hauen. An der Tür klebt das VISA-Zeichen. Ich frage nach dem Preis: »Mit Karte vierzig Dollar!«, lautet die Antwort. »Und bar?«, hake ich nach. Der Mann in der Rezeption macht eine wiegende Handbewegung, die noch Verhandlungsspielraum andeutet. »Fünfundzwanzig!« Sechzig Prozent Aufschlag für die Bezahlung mit Kreditkarte? Das muss bestraft werden. Ich gehe wieder. Schließlich werde ich woanders fündig – für elf Dollar.

War Paysandú durchlärmt von Wahlpropaganda, so ist es in Salto aus ganz anderem Grund laut. Fußball! Die Stadt tobt. Uruguay führt gegen Venezuela 4:1. In der Euphorie vergessen die Kellner sogar das Bedienen.

Fußball reißt mich nicht vom Hocker. So beschäftige ich mich mit meiner Tour. Noch zwei Tage bis Brasilien. Ich werde weiter dem Rio Uruguay folgen. Vielleicht würde ich später ins argentinische Misiones wechseln. Wendepunkt wären letztlich die Wasserfälle von Iguacú im brasilianischen Urwald. Dort wartete ein Naturschauspiel, das zu erleben viele Radumdrehungen lohnte.

Gewarnt

Wieder ein echter Uruguaysommertag. Mal sehn, wo heute die Quecksilbersäule stehen bleibt. In der Mittagshitze fliehe ich in den Schatten einiger Eukalyptusbäume. Schon nach wenigen Minuten erneute Flucht, jetzt aus anderem Grund: Bremsen beißen, Fliegen suchen das Salz an meinem Körper, Ameisen verspritzen Säure. Biblische Plagen. Ich hatte einen Autofahrer nach dem nächsten Parador gefragt. Seine Antwort dehnte er wie ein Gummiband: »Leeechos!« Weit! Das mitgeführte Trinkwasser ist fast aufgebraucht; ich benötige Nachschub. Endlich ein Schöpfrad, eine jener »Servicestationen« für Rinder und Radler. Dass zwischen zwei Wasserhähnen im kleinen Uruguay solche Distanzen liegen können, damit hatte ich nicht gerechnet.

Fast einhundertsiebzig Kilometer sind es noch bis zur Grenzstadt Bella Union. Den Versuch, sie heute zu erreichen, mache ich erst gar nicht. In dieser Nacht würde mein Bett im Grünen stehen, irgendwo zwischen dem Rio Arapay Grande und dem Rio Cuareim – mit Rindern als Nachbarn, vielleicht auch Nandus.

Voraus unter einigen Palmen am Straßenrand lagert eine Gruppe Männer. »Wohl Landarbeiter«, schätze ich sie ein. Handzeichen stoppen mich: »Hallo Fremder! Wohin des Weges? Wir hätten ein paar Fragen an dich!« Die Gruppe arbeitet im Weingut eines Italieners. Der Restaurantbesitzer hatte sich, so sagt man mir, über die hohen Importpreise für Weine geärgert und produziert nun seine eigenen. »Erde gut! Sonne gut! Wein gut!«, meint einer der Männer. Ein Laster nähert sich. Alle winken: »Anhalten!« Doch es klappt nicht. Jeden Nachmittag warten sie hier auf einen »Lift«.

Für den Fall, dass es nicht klappt, haben sie alle ihr Schlafbündel dabei, nächtigen unter Palmen, und morgen geht's wieder zur Arbeit. Der Mann, der mir das sagt, zuckt mit den Schultern: »Es ist eben so!« Einer von ihnen hatte bisher nur stumm geschaut. Nun tritt er einen Schritt vor und spricht mich direkt an: »Señor, Sie wollen weiter nach Brasilien? Mit dem Fahrrad? Tun Sie das besser nicht! Man wird Ihnen alles wegnehmen – alles, auch das Rad. Ich bin Brasilianer; ich weiß es!« Die anderen schauen einen Moment verdutzt drein. Ihr Kumpel machte sein eigenes Land schlecht. Doch dann pflichten sie ihm bei: »O ja! Gefährlich! Sehr gefährlich!« Das »Muy peligroso« betonten sie noch durch Armeheben. Nicht, dass mich diese Warnung besonders erschreckte. Brasilien! Der Zuckerhut, der Karneval von Rio, die Samba, kaffeebraune Haut – mehr enthüllt, als bedeckt. Für mich war das alles nur »Glanzpapier«. Brasilien, das sind stattdessen Jahr für Jahr mehr als zwanzigtausend Erschossene, die anderen Morde nicht gerechnet. Fast alle Mörder entgehen der Strafe. Der »Steinerne Sarg«, wie man die Gefängnisse des Landes nennt, bleibt ihnen erspart. Brasilien, das ist Kindermord durch Killerkommandos, das ist Organraub am »lebenden Objekt«, das ist straflos bleibende Vergewaltigung von Indiofrauen. Indios! Ein besonderes Stichwort. Etwa zehn Millionen lebten einst im Land. Wie viele davon sind übrig geblieben? Gerade »verabschiedet« sich wieder ein Stamm, die Jumas. Endurteil: »Ausgestorben!« Das alles passt natürlich nicht in die Reisekataloge. Also tanzen wir weiter Samba! Die Flüge zum nächsten Karneval sind schon ausgebucht. Mein Bild von Brasilien ist somit ein anderes, als die Fremdenverkehrsbranche zu verkaufen sucht. Deshalb überrascht mich die Warnung des Mannes nicht. Vorsichtig wollte ich sowieso sein.

Es kommt wie erwartet. Die Sonne geht unter, die Stadt Bella Unión liegt noch in weiter Ferne. Auch wenn ich Uruguay für ein recht sicheres Land halte, so gilt doch auch hier: Safety first! Mein Zelt darf nicht wie auf dem Präsentierteller dastehen.

Die relative Nähe zum Äquator verkürzt die Dämmerungsphase. Eile ist geboten. Auf den folgenden Kilometern sondiere ich das Gelände. Alles nur offenes, weites Land, eben »Präsentierteller«. Jeder Autoscheinwerfer würde das Zelt erfassen. Es ist bereits dunkel, als es doch noch mit einem Versteck klappt. Die Straße durchläuft mehrere Hügel; hinter einer solchen Kuppe wäre ich außer Sicht. Ich drücke das Rad die Anhöhe hinauf. Wie schon oft praktiziert, baue ich im Dunkeln mein Zelt auf. Das Licht der Taschenlampe könnte nicht nur Motten anziehen. Vorsicht aus Erfahrung! Der große Schatten im Hintergrund ist gerade noch als Wald zu erkennen – eine Rückzugsmöglichkeit, auch das ein Vorteil. Das Zelt steht, ich will gerade hineinschlüpfen, als ein Hund anschlägt. Unmöglich! Das Tier konnte mich weder gesehen, gehört, noch gewittert haben. Lautlos und ohne Licht hatte ich hantiert. Dazu war es windstill – und überhaupt, nirgendwo die erleuchteten Fenster einer Estancia. Da wird es im Wald unruhig: schabende Geräusche, eine Art Schmatzen. Ich lausche und bin mir bald sicher: Rinder. Der Wald ist ihr Schlafplatz. Wieder bellt der Hund. Wo ein Hund, auch ein Herr. »Vielleicht«, so mein Gedanke, »schlafen Gauchos bei der Herde, Wachposten gegen Viehdiebstahl.« Ich weiß: betritt man in Uruguay ungebeten fremdes Land, so kann man schon mal in einen Gewehrlauf oder in die Mündung einer Pistole blicken. Unschlüssig verharre ich neben dem Zelt. Abbauen und weiterfahren? Das würde den Hund vielleicht wirklich auf meine Fährte bringen. Ein Lichtschein wie ein Blitz reißt mich aus meinen Überlegungen. Der nachfolgende Knall lässt mich zusammenzucken. Noch einmal: Blitz! Knall! Das waren keine normalen Gewehrschüsse, die klingen viel heller, das war ein »Kaliber«. Instinktiv hatte ich mich schon beim ersten Schuss auf die Erde geworfen. Jetzt rasseln die Gedanken. Doch nichts wäre in einer solchen Situation schlimmer als Panik. Sollte mich der Hund wirklich erschnüffeln und die Männer, wer immer diese waren, zu meinem Zelt führen, so würde ich mich auf Distanz durch den Ruf: »Soy Alemán!«, zu erkennen geben. Das Zauberwort für Gastfreundschaft in Uruguay wirkte sicher auch hier. Rückwärts kriechend lege ich mich hinter das Rad und warte. Auch wenn mich so nur wenig Metall und der Stoff der Packtaschen schützen – sie geben mir doch das Gefühl von mehr Sicherheit. Die Schüsse hatten Unruhe in die Herde gebracht. Der ganze Wald scheint in Bewegung. Angespannt, aber frei von Panik läuft das Denken. Der Feuerschein der Schüsse hatte die Baumkronen von unten erhellt – ganz deutlich sichtbar beim zweiten. Also Warnschüsse! Durch das Anschlagen des Hundes alarmiert, hatte man abgedrückt. Irgendetwas Verdächtiges schien in der Nähe. Ungezielt in den Wald zu schießen, barg das Risiko, ein Rind zu treffen, also zielte man in die Baumkronen. Die Schüsse waren ein deutliches Signal. Sollte jemand herumschleichen, der hier nichts zu suchen hatte, dann wusste er, was ihn erwartete. Es war eine vernünftige Überlegung.

Das Vieh hat sich wieder beruhigt. Auch der Hund schlägt nicht erneut an. Noch eine Weile lausche ich. Doch da ist nur das schmatzende Geräusch vom Wiederkäuen der Rinder zu hören. Alarm abgeblasen! Ich krieche ins Zelt. Lediglich die Reißverschlüsse lasse ich offen, für den Fall, dass doch noch ein »Soy Alemán!« notwendig würde.

Nach einem solchen Erlebnis ist beim Aufwachen der erste Gedanke: »Da war doch etwas!« Erst jetzt im Morgenlicht sehe ich, dass mein Zelt hart an einer Rinderweide steht. Der Wald im Hintergrund ist viel kleiner als in der Dunkelheit angenommen. Nun bemerke ich auch die Estancia. Wegen der Bäume ist sie nur aus einem bestimmten Blickwinkel sichtbar. Also waren es wohl doch keine Gauchos gewesen, die Vieh bewacht hatten. Der Farmer selbst hatte vielleicht die Warnschüsse abgegeben. Packen wie gewohnt, Rückkehr zur Straße. Trotzdem: auf solche nächtlichen Einlagen verzichte ich gerne.

Bis Bella Union nichts Neues. Nur, dass Uruguay noch leerer geworden ist. Einsames Treten ist angesagt.

Die Grenzstadt gibt sich nicht gerade als Aushängeschild des Landes. Verrottete Fabrikanlagen, lange Reihen Treibhäuser, an deren Gestänge zerrissene Plastikbahnen wehen. Irgendwie erscheint mir diese Stadt »aufgegeben«. Der Preis für das kleine Zimmer – mit verschimmelter Nasszelle – liegt indessen jenseits von unverschämt. Es ist das einzige Hotel im Ort, da werden Reisende gerne »gerupft«. Im Zentrum nirgendwo ein geöffnetes Restaurant, nur ein Imbiss. Man kann wählen zwischen *Hämbörger* und *Hotdogs*. Jugendliche bolzen mit leeren Getränkedosen, treten gegen parkende Autos. Frust braucht ein Ventil. Zum ersten Mal in Uruguay werde ich angebettelt – und sofort angemacht, als ich ablehne. Bella Unión ist unverkennbar ein sozialer Krisispunkt. Die Mehrzahl der Bewohner scheinen Jugendliche zu sein, dazu die vielen, vielen Nachwachsenden. Blutjunge Mütter tragen bereits wieder neues Leben im Bauch. Man sollte sich kritisches Denken nicht abgewöhnen lassen. Fast möchte ich die Menschen hier ansprechen: »Ihr habt zwar die Predigt gehört, ›Wachset und mehret euch!‹, doch Glaube allein gibt euch keine Arbeit, er macht nicht satt, nicht gesund. Er sichert euch keine menschenwürdige Zukunft. Kein noch so inniges Gebet durchbricht die Abwärtsspirale der Armut. Irdisches Leben muss Tatsachen berücksichtigen!« Als ich später auf dem Postamt Briefmarken kaufen möchte, finde ich es geschlossen. Es wird erst nachmittags geöffnet – für wenige Stunden. In Bella Unión, der Stadt ohne Zukunft, hat man Zeit.

Die Warnung vor Brasilien war doch nicht ganz von mir abgeprallt. Ich hatte noch einmal darüber nachgedacht, sogar die Tour umgeplant. Doch am Ende verwarf ich alles wieder. Es steht fest, ich werde fahren. Etwa siebenhundert Kilometer sind es noch bis zu den Wasserfällen. Auf der Strecke dorthin würde ich nur eine größere Stadt, Uruguaiana, passieren. Fast immer führte die Straße durch ländlichen Bereich. Da sollte sich die Kriminalität doch in Grenzen halten. Mit Vorsicht und etwas Tarnung (angefangen bei der Kleidung) dürfte es wohl klappen.

Die Sonne ist noch nicht aufgegangen, da sitze ich bereits wieder im Fahrradsattel. »Adios, Bella Unión! Adios, Uruguay! Danke für deine Gastfreundschaft! Ich wünsche dir einen ›Vertreter des Volkes‹ als neuen Präsidenten.«

Auf der Brücke über den Grenzfluss begegnet mir ein Trupp Nachtwanderer, wohl Brasilianer, die wie die Rebenpflücker von vorgestern Lohn und Brot in Uruguay suchen. Ein Grenzposten hatte mir das »SALIDA« in den Pass geknallt, mit orangeroter Stempeltusche. Nun bräuchte ich das brasilianische »ENTRADA«. Ordnungsgemäße Ein- und Ausreisestempel sind in solchen Ländern die Voraussetzung für »freie Fahrt«.

Vergeblich halte ich auf der anderen Seite des Flusses Ausschau nach einer Zollstation. Ich finde sie später in dem grenznahen Ort Barra do Quarai. Meine Einreise erfolgt zu ungewohnter Zeit. Die Polizei schläft noch. Klopfen an der Tür, Klopfen am Fenster. Licht geht an. In der Tür erscheint eine Uniform. Der Zöllner stopft sich noch das Hemd in die Hose: »Was ist?« Weil ich ihn aus dem Bett geholt habe, beginne ich die Bitte nach dem Einreisestempel mit einer Entschuldigung: »Perdone…!« Die Antwort ist kurz, aber präzise: »Policia Federal! Uruguaiana!« Zu ist die Tür.

Ich spreche kein Portugiesisch, hoffe aber darauf, dass sich die Sprache im Grenzbereich mit dem Spanisch der Nachbarländer vermischt. Das müsste für eine Verständigung reichen. Nicht ängstlich, aber unterschwellig in Alarmstimmung fahre ich los.

Armut hat viele Gesichter. Sie kann, doch sie muss nicht kriminell sein. Ich schätze die Häuser und Hütten ab, die ich passiere. Was ich sehe, gibt keinen Anlass zu Bedenken. Hier liegen sogar ausgedehnte Koppeln, auf denen Reitpferde grasen. Das sieht eher nach Reichtum aus. Ich radle still vor mich hin und beginne auf die Natur zu achten. Unbekannte Vogelstimmen klingen aus den Büschen am Straßenrand. Im Abstand von nur wenigen Minuten entdecke ich gleich zwei Gürteltiere. Sie sind viel größer als das Exemplar, das mir in Uruguay begegnet war. Wenn Brasilien sich weiterhin so gibt, kann ich getrost meine Kamera auspacken. Ich hatte sie an unterster Stelle in einer der Packtaschen versteckt. Irgendwann, etwa hundert Meter von der Straße abgesetzt, erblicke ich ein Haus. Auch wenn das Reklameschild fehlt: Der Stapel Getränkekisten davor zeigt, es ist ein Geschäft. Ich schiebe das Rad die kleine Anhöhe hinauf. Man musste mich bemerkt haben, denn noch bevor ich das Haus erreiche, wird die Tür geöffnet. »Buenos dias!« Leider finde ich nicht das Erhoffte: eine Tafel Schokolade, doch wenigstens ein paar Kekse. Der Mann hatte bisher keine Fragen gestellt, also frage ich. »Sie ernten in Ihrem Garten auch Tomaten?« Der Gemüsegarten mit den inzwischen vertrockneten Stauden war nicht zu übersehen. Die Antwort kommt tropfend: »Ja, Tomaten … Gurken …« – »Haben Sie keine Hunde?«, versuche ich das Gespräch in Gang zu halten. Vergeblich. Er hört mir anscheinend gar nicht zu. Oder doch? Ich spüre, dass den Mann etwas beschäftigt. Langsam fährt er sich mit einer Hand durchs Haar und lässt sie dann auf dem Hinterkopf ruhen, als denke er noch darüber nach: Soll ich reden oder nicht reden? Er hat sich entschieden: »Sie fahren mit dem Fahrrad durch Brasilien?«, beginnt er. »Ich sehe an Ihrem Gepäck, dass Sie draußen schlafen. Kehren Sie um! Das können Sie nicht machen! Das ist zu gefährlich! Sie werden alles verlieren, alles, was Sie besitzen, auch das Rad! Vielleicht sogar Ihr Leben!« Nun war es heraus, was er mir sagen wollte.

Die Worte wirken. Die Warnung, die ich gerade erhalten hatte, war fast identisch mit der des brasilianischen Rebenpflückers an der Straße bei Salto – nur noch härter. »Auch das Leben verlieren!« Worte wie Hammerschläge. So war ich noch in keinem Land begrüßt worden. Und schon ist die Entscheidung getroffen: Brasilien passé! Mut muss nicht in Leichtsinn ausarten. Ich werde das Land wieder verlassen. Die Brücken über den Rio Uruguay liegen weit auseinander, die nächste kommt in der Stadt Uruguaiana, vielleicht sechzig Kilometer voraus. In wenigen Stunden könnte ich außer Landes sein. Der Ladenbesitzer schaut mir nach. Mein Zurückwinken ist auch ein Dankeschön für die Warnung.

Samba, Karneval, kaffeebraune Señoritas: der Urlaubstraum Brasilien »per Katalog«. Für mich ist er auf ein Stück Asphalt geschrumpft. Das größte Land Lateinamerikas kann mich nicht mehr locken.

Uruguaiana. Die Stadt schluckt mich, verschluckt mich. Mehrspuriger Verkehr, Stoßstangenabstand. Ein offener Jeep schiebt sich vorbei – rasselnd wie ein Panzer. Das Fahrzeug ist ganz mit Ketten behangen. Hinter dem Steuer ein Nahkampftyp, stiernackig; die Hemdsärmel bis zum Schulteransatz hochgekrempelt, damit man die Tätowierungen auf dem Bizeps schön deutlich sieht. Er bremst ab, wird langsamer als ich. In dem Augenblick, als wir auf gleicher Höhe sind, tönt es auf Deutsch herüber: »He, du da! He!« – »Du Intelligenzbolzen!«, antwortete ich stumm. »Du magst zwar meine Nationalität erraten haben, aber durch dein Outfit weiß ich von dir mehr, als dir lieb ist. Die Fremdenlegion wollte dich nicht haben. Dafür tönst du beim Bier, du und deine Truppe hätten im Dschungel nur deshalb überlebt, weil ihr die Schäfte eurer Stiefel gefressen habt!« Mit der ganzen Arroganz eines Radlers überhöre ich die »Einladung«, hoffend, dass der Stachel meiner Missachtung jetzt in dem Stiernacken sitzt.

Die nächste Begegnung ist noch unangenehmer. Eine Gruppe jugendlicher Radler hat mich entdeckt. Ich werde umzingelt. Man bedrängt mich von allen Seiten, versucht mich auszubremsen. Die Halbstarken unterschätzen den bärtigen Alten. Sie rechnen nicht mit seiner Reaktion. Scheinbar beschleunigend, bremse ich sofort wieder hart ab, dann ein Ausschlag mit dem Lenker. Gepäckrolle und Low Bags werden zum Boxhandschuh. Stürze hinter mir, Stürze auf der rechten Seite. Schrilles Hupkonzert der Autofahrer. Die Szene ist beobachtet worden. Einer der Fahrer macht aus dem Seitenfenster das Siegeszeichen.

Dann der Wink: »Mal rechts ranfahren!« Der Mann lacht mir ins Gesicht. »Gut gemacht! Wo möchten Sie hin?« Ich habe zwei Begriffe parat: »Policia Federal« und »Puente a Argentina«. Wieder ein Handzeichen: »Folgen!« Der Mann lotst mich durch die ganze Stadt. Schließlich hält er und deutet auf ein lang gestrecktes Gebäude: »Dort drüben, die unteren Fenster – die Polizei, geradeaus kommen Sie zur Brücke. Mein »Muchas gracias, Señor!« beantwortet er noch einmal mit Daumenheben: »Victoria!«

Die Lotsenhilfe lässt mich das unschöne Erlebnis in der Stadt fast vergessen. Da hatte sich das Land zum Abschied doch noch eine Freundlichkeit ausgedacht. Nur eine? Als ich an einem der üblichen Fenster meinen Pass vorzeige, fragt der Beamte: »Wo sind Sie eingereist?« Auf meine Antwort: »Bei Barra do Quarai!«, meint er: »So wenig Brasilien? Warum wollen Sie schon hinüber nach Argentinien? Nun ja! Sie brauchen keinen Stempel.« Er klappt den Pass wieder zu und reicht ihn mir zurück: »Eine gute Reise, Señor!«

Ein »Gracias« und ein »Adios« zugleich. Schon rolle ich über die Brücke. Mein Aufenthalt in Brasilien war nur ein kurzes Gastspiel gewesen. Man hatte mich gewarnt – gleich zweimal.

In der Weite Corrientes'

Unter mir Urwaldwasser. Zum letzten Mal der Rio Uruguay.

»Grüß mir Colonia, wenn du daran vorbeifließt!« Mir ist zum Scherzen. Auch wenn ich im Augenblick noch nicht weiß, was mich am anderen Ufer erwartet, irgendwie fühle ich mich erleichtert.

Nun doch ein Stempel: »Republica Argentina«, zum zweiten Mal auf dieser Reise – jetzt in sattem Blau. Ein Zuruf vom Straßenrand: »Señor! Ein Stück Melone? Kein Geld!« Der Händler teilt eine Honigmelone und reicht mir ein Segment: »Willkommen in Argentinien! Wohin geht die Reise?« Ich habe nur das Ufer gewechselt und schon fühle ich mich wohl.

Ohne große Vorbereitung gehe ich auf Nordkurs. Auch auf argentinischer Seite folgt die Straße dem Fluss. Doch um ehrlich zu sein: Brasilien hatte ich nicht völlig abgehakt. Ich würde zurückkehren, ja ich müsste es. Fast tausend Kilometer war ich vom Rio de la Plata nordwärts geradelt– mit Direktkurs auf die Wasserfälle von Iguazu. Wer schwenkte da schon gerne kurz vor dem Ziel ab? Ich müsste also Brasilien wiedersehen.

Nicht nur der frühe Aufbruch kommt mir jetzt zugute. Auch der Wind hat gedreht. Kräftig bläst er nun von Süd. Sein Ursprung ist die Antarktis. Vorbei sind damit auch die Hitzespitzen von über vierzig Grad. Zudem: Rückenwind! Das Rad schnurrt über den Asphalt wie von einem Motor angetrieben. Was für ein Geschenk! Bei Tagesetappen von fast zweihundert Kilometern stand ich später viel früher als erwartet am nächsten großen Strom, dem Rio Paraná. Doch bis dahin sollten sich noch viele Seiten meines Tagebuches füllen.

Der Teil Argentiniens, den ich nun durchradle, heißt Corrientes oder Mesopotamia, Land zwischen den Strömen. Im Osten der Rio Uruguay, als »Tigris«, im Westen der Rio Paraná als »Euphrat«. Sie begrenzen eine Ebene von über tausend Kilometern Länge. In dieser Weite wird ein Radler zum einsamen Punkt.

Am Straßenrand, im Irgendwo, ein Haus. Auf einem Holzbrett der Schriftzug ALMACEN – gerade noch lesbar. Schon das Äußere zeigt es an: Dies hier *war* einmal ein Geschäft. Trotzdem frage ich. Die Frau reagiert verlegen: »... eigentlich nicht mehr!« Zu verkaufen hat sie nur etwas aus dem eigenen Bestand. Doch bald füllt sich der Holztisch unter dem weit vorspringenden Dach. Reis, Fleisch, Getränke – nichts zum Mitnehmen, nur zum Sofortessen. Später bringt sie mir noch ein gekochtes Ei und drei Brötchen. »Reiseproviant, von den eigenen Hühnern und selbst gebacken«, betont sie. Die Frau lebt hier mit zwei Kühen, Hahn und neun Hühnern. Letztere betteln mich während des Essens um Krümel an. Zum Schluss Trinkwasser auffüllen, ein Fünfpesoschein fürs

In der Weite Corrientes'.

Wo die Menschen einsam leben, ist Gastfreundschaft ungeschriebenes Gesetz.

reichliche Mahl, ein »Muchas gracias!« für die Gastfreundschaft. Dann werde ich in der Endlosigkeit wieder zum Punkt. Auf der langen Geraden drehe ich mich noch einmal um. Das Haus ist zwar noch immer zu sehen, doch mit seinen Bäumen ringsum wirkt das Anwesen jetzt nur noch wie ein Grasbüschel. Die Weite Corrientes' setzt hier die Maßstäbe.

Ich möchte es wie in Uruguay halten. Ergab sich eine Gelegenheit, dann schlief ich unter festem Dach. Ansonsten stellte ich mein Bett in der Natur auf. Als ich in den Abendstunden eine Getreidemühle passiere, kommt mir der Gedanke: »Warum nicht hier?« Das Gelände ist riesig, so groß wie mehrere Fußballfelder zusammen, meist ungenutzte Rasenfläche. Ein hoher Maschendrahtzaun schützt das Areal. Es herrscht noch Betrieb. Ich frage den Wachposten: »Gibt es hier eine Möglichkeit zum Zelten? Ich möchte es nicht am Straßenrand tun.« Der Mann pfeift einen jungen Burschen herbei. Dieser stellt sich mit »George« vor: »Ich werde den Chef anrufen. Nur er kann das genehmigen.« Während ich warte, kommen andere Arbeiter hinzu. Sie begutachten mein Rad und kommentieren es. Besonders fasziniert sind sie von der kleinen Luftpumpe. Sie ist nur handspannenlang und macht jetzt die Runde. Jeder möchte einmal damit pusten. George hat keinen Erfolg. »Der Chef ist nicht da!«, entschuldigt er sich. Doch ihm ist etwas Besseres eingefallen. In einer halben Stunde hat er Feierabend, dann soll ich mit zu seiner Familie kommen. Auch er ist mit dem Rad hier.

Gemeinsame Fahrt in den Ort La Cruz. Staubiges Argentinien. Auf den Straßen christlicher Kindersegen. Hunde, so mancher herrenlos und hungrig. Große Aufregung bei der Familie Horrébata: George bringt einen Fremden mit! Doch nach einigen erklärenden Worten erlebe ich Gastfreundschaft total. Damit ich mein Zelt im Garten aufstellen kann und dort Licht habe, organisiert man Verlängerungskabel. Über zwanzig Meter bringt man zusammen. Noch eine Fassung und eine Glühbirne, und hinter dem Haus Nummer 735, in der Avenida Sarmiento, wird es hell – so hell, dass die Hunde anschlagen.

Später in gemütlicher Runde. Ich muss erzählen vom fernen Alemania. Reinhold Horrébata und seine Frau revanchieren sich. Familienfotos werden herumgereicht: Hochzeitsszenen, Geburtstagsfeiern. Die beiden Kleinsten, Carlito und Diane, hängen an meinen Knien – es ist so etwas wie Freundschaft auf den ersten Blick. Als Carlito meine Taschenlampe entdeckt, beginnt er mit ihrem Lichtstrahl Sterne »abzuschießen«. Doch am südlichen Himmel strahlen zu viele, und außerdem: Kaum abgeschossen, leuchten sie schon wieder. »Hol Christian noch ein Bier!«, wird George weggeschickt. Gastfreundschaft mit Überstunden.

Am nächsten Morgen werde ich wie ein Familienmitglied verabschiedet, das auswandern möchte. Die Horrébatas wissen, dass ich über meine Reise Tagebuch schreibe. Ich sitze schon im Fahrradsattel, als ihnen etwas einfällt: »Dein Tagebuch, Christian!«, bittet man mich. Als ich es Reinhold Horrébata reiche, gibt er es an seine Frau weiter. Diese geht damit ins Haus. Wieder zurück, zeigt sie es zunächst ihrem Mann. Er nickt zustimmend. Nun erst gibt sie es mir – aufgeschlagen: »Für dich, Christian!« Gespannt lese ich die Eintragung:

»Feliz Viaje Christian que Dios te guie«

Wer fühlte sich von solchen Worten nicht berührt? Doch man muss bereit sein, sich auf die »Holzbank der Armut« zu setzen, damit man ein solches »Gott beschütze dich!« mit auf den Weg bekommt. Wer sich im Sessel des Reichtums räkelt, wird wohl vergeblich auf so etwas warten.

So reich beschenkt, hat man Schulden. Wieder zu Hause, werde ich Versprechen einlösen: einen Brief an die Horrébatas mit einem Foto von meiner Tour und eine Extrakarte an den fünfjährigen Carlito. Heißt es doch, Freude zurückzugeben.

Eine leere, lange Straße wartet auf mich, die Ruta 14. Nur manchmal muss ich mich mit einem Laster arrangieren. Einer jener Stärkeren mag am Tod des Radlers schuld gewesen sein, an den ein Kreuz im Gras erinnert. Reste seines Rades schmücken die Stätte. Wenn man selbst der Radlergilde angehört, ist man versucht, an einem solchen Platz eine Gedenkminute einzulegen. Seit meiner Schulzeit sitze ich im Fahrradsattel. In mehr als vierzig Jahren haben mich zwei Räder durch ein halbes hundert Länder getragen. Nie war mir etwas Ernsthaftes passiert. Nur einmal hatte mich ein Lastwagen gestreift, in Mexiko. Doch »jemand« musste in letzter Sekunde den Daumen dazwischengehalten haben. So wird hier aus der Schweigeminute eher eine Dankesminute. Später bücke ich mich nach einem verlorenen Autokennzeichen: »Argentinia TBH 776« und klemme es mir unter den hinteren Spanngurt. Nun bin ich selbst ein »Laster«. Vielleicht respektiert man mich jetzt mehr.

Eine Herde Zeburinder flüchtet bei meinem Anblick. Für Schafe bin ich manchmal der »Wolf«, auf Rinder muss das Rad noch schrecklicher wirken. Jedes flüchtende Tier reißt ein Dutzend andere mit. Stampede! Die Landschaft bestand bisher aus grüner Endlosigkeit. Der Horizont zeichnete die Erdkrümmung nach. Nun ein Wechsel: Wasser – keine offenen Flächen mehr, sondern Sümpfe. Die Straße wird zum Damm. Reiher und Störche bevölkern das Gebiet. An manchen Stellen sprießt statt grünem Sumpf ein blaues Meer. Es ist die Blütezeit der Wasserhyazinthen. Nach einigen Kilometern wieder Gewohntes: Grün, welches *nicht* schwimmt. Am Rande eines Wäldchens voraus leuchtet es kontrastreich rot, blutrot. Was ich beim Näherkommen sehe, holt mich sofort aus dem Sattel. Rote Fahnen und mit roter Farbe übergossene Felsen! Überall »Blut«. In einer Art Gedenkstätte noch mehr Rot, dazu Kerzenstummel, Blumen. Auf einer Tafel aus Fliesen ein Text:

»Oh Gaucho Gil
te pido humildemente se cumpla
por intermedio ante Dios…«

Ich notiere die Worte in mein Tagebuch. Sie klingen wie das Gebet eines Toten:

»Ich bitte demütig zu Gott,
das Wunder zu vollenden.
Ich bitte darum und ich verspreche,
dass ich meine Zusage erfüllen werde
gegenüber Gott.
Ich werde mein Leben geben
als Ausdruck meines Glaubens an Dich

Der kleine Gaucho Gil
Amen«

In Corrientes nicht gerade selten anzutreffen: Gedenkstätte für einen ermordeten Gaucho.

So eindrucksvoll ist diese Stätte, dass ich mir vornehme, beim nächsten Haus nach ihrer genauen Bedeutung zu fragen.

Auf eine solche Gelegenheit muss man in Corrientes warten. Doch schließlich kommt sie. Das Gebäude ist durch eine hohe Hecke fast verdeckt. Ich biege auf den Hof ein; hoffentlich werde ich nicht von bissigen Hunden empfangen. Aber es kommt viel schlimmer.

Ich erschrecke. Blut! Überall Blut! Dieses Mal echtes. Der Besitzer hat gerade ein Rind geschlachtet und ihm den Kopf abgetrennt. Der Mann sieht aus, als habe er im Blut des Tieres gebadet. Was für ein Anblick! Ich atme tief durch und sage mein Sprüchlein: »Perdone, Señor … Gauchito Gil …?«

Der Schlächter lacht. Er hebt das Messer und führt es – provozierend langsam – mit der Rückseite an der Kehle entlang. Jetzt ist auch diese blutig, denn er hat das Messer quasi daran abgewischt. Eine Horrorszene! »Hier sind viele Gauchos gestorben!«, klärt mich der Mann auf. »In Corrientes werden Sie an allen Straßen solche Gedenkstätten finden – und falls einmal nicht, dann hat man sie in die Kirchen verlegt.« Er beginnt den Rinderkopf zu häuten: »Viele Gauchos Gil, Señor! Wohin wollen Sie *damit*?« Mit einem »Messerstich« deutet er auf mein Rad. Als ich »nach Paraguay und Bolivien« antworte, folgt ein »Messerwurf«: »Immer geradeaus! Posada! Rio Paraná!« Genug Blut, genug Messer! Das war eine Szene zum Kindererschrecken. Auch so manche Frau wäre bei dem Anblick wohl umgekippt.

Weiter Ruta 14, weiter Rückenwind. Das Rad frisst die Kilometer. Schon bald treffe ich auf den Beweis für das, was der Mann angedeutet hatte. Es muss so manches Gaucho-Gil-Schicksal in Argentinien gegeben haben. In nur wenigen Stunden treffe ich auf drei ähnliche Gedenkstätten – wieder »Blut«. Doch nicht all diese Gauchos werden ihr Leben durch einen heimtückischen nächtlichen Kehlschnitt verloren haben. Es gab hier auch Zeiten, da saßen die Pistolen locker.

Santo Tome. Schau an, eine richtige Stadt! Schon auf den ersten Blick sehe ich, hier musste etwas Ungewöhnliches passiert sein. Hütten liegen wie mit dem Hammer platt gemacht. Das Wellblechdach einer Fabrik ist aufgerollt, als hätte man einen Dosenöffner angesetzt. Andere Häuser sind völlig abgedeckt. Man klärt mich auf: »Ein Tornado! Letzte Woche! Es war fürchterlich!« Vor dem Sturmwirbel lag genug leeres Land. Dort hätte er allenfalls ein paar Rinder umgeworfen. Doch er suchte sich seinen Weg mitten durch diese Stadt. Sogar die Kirche hatte er nicht verschont. Erstaunlich, dass die alten Kolonialbauten den gewaltigen Windgeschwindigkeiten standgehalten hatten. Manche der Gebäude sehen nicht mehr gerade stabil aus. Portale hängen altersschwach in den Angeln, Simse und Balkone hat die Natur in Gärten verwandelt. Fenster wirken, als wären sie seit Ewigkeiten nicht geöffnet worden. Santo Tome muss reich gewesen sein. Es hat das Flair einer alten Silberstadt. Das »Silber« mögen hier die riesigen Rinderherden Corrientes' gewesen sein. Doch die Zeiten ändern sich – und mit ihnen die Preise für Fleisch und Häute!

Schauen, Tagebuch schreiben, in einem kolonialen Bett die Beine ausstrecken. Morgen ginge es weiter – noch immer Ruta 14.

Gedenkstätten für ermordete Gauchos, aber kein lebender im Sattel. Dabei überall Rinderherden, viel mehr und viel größer, als ich sie in Uruguay gesehen hatte. Aber man soll das Hoffen nicht aufgeben. In einem kleinen Dorf klappt es doch noch mit einer Begegnung, wenngleich nicht so, wie insgeheim gewünscht.

Ich habe Lebensmittel gekauft und bin auf der Suche nach einem schattigen Plätzchen, als ich die beiden kommen sehe. Der Gang ihrer Pferde ist mehr ein Tänzeln. Die Männer sind Motive für einen Bildband. Die Zügel lässig zwischen Daumen und Zeigefinger, kommen sie daher wie Kadetten aus Fort Knox. Der waagerecht abstehende Oberlippenbart ist schwarz wie die Weste, die Haut ledern wie die Stiefel. Silber am Zaumzeug, Silber an den Sätteln, Silber an den Gürteln. Als sie vorbei sind, sehe ich, dass das Silber hinten ausgetrieben ist, wie bei einer überdimensionalen Brosche. Das sind keine einfachen Gauchos! Die beiden würdigen mich keines Blickes. Gemeines Fußvolk liegt bei ihnen »abseits«. Nun steigen sie ab und nehmen an einem Tisch unter dem Vordach der Dorfbar Platz. Beine ausstrecken und Getränke ordern ist eins. Die Gläser nicht absetzend, unterhalten sich die beiden. Mir juckt der Kamerafinger. Dort sitzt *das* Motiv. Doch ihre Haltung ist mehr als Stolz, das ist Arroganz, ja schon Verachtung für alles nicht Ebenbürtige. Ich habe das Gefühl: Wenn du die beiden um Fotoerlaubnis bittest, es sogar vernünftig begründest, schießen sie dir zur Antwort die Luft aus den Reifen. So nehme ich dieses Bild nur im Kopf mit. Außerdem: Arroganz habe ich mich noch nie gebeugt.

Die nächste Begegnung ist zwar kein Bildmotiv, dafür liebenswerter. Ein Geländewagen hat mich überholt und gestoppt. Das »Maple leaf« am hinteren Blech zeigt an: ein Kanadier. »Lachlan!« – »Christian!« Zwei Vornamen zur Begrüßung. Der Kanadier kreuzt seit Monaten durch Südamerika. Sein Lebensziel ist,wie er sagt, Reisen. Ich bin der erste richtige Radler, dem er begegnet, und er will es gar nicht glauben, dass sich so ein altes Semester zu einer Tour wie dieser aufgemacht hat. »In die Anden?« Er schüttelt den Kopf: »Du solltest lieber umsteigen!« Mit dem Daumen zeigt er auf den leeren Beifahrersitz. »Du fährst wohl viel?«, fragt er nach. Ich kopiere seine Worte: »Mein Lebensziel ist Reisen!« Er lacht: »Dann sind wir ja ›Brüder‹. Brauchst du etwas? Wasser? Lebensmittel? Alles okay?« So sind sie, die *echten* Globetrotter. Sie sehen nicht nur sich, sondern auch den anderen. Zum »Viel Glück!« noch ein gehupter Abschied. Lachlan wird lange vor mir in Paraguay sein; aber vielleicht begegnen wir uns noch einmal. Jeder Kontinent ist eine »Insel«; letztlich fährt man im Kreis darauf herum.

Ich hatte in dem Ort Azara Rast gemacht. Hier knickt die Straße ab. Aus der Ruta 14 wird die Ruta 105. Auch ihr direktes Ziel: der Rio Paraná. Nach dem Essen in dem kleinen Restaurant brachte mir der Wirt zusammen mit dem Rechnungszettel eine Überraschung: Obst und eine Plastikflasche mit tief gefrorenem Wasser. Beides könnte ich sicher gebrauchen, meinte er. Und wenn ich das Wasser in ein Bekleidungsstück einwickelte, so hätte ich noch nach Stunden eine Erfrischung. Ich bin mit meinen Gedanken noch bei der Gastfreundschaft, die mir hier überall zuteil wird, und schelte mein eigenes Land: »Deutschland, du solltest auch auf solche Reisen gehen, damit du am Beispiel wieder lernst, was du durch den Blick aufs Geld verlernt hast…« als meine Strafpredigt durch einen ungewöhnlichen Anblick jäh unterbrochen wird.

Bisher hatte der Himmel nur eine Farbe gehabt: Blau; doch was dort vorn nach Wolken aussieht, das trägt *kein* Wasser in sich, das ist Rauch! Je näher ich komme, desto deutlicher wird es. Hier brennt kein Heu, keine Strohballen, hier brennt das Land! Da ich noch immer Rückenwind habe, treibt dieser das Feuer vor mir her.

Land in Flammen und Rauch. Solche Hindernisse sind für einen Radler unüberwindlich.

Ich sehe, wie es sich in einen Wald frisst. Rechts und links der Straße, so weit das Auge reicht, Asche. Ein Glutherd flammt erneut auf. Von Rauch und Hitze bereits geschwärzte Büsche lodern haushoch auf. Keine Feuerwehr, keine Löschflugzeuge. Freie Bahn für die Flammen. Zwei »Augen« in der Rauchwand. Ein Auto tastet sich heraus. Der Fahrer macht mit der Hand Scheibenwischerbewegungen: »Stopp! Nicht weiterfahren, nicht weiterfahren!« Ich bin doch kein Kamikaze! Dort hinein würde ich mich nicht einmal durch solches Blech geschützt wagen. Ich hatte auf dieser Tour mit vielen Hindernissen gerechnet: mit Bürokratie und Kriminalität, mit technischen Problemen und mit Unwettern, doch nicht mit so etwas. Da bleibt nur eins: umkehren dorthin, wo die Natur unversehrt geblieben ist, das Zelt aufbauen, abwarten.

Am nächsten Morgen wieder der Blick auf verbrannte Erde. Das Feuer hatte sich nach Nordwesten weitergefressen und war irgendwo zum Stillstand gekommen, vielleicht an einem Fluss. Die Rauchwand wurde vom Wind aufgelöst. Eine solch tote Landschaft durchradelt man stumm. Stille auch im Innern. Der Mensch ist nicht für ein Leben auf dem Mond geschaffen, er braucht seinesgleichen, und lebendige Natur. Beim Anblick des ersten unversehrten Grüns löst sich die Beklemmung in mir. Es ist wie freies Durchatmen.

Mit so einem starken Verbündeten wie dem Wind wird am Ende selbst Corrientes klein. Fast habe ich es schon durchsegelt. Was nun vor mir liegt, ist die Wasserscheide zwischen dem Rio Uruguay und dem Paraná – keine richtigen Berge, jedoch Steigungen. Immer wieder buckelt die Straße, es gibt Arbeit für die Beinmuskeln. Gleichzeitig ein abrupter Landschaftswechsel: statt Weiden Wald. Am Straßenrand Palmen und Bambus; dann immer häufiger Mateplantagen. Ein Argentinien ohne Rinder.

Vor mir liegt die Stadt Posadas. Eine Radumdrehung bringt mich genau zweihundertsechzehn Zentimeter weiter. Oft genug addiert, könnte man damit die Erde umrunden. Wieder liegt ein Land hinter mir. Schon stehe ich am Rio Paraná, dem Grenzfluss zwischen Argentinien und Paraguay. Erneuter Abschied – leider! Doch auch wieder die Frage: Was wird mich am anderen Ufer erwarten?

Der Grenzübertritt gelingt nicht so elegant wie im brasilianischen Uruguaiana. Dafür ist er um etliches origineller. Der Schreibtisch des Postens steht unter freiem Himmel, direkt am Brückenkopf. »Pasaporte!« – »Jawohl, zu Befehl!« Schon der Ton missfällt mir. Der Soldat blättert im Pass. »Welcome to GIB«, »Polynesie Française«, »Repoblikan'i Madagaskara«... Wer kannte als Grenzer am Rio Paraná schon solche Stempel? Ein misstrauischer Blick über den Rand des Passes: Na, welchen Exoten haben wir denn da gestoppt? Dieses Anschauen ist schon der halbe Befehl: »Auspacken! Alle Taschen! Auch die der Hose!« Ein Ruf, mehr ein Befehl. Mein Pass wird an einen Subalternen weitergereicht. Ich höre das Wort »Comandante«. Nun würde sich also der Kommandant persönlich mit dem Fall befassen. Das kann ja lustig werden!

Es ist nun einmal so: Mit dem Dienstgrad steigt häufig auch der Bauchumfang. Es mag daran liegen, dass höhere Ränge eher Befehle geben, als selbst welche ausführen zu müssen. El Señor Comandante rollt heran. Doch was für eine Überraschung. Mit einer lässigen Bewegung reicht er mir den Pass zurück: »Bitte, warten Sie hier!« Dann korrigiert er den Sitz seiner Jacke und schreitet zur Tat. Seine Untergebenen staunen. *So* haben sie ihren Vorgesetzten wohl noch nie gesehen. Der Kommandant geht zum Brückenkopf und übernimmt persönlich die Kontrolle. »Los! Los!«, winkt er einige Fahrzeuge durch. »Kein Stopp! Weiterfahren!« Plötzlich wird sein Arm zur Schranke: »Halt!« Der Fahrer des kleinen Lasters scheint hinter dem Lenkrad zu schrumpfen: keine normale Kontrolle – ein Offizier! »Was ist mit den Papieren?« Nichts stimmt. Die Lizenz abgelaufen, die Fracht suspekt. DIOS MIO AYUDAME! Schnell ein Stoßgebet zum Himmel! Der Kommandant missachtet den Mann völlig. Er geht zur Rückseite des Lasters, reckt sich und schaut über die Klappe. Dann an mich gewandt: »Zu hoch!« Ein Handzeichen: »Weiterfahren!« Gott hat das Gebet des Mannes erhört. Wieder darf ein Dutzend Autos passieren. Dann erwischt es einen Kleinbus: »Halt!« Erneut die Armschranke. Der Kommandant geht von Fenster zu Fenster und blickt in das Innere des Fahrzeugs. Wer weiß, dass in solchen Ländern schon der Auftritt eines kleinen Polizisten Menschen innerlich wegknicken lässt, kann sich vorstellen, welche Wirkung erst eine Uniform mit Lametta hat. Wahrscheinlich jagt jetzt der Puls der Insassen hoch wie der eines Täters, den man an einen Lügendetektor angeschlossen hat. Deutlich höre ich den Befehl des Kommandanten an den Fahrer: »Den Radler dort mitnehmen!« Er zeigt dabei in meine Richtung. Der Mann am Lenker hebt beide Hände: »Señor… kein Platz… voll!« Er dreht sich wie Hilfe suchend zu den Insassen um: »Sehen Sie doch…!« In der Tat: Da sind nicht nur viele Köpfe, sondern auch Pakete und Bündel – Lateinamerika auf Überlandfahrt. Doch ein Kommandant kennt keinen Kompromiss, geschweige dass er Widerspruch duldet. Was der Fahrer da vorbringt, ist in seinen Ohren nur Lamentieren. »Llevalo!« Mitnehmen! So klingt ein Befehl. Der Fahrer lässt die Hände aufs Lenkrad sinken: »Schicksal!« Nun kommt der Kommandant zu mir und macht eine fast elegant wirkende Geste: »Steigen Sie ein!« Ich bedanke mich ebenso formvollendet: »Muchas gracias, Señor Comandante!« Dabei tippte ich mir an die Hutkrempe.

Angesichts des bereits überfüllten Busses ist das Einsteigen keine Aktion, eher eine Operation. Mehrere Insassen sind mir behilflich, das bepackte Rad ins Innere zu hieven. Vor der Brücke staut sich der Verkehr. Der Soldat, der den Pass von mir verlangt hatte, kommt herüber – scheinbar um sich zu vergewissern, dass alles klappt. Doch er möchte nur eine Erklärung abgeben: »Señor, Ihr Rad ist mit dem Gepäck zu breit für die Fahrbahn, zu viele Autos… die Sicherheit!«

Endlich! Das Rad steht hochkant, zwei Männer halten es. Ich selbst lehne an irgendeiner Schulter. So geht es über den Rio Paraná. Am anderen Ende der Brücke noch einmal ein »Muchas gracias!«. Wo man sich so häufig bedanken muss, da wird einem eben häufig geholfen. Kompliment!

»Pasaporte!« Die Szene gleicht zunächst der am zurückliegenden Ufer, doch dann geht alles viel glatter. Keine Fragen, keine Kontrolle. Eher gelangweilt schlägt der Zöllner den Pass auf, sucht sich eine leere Stelle. Zu den vier argentinischen und zwei uruguayischen Stempeln drückt er mir einen siebten ins Dokument – einen besonders wortreichen:

»Republica del Paraguay
Ministerio del Interior
Direccion gral. de Migraciones
Entrada Encarnacion…«

Ich begrüße das vierte Land auf meiner Reise: »Buenos dias, Paraguay!«

Siedler und alte Missionen

Wieder ein Land, das auf der Medienkarte eher die Farbe Weiß trägt. Was gibt es Neues in Paraguay – seit dem Sturz des Diktators Stroessner vor mehr als zehn Jahren? Wenn ich, in etwa einem Monat, das Land endgültig verlassen würde, wüsste ich mehr.

Die Stadt Encarnación. Auf die Bilder der Armut und des Zerfalls, die ich hier antreffe, bin ich nicht vorbereitet. Am Ufer des Rio Paraná wird die Stadt gar zum Slum. So beginnt schon mit meinen ersten Schritten auf paraguayischem Boden ein Lernprozess, der vieles, was ich über das Land gelesen hatte, widerlegen sollte. Ein »Schüler« auf Reisen.

Ich schiebe das Rad durch die Hauptstraße. Wenigstens hier ein wenig Stadt! Aus einem vorbeifahrenden Auto der Ruf: »Señor, ich möchte mit Ihnen sprechen!« Ein Handzeichen: »Dort drüben, im Schatten der Bäume.« Der Mann hält ein Stück voraus und kommt zu Fuß zurück. Er stellt sich vor: »Nery Godoy, Rundfunkreporter. Hätten Sie etwas Zeit für ein Interview?« Galt ich als Radler aus Übersee bereits in Uruguay als Exote, so bin ich hier in Paraguay wohl schon eine kleine Sensation. Denn außer diesem Nery Godoy sollten mich später noch zwei weitere Reporter abfangen. Mikrofon und Aufnahmegerät hat der Medienvertreter aus dem Auto gleich mitgebracht. »Beginnen wir! Sagen Sie den Hörern doch erst einmal, wer Sie sind, woher Sie kommen, Ihren Beruf, auch Ihr Alter. Dann, wie Sie mit dem Fahrrad nach Paraguay gekommen sind – und warum gerade Paraguay? Ich werde Ihnen später noch Fragen zu Ihrer Tour stellen. Kann es losgehen?« Mikrofonangst ist mir fremd. Mehr als dreißig Jahre hat so ein schwarz-silbernes Ding zu meinem beruflichen Werkzeug gehört. Doch für ein Rundfunkinterview muss ich in den Tiefen meiner Spanischkenntnisse gründeln. »Me llamo Christian, soy alemán. Tengo…« Die persönlichen Daten sind auf Band, jetzt Nery Godoys Fragen: »Christian, wie viel Kilometer fährst du so am Tag? Was wiegt dein Gepäck, das Rad? Wie schwer bist du selbst? Was isst du auf deiner Tour…?« Es sind oberflächliche Fragen, die mir der Reporter stellt. Sie klingen nach billiger Sensationssuche. Nichts über Eindrücke, über Erlebnisse, über Menschen. Der Radler aus Alemania ist lediglich ein Happening; damit kann man Sendeminuten füllen. Mir ist nach Zurückfragen: »Warum, Nery Godoy, dieser Verfall hier? Warum diese Armut in einem Land, das alles zum Leben hat: Rinderherden, Baumwolle, Mais…?« Warum? Ich lasse das Zurückfragen, nehme am Ende des Interviews das »Gracias!« und das »Feliz viaje!« des Reporters entgegen und gehe meines Weges.

Vor dem Hotel, auf das meine Wahl fällt, treffe ich eine alte Frau. Sie hat sich einen Stuhl ins Freie geholt und schaut in den Tag. Ich grüße auf Spanisch, sie antwortet auf Deutsch. »Menschenkenntnis!«, denke ich überrascht. »Wir werden sicher gleich miteinander ins Gespräch kommen.« Aus dem Zimmer zurück, grüße ich scherzhaft noch einmal, jetzt ebenfalls auf Deutsch. Die Frau heißt Elisa Schleifer. Sie stammt aus dem Fränkischen. Schon ein einziger Satz kann eine Lebensgeschichte umreißen. Wegen der Depression im Deutschen Reich war sie mit ihren Eltern ausgewandert. Das war 1927!

Als Frau Schleifer das so dahinsagt, rechne ich kurz nach: »…vor über siebzig Jahren. Dann ist diese Frau doch mindestens…« Vor mir sitzt eine Pionierin. Elisa Schleifer hat den Chaco-Krieg erlebt, die Ära der Militärdiktaturen, die fünfunddreißig Jahre währende Herrschaft Alfredo Stroessners. Längst war diese Frau selbst ein Stück paraguayischer Geschichte geworden. Ich bohre ein wenig. Doch hartes Leben macht wortkarg. Die Antworten, die mir Frau Schleifer gibt, muss ich selbst vervollständigen: »... schwierige Zeiten, selten gute ...« Mit ein paar Kühen hatten ihre Eltern angefangen. Der erste Schritt: Land urbar machen. Überlebenskampf auch noch für sie, quasi als zweite Generation. Ihr Mann nahm jede Arbeit an, die sich bot. Zeitweise schuftete er in einer Matefabrik. Die Realität überrollte den Traum des Auswanderers. Karl Arthur Vollrath, Mitarbeiter des Zirkus Sarassani, veröffentlichte 1925 seine Eindrücke, die er während einer Tournee in Südamerika gesammelt hatte. Vollrath warnte den auswanderwilligen Deutschen:

»Aber, aber lieber deutscher Auswanderer, glaube gar nicht, dass dir hier gebratene Hühner in den Mund fliegen werden. Glaube es gar nicht! Jede Auswanderung bedeutet zunächst einen Zwang, um eine Stufe abwärts zu steigen. Wer dieses Opfer nicht bringen will, der bleibe daheim und unterernähre sich redlich. Lieber deutscher Auswanderer: Mache dich gefasst auf kümmerliche Wellblechbaracken fernab aller Kultur... Mache dich gefasst auf ein nach Landessitte zähes Kuhfleisch, das du mit deinen Zähnen nicht zerreißen kannst, mache dich gefasst auf ein Maisbrot, wie es die österreichische Armee im vierten Kriegsjahr ihren Völkern zum Beißen gab... Mache dich gefasst darauf, dass der italienische, der nordspanische Einwanderer dich immer und überall an Bedürfnislosigkeit unterbieten wird, der Serbe, der Kroate, der Slowake, der Türke. Und wenn du den Mut hast, all diese Opfer zu bringen, dann kann deinen Kindern, wahrscheinlich erst deinen Kindeskindern, ein klein wenig Behaglichkeit blühen. Du selbst musst dich opfern!«

Die Frau, die vor mir sitzt, war diesen Weg gegangen. »Haben Sie noch Kontakt mit zu Hause, Frau Schleifer?«, frage ich zaghaft nach, wohl ahnend, dass diese Frage schon von der Zeit beantwortet ist. Sie hebt die Hände wie zum Gebet gefaltet: »Wenn man so alt wird wie ich, dann ...« Wieder so ein Satz, den man selbst vollenden muss: »... dann sind die Zurückgebliebenen längst tot – die

Geschwister, die Schulfreundinnen, die früheren Nachbarn.« Elisa Schleifer hat auch ihren Mann überlebt. Nun sitzt sie hier, als hielte sie Rückschau – auf zweiundsiebzig Jahre Paraguay.

Ich nehme das Bild dieser Frau in meinem Innern mit. Wenn Reisen weniger in ein Land führen als zu seinen Menschen, dann sind solche Begegnungen die wichtigen Erlebnisse und nicht jene Highlights, welche die Reiseführer anpreisen.

Am nächsten Morgen, vor der Weiterfahrt, treffe ich Frau Schleifer wieder. Sie kommt mit etwas Weißem in der Hand auf mich zu: »Das ist für Sie! Sie können das auf Ihrer Tour sicher gebrauchen!« Mit diesen Worten reicht sie mir ein T-Shirt. Nun habe ich noch eine »greifbare« Erinnerung an die alte Pionierin.

Gastfreundschaft in Uruguay, Gastfreundschaft in Argentinien. Ich habe die Stadt Encarnación noch nicht verlassen, und schon ist mir, als möchte Paraguay diese Länder noch übertreffen. Ein Kieslaster hält. Aus dem Fenster des Führerhauses baumelt ein Arm; eine Thermosflasche wird geschwenkt: Trinkangebot für einen Radler. Ich kann dankend ablehnen. Noch schwappt der Hotelkaffee in meinem Bauch. Nur wenige Minuten später ein Zuruf vom Bürgersteig: »Hallo, Señor ciclista!« Ich bremse. Der Mann zückt seine Ausweiskarte, hält sie mir entgegen: »Ich heiße … und wohne dort vorn. Wenn Sie heute bei uns schlafen möchten …« Sein ausgestreckter Arm zeigt die Straße entlang: »Dort!« Erneut muss ich ablehnen.

Mein Radlertag hatte doch gerade erst begonnen. Ganz Paraguay wartet noch auf mich. Ich lasse mir von dem Mann den Weg zur »Straße Nummer sechs« erklären. Sie würde mich weiter ins Land bringen.

Was war aus meinem Plan geworden, die Wasserfälle von Iguacú zu besuchen? Obwohl ich mich nun in Paraguay befand, stimmte mein Kurs in etwa noch immer. Eigentlich wollte ich dieses Land, aus Brasilien kommend, südwärts durchradeln und später nach Nordwesten, Richtung Bolivien, abbiegen. Nun lief eben alles anders herum. Bei der Grenzstadt Ciudad del Este werde ich erneut nach Brasilien wechseln. Von dort ist es nur noch eine kleine Etappe bis zu den Wasserfällen. Weniger Kilometer, weniger Gefahren. Also erneut Kurs auf das Land, vor dem man mich so sehr gewarnt hatte.

Ein am Straßenrand parkender VW Käfer lässt mich stoppen. Mir war das Nummernschild aufgefallen: »HOHENAU - PARAGUAY«. Da stand sozusagen ein echtes Stück Deutschtum – und das am Rio Paraná. Deutsch war inzwischen wohl die ganze Gegend. Bereits um die Jahrhundertwende siedelten hier die ersten Auswanderer. Mit den Kriegen in Europa rollten die nächsten Einwanderungswellen heran. »Vom Urwald zur Kornkammer«, mit diesen Worten lässt sich das Ergebnis ihrer harten Pioniersarbeit umreißen. Hier wuchs tatsächlich in Generationen Reichtum.

Ein Schild: RESTAURANT HERMANN GMEINER. »Besuchen wir doch mal ausgewandertes Deutschland«, denke ich, »und schauen, was es kocht.« Die Gaststätte ist eher ein südländisch-offenes Holzhaus. Auch innen »pur Holz«. Hinter dem Tresen ein junges Mädchen, Schülerinnenalter. Ich mache den Fehler und grüße auf Spanisch. Die Antwort: hilfloses Händeheben. Das Mädchen dreht sich um und ruft nach hinten: »Papa, kumm a mol!« Ein Vorhang bewegt sich: »Guten Tog! Ich bin Alfred Gerke.« Der Mann klärt mich auf: »Sie sein hier in ›Klein-Deitschland‹. Meine Kinder besuchen die deitsche Schule. Alle Kinder hier besuchen sie. Die reden keen Spanisch. Manche sind schon elfe und reden noch keen Wort davon.« Alfred Gerke ist aus Gablonz in Böhmen, Nachbarn kommen aus Bayern, andere aus dem Sudetenland, aus dem Schwarzwald. Alles ausgewandertes Deutschland und seine Nachkommen. Erhalten ist die Sprache, aber, wie ich sehe, assimiliert die Küche. Es gibt *Empanadas,* Fleisch im Backteig. Als ich mich von Alfred Gerke verabschiede, wünscht er mir »Ene gude Reis!«. Zwei weitere Gäste sind eben noch hereingekommen, ältere Frauen mit Häubchen. »Erstaunlich ›teutsch‹ geblieben«, muss ich lächeln.

Ich muss am Lenker geschlafen haben. Gleich zwei Abfahrten sind mir entgangen. Aber wenn ich schon den Osten Paraguays durchradele, dann nicht ohne die eine oder andere alte Mission zu besuchen. Irgendwo westlich der Straße muss jene namens *Jesus* liegen, weiter östlich *Trinidad*. Umkehren kratzt zwar an Radlers Ehre, doch es gibt Geschichte, wo sich das lohnt.

In Paraguay hat es für Asphalt nur zwischen größeren Orten gereicht. Jetzt habe ich eine jener Pisten unter den Rädern, die nach Regenfällen nur mit dem Ochsenkarren zu bewältigen sind. Um das Rad zu schonen, schiebe ich an den schlimmsten Strecken. Am Ende stehe ich vor den Resten der Mission *Jesús* und damit mitten in der Geschichte des Landes. In einem Punkt unterscheidet sich diese von der seiner Nachbarländer. Ausgerottet sind die Ureinwohner Uruguays, die Charrua, ausgerottet oder stark dezimiert, die Indiostämme Brasiliens und Argentiniens. Anders in Paraguay. Die hier lebenden Guarani hatten zunächst doppeltes Glück gehabt. Durch kriegerische Auseinandersetzungen mit anderen Stämmen war die Zahl der Männer so stark reduziert, dass die Spanier eher ein »Volk der Frauen« vorfanden. Die Eroberer suchten zwar nach Gold und Silber (beides fanden sie nicht in Paraguay), sie brauchten jedoch auch »Menschliches«. Bei dem vorhandenen Überangebot hielt sich jeder gleich ein paar Dutzend Frauen. Damit drohte den Indios nicht wie in den anderen Ländern der Untergang, vielmehr wuchs von Jahr zu Jahr die Schar der Mischlinge. Paraguay wurde Mestizenland.

Den zweiten Glücksfall bescherten den Guarani die Missionare des Jesuitenordens. Die Geschichte der katholischen Kirche als solcher zur Zeit der Spanier ist kein Ruhmesblatt. Sie ging nicht *vor* dem Schwert, um es zu mäßigen. Sie ließ sich von ihm Bahn brechen, ja sie hatte selbst Blut an den Händen. Das »Mea culpa«, das päpstliche Schuldbekenntnis – 400 Jahre später abgelegt – spricht überdeutlich von der geschichtlichen Last. Umso leuchtender ist das Beispiel der Jesuiten. Die Mönche nahmen sich der Indios im wahrhaft christlichen Sinne an. Sie lehrten sie nicht nur das Beten, sondern auch Landwirtschaft und Viehzucht, funktionierendes Gemeinwesen und musische Betätigung. Von Natur aus begabt, revanchierten sich die »Wilden«. Noch heute zeugen wunderschöne Steinmetz- und Holzarbeiten von ihrer Kunstfertigkeit. Der gute Ruf der Jesuiten lockte die Indios zu tausenden aus den Wäldern. Sie siedelten bei den Klosteranlagen, die so zu »Reduktionen«[6] wurden, welche an Größe und Bedeutung bald andere Siedlungen übertrafen. Dank des Fleißes der Indios waren diese Gemeinwesen autark, ja sie erwirtschafteten sogar Überschüsse. Der gute Ruf der Reduktionen erreichte Europa. Voltaire bezeichnete das Werk der Jesuiten in Paraguay als einen »Triumph der Menschlichkeit«.

Ruinen von Wohnanlagen der Indios in der Reduktion *Trinidad*.

Doch Erfolg hat häufig Missgunst im Schlepp. Die zivilen Kolonisten intervenierten beim spanischen König. Viel lieber hätten sie die Indios als billige Arbeitskräfte auf ihren Feldern gesehen. Ins Neidhorn blies auch ein anderer Orden, die Franziskaner. Bei der Missionierung der Guarani weit weniger erfolgreich als die Jesuiten, verleumdeten sie ihre Ordensbrüder: Neid, getarnt durch die Mönchskutte. Nach mehr als anderthalb Jahrhunderten siegte die Lüge. Die Reduktionen wurden geschlossen, die Jesuiten verhaftet und in Ketten gelegt. Die Anlagen zerfielen. Den Indios, soweit sie sich nicht in die Wälder zurückzogen, drohte die Sklavenarbeit. Damit endete eines der wenigen Beispiele wahren Christentums in Lateinamerika.

Jetzt, wo ich die historische Stätte betrete, werde ich innerlich zum Revoluzzer. Meine Kindheit habe ich im Bistum Fulda verbracht, einen Teil meiner Jugend in der Obhut eines Ordens, dem der Vinzentinerinnen. Kein Wunder, dass ich gedankenschwer durch den Ruinenkomplex gehe. Über dem einst so geschäftigen Ort liegt jetzt Schweigen. Vielleicht »höre« ich es so bewusst, weil ich »vorbelastet« und zudem der einzige Besucher bin.

Rückfahrt, Rückweg zur Straße. Nur ein Stückchen weiter liegen die Ruinen der Reduktion *Trinidad*. Die Anlage mutet wie eine verlassene Stadt an, überragt von den Resten einer mächtigen Klosterkirche. Lange Mauerreihen zeigen, wo einst die Indios wohnten. Auch hier Zeugnisse ihres Könnens: Simse, Portale, die Kanzel sind Meisterwerke der Steinmetzarbeit. Schimpf und Schande über diejenigen, die dies alles aus niederen Beweggründen zunichte machten.

Wieder Nordkurs. Nur wenige Radlerstunden voneinander getrennt, hatte ich erhaltenes Deutschtum und untergegangenes Christentum erlebt. Auf den folgenden Kilometern wartete nun neues Paraguay auf mich.

Steinmetzarbeiten wie diese Kirchenkanzel zeugen von der Kunstfertigkeit der Indios.

Welche Parallele! Wie schon zweimal, so werde ich jetzt wieder vor Brasilien gewarnt. Der zweifelhafte Ruf dieses Landes empfängt den Besucher bereits weit vor der Grenze. Ich war mit einem Mann ins Gespräch gekommen und hatte auf seine Frage, wo ich denn auf meiner Tour schliefe, mit: »Heute wohl im Zelt«, geantwortet. Er schüttelte den Kopf: »Doch nicht etwa hier im Grenzbereich, ... viel zu gefährlich, zu viele Brasileños!« Die Warnung ist der Grund, weshalb ich in der Nähe einer Hütte bleiben möchte. Dafür um Erlaubnis zu fragen, ist ungeschriebenes Gesetz.

Meine Annäherung bleibt nicht unbemerkt. Hunde verraten mich. Als ich das kleine Holzhaus erreiche, erwartet mich eine Phalanx der Abwehr: Mann, Frau, acht Kinder, vier Hunde – die Kinder in zweiter Reihe, wie die Kälber einer Büffelherde, geschützt durch die Körper der Alten. Nun tritt der Mann ein paar Schritte vor, seine Haltung drückt die stumme Frage aus: »Fremder, was willst du?« Solche Szenen kennt man aus Indianerfilmen: Der erste Weiße taucht am Lagerfeuer eines Wigwams auf. Artiges Vorstellen, braves Fragen: »Puedo ...?« Der Mann meldet nach hinten: »Ein Alemán!« Die Phalanx zerfällt. Neugierde treibt die Kinder nach vorn. Nur die Hunde bleiben auf Distanz, durch scharfe Worte ihres Herrn zum Schweigen gebracht. Jetzt das Angebot: »Natürlich. Zelten am Straßenrand? Nein, viel zu gefährlich! Dort wo das Feuerholz liegt, ist Platz genug. Die Hunde werden die ganze Nacht aufpassen.« Diese haben inzwischen das Interesse an dem Fremden verloren und jagen die Hühner. Es sind noch richtige Vögel, die fliegen können. Entweder liegt es an der Rasse oder daran, dass sie so mager sind. So retten sie sich vor den Hundeschnauzen in die Bäume.

Nun werden alle verfügbaren Stühle ins Freie geholt und im Halbkreis aufgestellt – der besterhaltene für mich, damit ich beim Erzählen bequem sitze. Und erzählen soll ich – von A bis Z, von Alemania bis Ziel. Die Kinder hocken sich ins Gras. Weite Ohren, große Augen, aufgerissene Münder: Ein Alemán auf einem *bici* in Paraguay. Ich komme mir wirklich wie ein Märchenerzähler vor.

Danach schöne Gesten der Gastfreundschaft. Nur das Wasser zum Waschen nehme ich an. Das angebotene Brot lehne ich ab und verweise auf mein mitgeführtes. Die das ihre mit mir teilen möchten, brauchen es selbst nötiger als ich. Dass Armut oft bereitwilliger teilt als Reichtum, ist mir nicht neu. Dass Gastfreundschaft auf hartem Holz von Herzen kommt, auch nicht. Reisen lehrt Lektionen.

Am nächsten Morgen eine ganz andere Phalanx: eine der Freundlichkeit. Händeschütteln, gute Wünsche, Nachwinken. Die Kinder laufen bis zur Straße mit. Dort noch einmal Händeflattern.

Grüßen ist Völkerverständigung. Sind die Menschen zu weit von der Straße entfernt, tue ich es durch Handzeichen. So auch jetzt. Die Hütten, die ich passiere, sind ärmliche Behausungen. Das Baumaterial Holz, Bambus, Wellblech; die Antwort der Menschen eher scheues Zurückwinken. Längst habe ich bemerkt, dass die Straße, seit sie »Klein-Deutschland« hinter sich gelassen hat, sozial »bergab« führt. Jetzt sehe ich Zelte an ihrem Rand, Zelte aus Stangen und Plastikfetzen. Die Kinder sind nackt, Männer und Frauen haben nur das Nötigste am Körper. Eine der Frauen schöpft gerade Wasser aus dem Straßengraben. Grabenwasser zum Waschen, zum Kochen! Hier wird mein Gruß nicht mehr beantwortet. Die Armut hat bereits das Stadium der Verbitterung erreicht.

Es ist das erste Mal auf einer Reise, dass ich Vorsorge besonderer Art getroffen habe. Auf der Gepäckrolle mit den Schlafutensilien stehen in roter Farbe die Worte: »PARA LOS NIÑOS DE LA TIERRA«. Die schriftliche Bestätigung einer Hilfsorganisation unterstützt diese Aussage. Die Worte »FÜR DIE KINDER DIESER ERDE« lassen vielleicht sogar Kriminalität nachdenklich werden.

Sie sind also nicht nur »Versprechen«, sondern auch Kalkül. Bereits in Brasilien hatte ich darauf geachtet, dass der Schriftzug stets unverdeckt blieb. Jetzt mache ich es wieder so. Radle ich doch nun immer tiefer in ein Land der »Niños de la Tierra«, der armen Kinder, hinein. Bin ich nicht gerade einigen begegnet?

Ein dunkler Wagen hatte mich auf der Gegenfahrbahn passiert. Jetzt wendet er hinter mir und schließt wieder auf. Der Fahrer gibt mir durch Handzeichen zu verstehen: »Anhalten!« Kurz vor mir stoppt er. Ich sehe, dass er in ein Mikrofon spricht und schnappe die Worte auf: »... Radler auf der Straße nach ..., etwas Spezielles!« Der Mann stellt sich vor: »..., Reporter, Radio ITAPUA. Ich möchte Ihnen gerne ein paar Fragen stellen.« Schon drückt er mir das Mikrofon in die Hand: »Am anderen Ende ist die Station. Ihre Worte gehen direkt ins Studio; Sie sprechen doch sicher Spanisch?«

Das zweite Interview! Was für ein Wirbel um den fremden Radler! Der Reporter hatte, als er mir entgegenkam, den Schriftzug auf meinem Gepäck bemerkt. Darauf hebt er nun ab. »Para los Niños de la Tierra. Señor, woher kommen Sie? Reisen Sie im Auftrag der Kirche? Ist Ihre Reise eine Mission? Sagen Sie das bitte den Hörern!« Ich erkläre den Sachverhalt: für die Kirche ... nein, Mission ... so etwas Ähnliches. Eher zur Unterstützung der Arbeit von *Vision Mundial*. Eine solche Reise bringt Eindrücke, Erlebnisse. Ich werde darüber schreiben. Das Geld dafür wird in eine Patenschaft fließen, para los Niños ...« Keine Selbstdarstellung, trockene Information. Der Reporter zeigt sich beeindruckt. Er ist auf einen Touristen der »anderen Art« gestoßen. Das Interview endet schließlich mit »guten Wünschen« für meine Mission. Als er wieder wendet, um in der alten Richtung weiterzufahren, deutet er noch einmal auf den Schriftzug: »Gut so!« Als Siegeszeichen möchte ich den erhobenen Daumen dabei nicht verstehen. Wer weiß, wie diese Reise am Ende ausgehen wird. Das Abenteuer »Südamerika« hat doch erst begonnen.

Für eine Tour von dieser Länge kann man nicht alles perfekt planen. So war die abgesteckte Distanz einfach zu groß, als dass ich mir in allen Ländern die optimalen Wetterbedingungen hätte aussuchen können. Wollte ich der mörderischen Hitze im paraguayischen Chaco entgehen, wartete in den Anden eisiger Regen auf mich. Suchte ich dort blauen Himmel, musste ich in Brasilien mit tropischen Regengüssen rechnen. Die Folge solcher Unwägbarkeiten war eine Allwetterausrüstung, die so manches zusätzliche Kilo ins Gepäck brachte. Doch ich schien gerüstet. Nur eines war mir völlig entgangen: die Zeit der Laster. Nun, wo ich mich in Paraguay befinde, beginnen hier gerade die Soja- und Weizentransporte. Silos werden gefüllt; die großen Getreidemühlen fangen an zu mahlen. An den Straßenrändern reihen sich Lasterkonvois von nie gesehener Länge. Manche erreichen die von Güterzügen. Mit diesen »Gegnern« muss ich mich nun arrangieren. Jetzt fängt es auch noch an zu regnen. Das Radeln wird gefährlich, sehr gefährlich. Eben erst hatte ich angehalten und die Straße geräumt. Jetzt

Gegner mit bulligen Schnauzen.

höre ich es hinter einer Kuppe vorne wieder brummen. Der nächste »Güterzug«. Die erste bullige Motorschnauze wird sichtbar. Dahinter stecken ein paar hundert Pferdestärken. Nun die zweite, die dritte – eine vierte. »Was verdammt macht der Idiot?« Ich sehe, dass der zweite Lkw ausschert und zum Überholen ansetzt; sein Vordermann ist ihm wohl zu langsam. »Der muss dich doch sehn!« Schrecksekunde und Reaktion sind eins. Ich reiße den Lenker nach rechts. Hart am Asphalt beginnt roter Lehm. Die Speichen stöhnen. Das Rad sackt weg, bleibt stecken, als wäre ich in ein Fangeisen geraten. Man kennt das Bild, wie Reiter absteigen, wenn ihr Pferd vor dem Wassergraben scheut – über den Hals des Tieres. Dieser »Hals« ist für mich nun der Lenker. Im Flug ein harter Schlag gegen das linke Knie. Mit beiden Händen versuche ich den Aufprall zu mildern. Nicht nötig! Es wird eine »weiche« Landung.

Ein Mann kommt angerannt: »Señor …!« Schon wieder auf den Beinen, winke ich ab: »Nichts passiert, nur Dreck!« Das »Solo lodo« klingt fast nach Scherz. Doch wie sehe ich aus! Die rote Masse klebt von den Knien bis zum Kinn an mir. Ein Junge kommt hinzu. Vier Hände hieven das Rad auf die Straße. Ich versuche den Lehm von mir abzustreifen, vergeblich. Alles verschmiert nur noch mehr. Ein Indianer in Kriegsbemalung könnte nicht wilder aussehen. Die Hütte der Familie des Jungen liegt etwa hundert Meter entfernt. Von dort hatten sie die Szene beobachtet; man wähnte mich schon unter den Rädern des Lasters. »Kommen Sie, Señor …!« Der Mann schiebt mein Rad. Während ich ihm zur Hütte folge, strecke ich die Hände vor, als wollte ich sagen: »Schaut mal, was ich euch mitgebracht habe!« Mein Gott, wie sehe ich aus!

Die Hütte: Armut durch Bretter geschützt. Einer der Jungen wird zum Ziehbrunnen geschickt. Er soll Wasser für mich holen – mehrere Eimer. Die Frau zeigt mir die »Dusche«, einen Verschlag, drinnen ein Stuhl mit abgesägten Beinen. Auf diesem »Hocker« kann man das Wasser oder sich selbst draufstellen. Der über den

Kopf gehaltene Eimer wird dann zur »Brause« – rot läuft es an mir herab, rot läuft es unter den Brettern hervor. Verletzt hatte ich mich bei dem Sturz nicht. Der Schlag gegen das Knie war das Anecken am Lenker. Nur Hose und T-Shirt, die könnte ich wohl entsorgen. Nach drei Eimern Wasser habe ich die Kriegsbemalung abgewaschen. Die Familie schaut dezent weg, als ich in saubere Sachen schlüpfe. Nun werden Stühle aus der Hütte geholt. Kannte ich eine solche Szene nicht bereits? Nachbarn werden gerufen. Mate macht die Runde. Als der Mann erzählt – er demonstriert den anderen, wie ich in den Dreck flog –, muss er selbst darüber lachen. Dann wieder »Märchenstunde«.

Genug gefragt, genug geantwortet? Man möchte mich gerne noch etwas festhalten. Ja, prompt kommt das Angebot, hier zu schlafen. Man könnte ja in der Hütte etwas zusammenrücken. Doch der Tag ist noch zu jung, als dass ich ein solches Angebot annehmen könnte. Es lohnt sich weiterzufahren. Zum Abschied bitte ich um die Anschrift der Familie. Wieder in Deutschland, möchte ich mich mit einer Grußkarte bedanken. Aber wer so wohnt, der bekommt wohl nie Besuch von einem Briefträger. Meinem Helfer fällt etwas ein: Manchmal arbeitet er im Silo *Alpha Alto*; dorthin könnte ich schreiben– und nicht vergessen, an »Oscar Britez«. Mein Briefschuldenkonto wird immer größer.

»Muy peligroso!« Sehr gefährlich, hatte mich mein Helfer noch einmal vor den Lastern gewarnt. Worte, die ich auf den folgenden Kilometern mehrfach bestätigt finden sollte.

Anderthalb Augen für den Verkehr, ein halbes für die Natur. Schade, ein Missverhältnis. Trotzdem entgeht mir nicht, auf welche Weise die Zivilisation hier in den Urwald vorgedrungen ist. Verkohlte Baumstümpfe auf den Weiden zeigen es: Brandrodung. Nur kleine Waldinseln haben überlebt. Exotische Schmetterlinge taumeln wie heimatlos geworden durch die Luft. Ein Gruß vom Straßenrand: Der Mann hält mit der Machete die Vegetation kurz.

Was blüht, das trägt bald Samen; was reift, das keimt bald. Die urwüchsige Natur will das ihr geraubte Terrain zurück. Dies gilt es zu verhindern.

Wieder ein Regenguss, heftig wie in den Tropen. Schlagartig verschlimmert sich die Situation auf der Straße. Biegen jetzt Laster von unbefestigten Wegen ein, bringen sie mit ihren Rädern den roten Lehm mit. Während sie so zu wahren Dreckschleudern werden, verwandelt sich der Asphalt in einen Belag aus Schmierseife. Das Radfahren wird zum Balancieren.

Eine überdimensionale Kreuzung. Getränkestände und »Restaurants« im Dutzend. An den Straßenrändern aufgereiht vielleicht hundert Laster, eher noch mehr. Was für eine Übermacht! Als ich Trinkwasser kaufe, warnt man mich: »Señor! Passen Sie sehr gut auf! Für die ›Camiones‹[7] sind Sie nicht viel mehr als ein Tier!« Ich könnte dem Mann antworten: »Noch weniger! Man hat mich schon einmal ganz übersehen.«

Diese Kreuzung ist für mich ein Wendepunkt. Die neue Richtung heißt: Ost, Direktkurs auf die Stadt Ciudad del Este. Von ihr führt die Brücke hinüber nach Brasilien. Ein neuer Versuch mit diesem Land. Doppelt vorsichtig trete ich ins Pedal. Kaum bin ich auf der Ruta 7, beginnen schon die Angstkilometer. Wer glaubt, mexikanischer Straßenverkehr sei der Gipfel der Rücksichtslosigkeit, der radle zur Zeit der Soja- und Weizentransporte durch Paraguay. Er würde sich ins Land der Machos zurücksehnen. Nichts wünsche ich mir mehr herbei als das Ende dieser Straße. Dabei ist es kein Trost für mich, dass man gerade eine neue Trasse absteckt – mit zwei, durch einen Mittelstreifen getrennten Fahrbahnen. Die Verantwortlichen haben wohl die Brisanz der Strecke erkannt. Als ich einen Arbeiter frage: »Plant man hier eine Autopista?«, lacht er: »Ja, eine auch für Kühe und für Carretas!« Wer also nach mir hier radeln sollte, hätte es dann nicht nur mit Lastern, sondern auch mit Vierbeinern und mit Ochsenkarren zu tun.

Naturwunder aus Wasser

Vor mir die Stadt Ciudad del Este, hinter mir die Ruta 7 mit ihrer »Lkw-Rallye«. Ich wage gar nicht daran zu denken, dass ich die gleiche Strecke zurückmuss; doch es gibt keine Alternative.

Die Begrüßung in der Grenzstadt ist sehr direkt. »Nehmen Sie ihr Fahrrad mit aufs Zimmer und verlassen Sie nach Einbruch der Dunkelheit bitte nicht mehr das Hotel – aus Sicherheitsgründen!« Solche Worte hört man in einer Rezeption nicht allzu häufig. Auf die Begründung für diese Warnung angesprochen, meint der Hotelangestellte nur kurz: »Brasileños!« Schon wieder dieses Stichwort.

Wo noch vor wenigen Jahrzehnten Urwald wuchs, sprießen heute Schmuggel, Korruption und Kriminalität. Die Grenzstadt Ciudad del Este.

Was man tagsüber in der Stadt sieht, ist Warnung genug. Vor dem Hotel stehen zwei Sicherheitsposten, die Gewehre in Hüfthöhe. Sie bräuchten nur die Finger zu krümmen. Die Läufe haben einen Durchmesser, dass einem daraus Getroffenen der Kopf wegfliegen müsste. Wachmannschaften nicht nur vor den Banken, sondern auch vor normalen Geschäften. An den Kreuzungen Polizei, verstärkt durch Militär. Ein Wunder, dass die Soldaten nicht noch Patronen zwischen den Zähnen halten, so bewaffnet sind sie. Was ist das nur für eine Stadt? Vor ein paar Jahrzehnten wuchs hier am Ufer des Rio Paraná noch Urwald, Ciudad del Este gab es nur auf dem Reißbrett. Heute leben in der Stadt bereits über einhunderttausend Menschen, und täglich werden es mehr. Eine Boomtown wie in alten Goldgräberzeiten. Der Lockruf heißt Schmuggel, das schnelle Geld. Kein Wunder, dass dort, wo einst Lianen rankten, jetzt Korruption und Kriminalität wuchern.

Es fällt mir schwer, in der Stadt Positives zu finden. Als ich in der Telefonzentrale eine Positionsmeldung nach Hause abgeben will, wird meine ansonsten weltweit gültige T-Card nicht akzeptiert – ohne Begründung. Mein Hinweis, dass es auch für Paraguay eine Zugangsnummer gebe, interessiert nicht. Man möchte »Cash« sehen. Fast zwangsläufig folgt der Nachsatz: »Sie können auch mit Dollar bezahlen!« Am Postamt ein ähnliches Erlebnis. Zur Sicherheit möchte ich einen Brief per Einschreiben abschicken. Die Frau am Schalter verlangt für das »Certificado« einen Aufschlag von zwanzig Dollar. Ich glaube nicht richtig zu hören und kontere: »Das kann nicht stimmen!« Die Postangestellte reagiert pikiert. Sie verschwindet mit dem Brief hinter einer Tür. Lagebesprechung! Als sie zurückkommt, nennt sie den gleichen Fantasiepreis, nur jetzt in Guarani, der Landeswährung. Ein normaler Brief kostet umgerechnet etwa achtzig Cent. Dabei bleibt es dann. Ich habe den Eindruck, die Frau will sich für meine Hartnäckigkeit rächen. Mit dem Argument, es fehle ihr an Wechselgeld, gibt sie mir in Briefmarken der Fünfzigguaranistufe heraus. Diese

»bunten Bildchen« könnte ich gleich wegwerfen. Die Währung des Landes ist so inflationär, dass man bei den Preisen inzwischen erst ab einhundert Guarani rechnet. Vor Verkehrsampeln und an Bushaltestellen sieht man es immer wieder: Autofahrer und Wartende werfen die Münzen der unteren Wertstufen einfach weg. Man sortiert die Portmonees aus. Wer es nicht muss, der sollte sich diese Stadt wirklich nicht antun; leider führt der Weg zu den Wasserfällen von Iguacú über sie.

Am nächsten Morgen »schwimme« ich im Verkehr hinüber nach Brasilien. Unter der Brücke der mächtige Rio Paraná, auf ihr ein zweiter Strom: Pkw, Lkw, Busse – Menschen mit und ohne Karren, eine wahre Völkerwanderung. Aber nicht der Auszug aus Ägypten, eher das Gegenteil. Es geht um Waren – auf beiden Seiten der Grenze. Allein ein halbes hundert Busse wartet auf Abfertigung. Von Land zu Land könnte man »über Blech« gehen. Der Vorteil eines Radlers: Durchmogeln ist möglich. Keine Kontrolle, nur ein weiterer Stempel in den Pass. Noch einmal: »Hallo, Brasilien!« Nach all den Warnungen möchte ich am liebsten hinzufügen: »Schau, ich reise nur mit einem Fahrrad, bei mir gibt es nichts zu holen!«

Hinter der Zollstation verläuft sich der Verkehr. Das Land Brasilien ist riesig. Mein eigenes könnte man zwischen zwei kleinen Nebenflüssen des Amazonas verstecken. Ein Schild: »São Paulo, links!« Was auf der Karte wie ein Katzensprung aussieht, sind in Wirklichkeit fast tausend Kilometer. Mein Ziel lässt mich nach rechts abbiegen. Nun zeigt das Vorderrad schon fast genau Richtung Wasserfälle.

Foz do Iguaçu. Die Stadt hat mit dem paraguayischen Ciudad del Este etwas gemeinsam. Auch hier ist das Verlangen nach Sicherheit unübersehbar. Die Polizei ist allgegenwärtig. Augenfällig auch die überquellenden Geschäfte. Das Warenangebot ist riesig: Handys, Computer, die ganze Elektronikpalette – Werkzeuge, Mode, Lebensmittel für verwöhnte Gaumen. Wer »Dollares« besitzt, der kann hier seinen Konsumhunger stillen, und jene, die hinter dem »schnellen Geld« her sind, können sich profitable Winkelzüge überlegen. Foz do Iguaçu, diese Stadt, so üppig warenbeladen, so quirlig, so musikberieselt, sie sollte auch für mich etwas in petto haben.

Die erste Tagebucheintragung ist schlichtweg schön. Vor mir ein Tisch, ein Stuhl auf dem Bürgersteig, daneben ein Berg Kokosnüsse. Das Angebot: *Aqua de Coco.* Ich habe Platz genommen und möchte bei »Kokosmilch mit Trinkhalm« das Treiben auf der Straße beobachten. Nichts ist lohnender als das Objekt Mensch. Eine ältere Frau war vorbeigegangen, hatte auf das Rad geschaut, dann kurzer Blickkontakt mit mir – weiter nichts. Nach einigen Metern macht sie Halt und kommt zurück. Leicht nach vorn gebeugt, berührt sie mit zwei Fingern meine Schulter: »Con Dios y Amor!« Nur diese vier Worte, dann geht sie ihres Weges. Es war der Frau wohl ein Bedürfnis, diesem so anders reisenden Fremden einen Segenswunsch mitzugeben. »Mit Gott und Liebe!«, freier übersetzt: »Gott beschütze Sie!« Eine solche Begrüßung hatte ich in Brasilien nicht erwartet. Meine erste Tagebuchnotiz.

Ich habe mir ein Zimmer gesucht, das Rad eingestellt und bummle durch die Stadt. In einem Warenparadies gibt es sicher auch »Schlangen«, vielleicht begegne ich einer. »Du bist doch Deutscher!«, werde ich plötzlich angesprochen. Der Mann formuliert das so sicher, als stünde mir die Nationalität auf der Stirn geschrieben. Ein kräftiger Händedruck: »Ich heiße Edgar – und du? Ich sah dich eben schon mal. Du bist mit dem Radl hier. Sag mal, das ist doch verrückt. Wie bist du nach Brasilien gekommen? Setz dich! Erzähl mal!« Noch mitten im Begrüßungsschwall zieht er mich auf die Stufen hinter uns: »Ich leb' hier schon elf Jahre. Kannst in jedem Hotel nach mir fragen, ›Edgar‹, alle kennen mich.« Mich lässt er gar nicht zu Wort kommen, seine Fragen waren wohl nur Rhetorik. Jetzt hebt er das schwarze Köfferchen, das er bei sich trägt, auf die Knie und öffnet es: »Hier hast du einen Gutschein. Du willst doch sicher zu den Wasserfällen. Da kommst du an einem Park vorbei, dort kannst du ihn einlösen. Sag, ›von Edgar!‹« Sein Redeschwall geht weiter. »Du, ich kenn hier eine alte Oma, die ist zweiundachtzig, stammt aus dem Allgäu, wohnt in einem Holzhäuschen mit verwildertem Garten. Die freut sich riesig, wenn sie mit jemandem Deutsch reden kann.« Aus einem Briefumschlag schüttelt er ein paar Fotos. »Holzhäuschen« stimmt, auch das »verwildert«. Schon bei den ersten Sätzen dieses »Edgar« schrillen bei mir die Alarmglocken. Wann wird der Typ konkret, wann kommt das »Angebot«? In diesem Augenblick formuliert er es: »In welchem Hotel wohnst du?« Ich nenne ihm ein falsches. »Gut, ich hol dich von dort ab und wir fahren zu der Oma. Die wird sich freuen. Sagen wir um sieben!« Er hatte wohl an alles gedacht, sogar an die »richtige« Uhrzeit. Um sieben ist es hier Nacht. »Also um sieben!« Weg ist er mit seinem Köfferchen.

Das Hotel, welches ich diesem Edgar genannt hatte, lag zwar in der gleichen Straße wie das meine, doch mehrere hundert Meter von diesem entfernt. Auf dem Rückweg werde ich dort vorstellig. In der Rezeption Kopfschütteln: »Edgar? Nicht bekannt!« Der Mann vergewissert sich, ruft einen anderen Angestellten: »Edgar?« Wieder Kopfschütteln. Hatte ich es mir doch gedacht! Ich bitte darum, sollte dieser Edgar heute Abend hier aufkreuzen, dann möchte man ihm bitte sagen: »Christian? Ausgezogen!« Die beiden scheinen sofort zu begreifen, um was es geht: »In Ordnung, Señor!«

Jetzt beginnt es in meinem Kopf zu arbeiten. Ein Krimi nimmt Gestalt an. Als Erstes die Polizei informieren, Sachverhalt erklären, Personenbeschreibung. Observationspunkt: Hotel *Tarbatá*. Vielleicht sollte ich sogar mitspielen? Doch auf diesen Edgar warten, mich ins Auto setzen und so die Polizei auf die Fährte bringen? Der Gefahr, in die ich mich dabei begäbe, bin ich mir durchaus bewusst. Schaffte es die Polizei nicht, dranzubleiben, so wäre dieses Einsteigen womöglich meine letzte »bewusste« Handlung, dann fand man mich am nächsten Morgen vielleicht irgendwo am Stadtrand – ausgeraubt bis auf die Unterhose. Doch je länger ich darüber nachdenke, desto wahrscheinlicher ist mir eine andere Version. Über die Brücke zwischen Paraguay und Brasilien fließt nicht nur ein harmloser Warenstrom. Spürhunde hatte ich zwar beim Grenzwechsel nicht bemerkt, doch der Begriff Drogen ist in solchen Regionen allgegenwärtig. Warum also nicht einem Radler ein Angebot machen? An »Omas« Tisch würde man sich schon einig. Edgar wusste, dass ich nach Paraguay zurückkehren würde. Und schließlich ist so ein Rad ein rollendes Versteck. Den Lenker könnte man mit dem weißen Pulver füllen, das Rahmenrohr. Sollte sich die Sache richtig lohnen, ließen sich sogar die Schläuche damit füllen. Das Rad müsste ich sowieso über die Brücke schieben, was wäre auffällig daran? Und drüben, in Ciudad del Este? Natürlich hätte ich dabei ein paar »Schatten« hinter mir. In dichtem Verkehr konnte so ein Radler flinker sein, als dem Verkäufer lieb war. Ganz sicher würde mir das Misstrauen in Form einer verdeckten Bewachung folgen. Der Rest wäre für Edgars Leute Routine. In eine Gasse dirigiert, würden Rad und Kurier durch eine wie zufällig geöffnete Tür verschluckt. Mit Unschuldsmiene beträte ich wenig später die Gerardo Baez oder die El Hachero, reihte mich in den Verkehr und radelte leichtfüßig davon – mit aufgebesserter Urlaubskasse. Solche Kurierdienste sind eben nicht kostenlos. Der Krimi im Kopf ist noch nicht zu Ende geschrieben, da setzt die Vernunft ein. Drehbuch zu! Realistisches Nachdenken beginnt. An diesem Edgar ist zweifelsfrei etwas faul. Doch auf das Naheliegendste, dass er mir vielleicht nur junge, kaffeebraune Haut vermitteln will, komme ich nicht sofort. Ich halte ihn für einen kleinen Dealer, selbst ein ausgesaugtes Insekt im Netz einer großen Spinne. Das einzig Vernünftige, was ich machen kann, ist, der Polizei seine Autonummer zu liefern. Das birgt für mich kein Risiko, erst recht nicht, wenn ich es später von Paraguay aus tue.

Halb sieben. Zu meiner eigenen Sicherheit werde ich auf Reisen schon mal zum Chamäleon: An den nackten Füßen trage ich ausgetretene Sandalen. Meine Hose hat nur noch in den Falten die ursprüngliche Farbe, der Rest ist sonnenverblichen, das T-Shirt zipfelt verwaschen. In einer Hand halte ich eine Kokosnuss, in der anderen eine Plastiktüte. Der Inhalt: ein Milchpack und Kekse. Es wäre nicht das erste Mal, dass mir jemand in diesem Aufzug etwas zustecken möchte, weil er mich für bedürftig hält. Aus sicherer Distanz beobachte ich das Hotel *Tarbatá*. Edgar, der Mann mit dem kleinen schwarzen Koffer, kann kommen. Ich brauche nur seine Autonummer. Immer wenn in Hotelnähe ein Fahrzeug langsamer wird, hoffe ich: »Jetzt hast du ihn!« Doch keines hält. Das Warten wird langweilig; schließlich gebe ich auf. Vielleicht hatte dieser Edgar Lunte gerochen.

Was machst du nun in diesem Outfit? Möglich, dass der Abend doch noch etwas bringt. Ich wechsle die Straße und suche mir auf den Stufen einer Apotheke einen anderen Beobachtungsposten.

Foz do Iguaçu bei Nacht: eine Polizeistreife, Doppelstreife. Schleichfahrt auf schweren Motorrädern. Schon wenig später die nächste. Man hat mich bemerkt. Die beiden reduzieren die Geschwindigkeit. Ich beginne mit der Kokosnuss irgendeinen Takt auf die Betonstufen zu schlagen, hole mit der anderen Hand den Milchpack aus der Plastiktüte und stelle ihn provozierend deutlich neben mich. Die Tarnung wirkt. »Armes Schwein, dort drüben!«, müssen die Polizisten denken. Die Motoren der Maschinen brummen dumpf auf. Ich bin beruhigt: auf beiden Seiten kein Alarm mehr.

Es tut sich nichts in der Straße. Wieder Langeweile. Als ich erneut den Platz wechsle, begegnet mir eine Frau. Auch sie zieht um. Unter dem Arm trägt sie ihr Bündel, mit der anderen Hand schleift sie ihre Schlafmatte hinter sich her. Ein Stück weiter schwärmt eine ganze Familie aus, um Müll zu sichten. Eltern, Kind und Kegel. Der Vater zieht eine große Karre. Darauf türmt sich bereits Verwertbares: Draht, Kartons, Holzreste. Es ist erstaunlich still in Foz do Iguaçu. Wo ist der ganze Verkehr geblieben, die Menschen, die Musik, die tagsüber aus so vielen Lautsprechern plärrte? Das Nachtleben der Stadt besteht wohl nur aus Armut und aus Polizei. Der scharfe Knall eines Schusses lässt mich zusammenzucken. In der Stille klingt er besonders laut. Schon kommt die Antwort, ein halbes Dutzend Schüsse. Nur wenige Sekunden dauert dieses »Gefecht«, dann erneut Ruhe. Ich rechne mit Sirenengeheul, doch nichts geschieht. Mit den Schüssen ist meine Abenteuerlust schlagartig verflogen. Kugeln können sich verirren. Genug der nächtlichen Neugier. In den bewachten Mauern eines Hotels fühlt man sich wohler.

Das Licht großer Leuchter spiegelt sich in Marmor und Messing. Große »Garderobe« drängt sich im Foyer. Upper Class. Es ist nicht mein Hotel. Ich passiere es nur auf dem Heimweg und füge diesen Eindruck den Beobachtungen von eben hinzu. Licht und Schatten solcher Städte liegen oft nahe beieinander.

In meinem Hotel *kein* Marmor, *kein* poliertes Messing. Ein Zimmer mehr gemäß der inneren Einstellung als der finanziellen Möglichkeiten. Ich schaue in den Spiegel. Daraus blickt mir ein »alter Mann« entgegen – bärtig, schäbig gekleidet, fast schon bedürftig, am Hals das Kreuz der Christen: ein Penner, immerhin gläubig. Ich muss über mein eigenes Outfit lächeln. Auch der Nachtportier lächelte, als er mich zurückkommen sah. Er hatte meine Tarnung wohl erkannt.

Die Vorwarnung ist kurz. Es geschieht mit Urgewalt. Aus Mund und Nase gleichzeitig presst der Magen seinen Inhalt. Längst leer, scheint es, als wollte er jetzt selbst aus dem Körper heraus. Es folgen Schweißausbrüche, Fieber. Es hat mich erwischt! Endlich einmal – nach so vielen Reisen. Hatte ich meinen Magen doch schon für einen unempfindlichen Lederbeutel gehalten. Umso schlimmer muss jetzt die Ursache für seine Reaktion sein. *Calabaza con chapa* hatte auf der Speisekarte des kleinen Restaurants gestanden. Lag's am Fleisch, am Gemüse, am Reis? Vielleicht war es auch das Besteck gewesen oder der Teller. Man kennt das ja: Abgewaschen wird womöglich in einem Eimer. Im Lauf des Tages verwandelt sich das Wasser darin selbst zur »Suppe«. Die Temperaturen tun das Übrige. »Entweder du isst wie das Volk – und erlebst es, oder du speist im Ghetto des Geldes und bist nie richtig im Land. Also maule nicht über die Folgen!« Noch kann ich mit mir selbst schimpfen. Ich versuche es zunächst mit einem Mittel aus meiner Reiseapotheke. Der Magen antwortet sofort mit Würgen. Er akzeptiert nicht einmal mehr Mineralwasser.

Es gibt Nächte, die reizen zum Durchmachen, es gibt andere, von denen wünscht man sich, dass sie nie begonnen hätten. Wäre die heutige doch schon zu Ende!

Dass ich mich am nächsten Morgen in den Fahrradsattel setze, ist pure Selbstüberschätzung. Aber im Augenblick des Losfahrens ertönt eine Stimme: »Mensch, Christian! Hallo! Du wohnst hier? Wo ich dich sehe: Ich hab dich gestern ganz vergessen – zu viel im Kopf. So was! Mensch!« Vor mir steht »Edgar«! Jetzt bemerkt er mein Gesicht; die Bräune war mehr in Grau umgeschlagen. »Sag mal! Was ist denn mit dir los? Du hast Aas gegessen! Ich sehe das. Aas! In welchem Restaurant warst du? Warte hier! Ich hol dir was aus der Apotheke.« – »Schon wieder ein Volltreffer«, denke ich, »erst die richtige Nationalität, jetzt die richtige Diagnose.« Edgar hatte kehrtgemacht; ich sehe, wie ihn ein entgegenkommender Passant begrüßt, kurzes Auf-die-Schulter-Klopfen. Dann kommt der Mann zu mir. Er deutet zurück: »Edgar ist ein feiner Kerl, ein richtiger Missionar. Der will immer nur helfen!« Ich glaube, in diesem Augenblick ist mein Gesicht nicht nur blass, sondern es drückt auch dummes Erstaunen aus. »Edgar der Dealer« eher ein »Mönch«? Hatte ich mich so geirrt, regelrecht in eine Fiktion hineingesteigert?` Da ist er wieder! »Hier, Christian! Das nimmst du viermal am Tag – einen Löffel voll in ein Glas Wasser!« Die

Bezahlung ablehnend, reicht er mir eine Tüte mit der Aufschrift: SUPER FLOR DO AMAZONAS. Der Inhalt ist ein grau-grünes Pulver. »*Viermal* einen Löffel voll!«, mahnt er mich. Er sieht die Zweifel in meinem Gesicht: »Die Mittelchen von zu Hause, die kannst du hier alle vergessen. Hier musst du das Gleiche nehmen wie die Einheimischen. Nur das hilft. Die kennen sich aus. Wenn du von den Wasserfällen zurückkommst, begegnen wir uns vielleicht noch mal, falls nicht, ich geb dir meine Karte.« Edgar öffnet das mir schon bekannte Köfferchen. Sofort fällt mir der Umschlag mit den Fotos auf; doch von der »alten Oma« ist jetzt nicht mehr die Rede. Er reicht mir seine Karte: »Also, falls wir uns nicht mehr sehen sollten, schreib mir mal. Ich möchte auch mal durch den Chaco nach Bolivien. Wenn du herausfindest, ob dort Busse fahren, schreib es mir!« Ein Händedruck wie zu Beginn unserer Bekanntschaft; nach ein paar Schritten dreht er sich noch einmal um und schwenkt sein Köfferchen: »Servus, Christian!« In der Hand halte ich den Beweis für meinen Irrtum – buchstäblich »schwarz auf weiß«. Auf dem Kärtchen steht:

EDGAR LEIMINGER
AJUDA TOTAL, FULL HELP, JEDE HILFE
Deutsch, Englisch, Spanisch, Portugiesisch, Italienisch
FOZ DO IGUACU
CZ Postal 1307
Tel.: 5724450

Edgar der »Missionar«! Die alte Oma aus dem Allgäu gibt es vielleicht wirklich. Schade im Nachhinein, dass ich sie nicht kennengelernt habe. Und: »Sorry, Edgar! Ich habe mich getäuscht. Zu viele Warnungen vor dem Land, das du dir als neue Heimat ausgesucht hast. Natürlich werde ich dir schreiben, ob Busse durch den Chaco fahren, auch, ob dein SUPER FLOR DO AMAZONAS gewirkt hat.«

Weit komme ich mit meiner Selbstüberschätzung nicht. Die Hitze und die Abgasschwaden der Autos machen mir zusätzlich zu schaffen. Der Aasgeruch der überfahrenen Hunde vom Straßenrand gibt mir den Rest. Die Beine verweigern dem Befehl »Treten!« den Gehorsam. Fast falle ich vom Rad.

An der Stadtausfahrt von Foz do Iguaçu reihen sich die Hotels. Hier reicht sich die internationale Touristik die Hand. Drei Sterne, vier Sterne, fünf Sterne. Meinetwegen könnte in diesem Augenblick die ganze Milchstraße neben dem Portal blinken, es wäre mir egal. Ich steuere das nächstgelegene Hotel an. In der Rezeption begreift man sofort. Der Pass genügt; die Formalitäten haben Zeit. Hilfsbereite Hände nehmen sich des Rades und des Gepäcks an: »Sollen wir alle Taschen auf Ihr Zimmer bringen, Señor?« Ein Fingerzeig vom Tresen: »Das Rad in den Keller, alle Taschen nach oben!« Man »geleitet« mich; fehlt nur noch, dass man mich stützt. Im Zimmer winke ich ab: weder die Bedienung für den Fernseher interessiert, noch der Inhalt der Minibar. Sofort ab ins Bett!

Zwei Tage Zwangsaufenthalt. Achtmal *Superblume vom Amazonas*. Der Magen akzeptiert wieder das erste Käsebrötchen, die Beine den Befehl: »Treten, halbe Kraft!«. Nicht noch einmal sich selbst überschätzen!

Bis zu den Wasserfällen sind es von hier nur wenige Radlerstunden. Vom Rio de la Plata zum Rio Iguacu; nun klappt es also doch noch. Vorfreude ist angesagt. So früh bin ich dran, dass der Nationalpark noch geschlossen hat. Ein halbes Dutzend Uniformierte bewacht die leeren Kassenhäuschen, als stünde hier die Nationalbank. Erneut zeigt sich Brasilien von einer netten Seite. Auf Weisung eines Postens wird eine der Kassen besetzt, nur für mich. Sonderservice für einen Radler, der vor allen Touristenbussen bei den Wasserfällen sein möchte. Als die Frau mir das Ticket aushändigt, verweist sie schmunzelnd auf die Rückseite: »Bitte beachten!« Der Aufdruck ist angesichts meines Verkehrsmittels eher ein Scherz: »Höchstgeschwindigkeit im Nationalpark sechzig Stundenkilometer!«

Es gibt Laute in der Natur, die signalisieren ein besonderes Erlebnis. Doch es muss nicht immer der Trompetenstoß eines Elefanten sein. Auch Kleines zählt. Kaum zehn Minuten radle ich durch den Nationalpark, als ich es in den Baumkronen höre: Kein anderer Vogelruf klingt so hölzern, nicht einmal der des Kolkraben. Der Unterbewuchs des Urwaldes ist so dicht, dass er jeden Eindringling abwehrt. Da hilft nur warten – und hoffen. Inzwischen meldet sich ein zweiter Vogel. Ruf und Antwort, da capo. Die morgendliche Begrüßung der beiden wird zum Duett. Dann, zwischen dem Geäst, ein Aufleuchten von Farben: Rot, Gelb, Schwarz. Als hielte der Tukan extra für das Montieren des Tele still, äugt er zur mir herab. Nun wechselt er den Baum und klappert weiter. Es klingt, als rollten Holzkugeln in seinem Schnabel. Schon folgt die nächste Begegnung. Eine große Echse wechselt vor mir über die Straße. Zurück von der Nachtjagd oder erst auf Futtersuche? Ich halte wieder an. Als mich das Tier bemerkt, bläht es zur Abwehr den Hals. Woher auch sollte es so etwas Seltsames wie ein Fahrrad kennen? Mit starrem Blick fixiert mich die Echse. Schließlich erkennt sie: keine Gefahr. Desinteressiert schreitet sie weiter. Plötzlich scheinen sich ihre Beine um das Doppelte zu verlängern. Aus ist es mit der Gemächlichkeit. Entweder hatte das Tier mich anfahren hören oder das Schaltgeräusch wahrgenommen. Nur ein Rascheln verrät, wo es im Unterholz verschwunden ist – blitzartig.

Für den Bau der Straße hatte man eine breite Schneise durch den Urwald geschlagen. In dem so entstandenen Lichtband tummeln sich inzwischen hunderte tropische Schmetterlinge, darunter auch *Morphos*. Schon mancher Naturfotograf hat bei dem Versuch, diesen Superfalter auf Film zu bekommen, entnervt aufgegeben. Von dem handtellergroßen Schmetterling sieht man in rhythmischen Abständen immer nur das metallisch-blaue Aufblitzen der Flügel. Nie scheint er sich zu setzen. Auch mir gelingt der »goldene Schuss« nicht. Der Schaltdraht vom Auge über das Gehirn in den Finger und weiter über den Auslöser der Kamera ist einfach zu lang, als dass man den Sekundenbruchteil der Leuchtphase festhalten könnte. »Also flieg, Morpho – und provoziere weiter mit deiner Schönheit!«

Die Urwaldschneise belebt sich immer mehr. Geschwader von Libellen verraten jetzt die Nähe des Flusses. Doch von den Wasserfällen ist weder etwas zu hören noch zu sehen. So versteckt liegen sie, dass sie sich nicht einmal durch das Donnern der herabstürzenden Wassermassen verraten. Trotz ihrer Größe bemerkt man sie erst im letzten Augenblick. Jetzt reißt der grüne Vorhang auf. Dort liegen sie!

An dem Pfad, der zu ihnen hinabführt, werde ich von einer Gruppe Nasenbären begrüßt, ja regelrecht belästigt. Es dauert, bis die Tiere begreifen: Das ist ein Tourist *ohne* Futter! Echsen huschen über den Weg. Bunte Vögel turnen im Geäst der Bäume. Ein Trupp Papageien im Sturzflug. Bleibe ich stehen, wird mein T-Shirt zum Landeplatz für Schmetterlinge. Urwaldexotik, Naturerlebnis pur.

Der Rio Iguacú lässt sich Zeit auf seinem Weg durch Brasilien. Dabei sammelt er dutzendweise andere Flüsse ein. Breit und behäbig nähert er sich der Abbruchkante des Plateaus, dessen Fels so hart ist, dass ihn der Fluss nicht erodieren konnte. So blieb ihm nur der Sturz in die Tiefe.

Mit Wasserfällen ist es wie mit Wüsten. Welche sind die schönsten, welche ist die trockenste? Ewiger Streit um einen Rekord, angezettelt vom Winzling Mensch, der aus seiner Nichtigkeit heraus nach Superlativen sucht. Warum nicht hier, bei den »schönsten Wasserfällen der Erde«, einmal ganz andere Betrachtungen?

»Ein Krieger namens Taropá raubte die wunderschöne Häuptlingstochter Naipa und flüchtete mit ihr im Boot. Der Schlangengott, dem das Mädchen geopfert werden sollte, tobte. Mit einem

Naturwunder aus Wasser: *Die Wasserfälle von Iguacú.*

mächtigen Schlag seines Schwanzes spaltete er die Erde. In die sich auftuende Schlucht stürzte der Fluss und riss das Boot des Paares mit sich. Die schöne Naipa wurde zu einem Felsen, der Krieger zu einem Baum am Ufer; und aus einer Grotte heraus bewacht der Schlangengott noch immer seine Opfer.« Das sind die Wasserfälle von Iguaçu in der Mythologie der Guarani. Auch ein anderer Gedanke ist »romantisch«: Als ahnte der Fluss sein vorläufiges Ende, versucht er das Unvermeidliche zu umgehen. Er macht einen weiten Bogen. Ebendiesem »Ausweichen« verdanken die Wasserfälle ihre Schönheit. Sie stürzen im Halbrund. Dabei ist es, als zerfiele der Iguacú wieder in all seine Nebenflüsse. Hunderte waren es, hunderte werden es wieder. Auf tiefer gelegenen Vorsprüngen scheint er kurz innezuhalten; dann ein endgültiges Fallenlassen – sei's drum! Dies ist der Augenblick, wo die Kameras der Besucher Klick! machen. Starr und stumm verharren die Wasserfälle auf Chrompapier. Ich dagegen stehe mitten in der bewegten, bewegenden Wirklichkeit. Die Fälle der oberen Stufe möchten sich auf mich stürzen. Ihr Donnern füllt mir die Ohren. Regenbögen wölben sich über silberner Gischt. Wasserumwirbelt suche ich nach Halt. Der Rio Iguacú drückt sich nicht vor dem Sturz, wie es der Blick aus dem Hubschrauber glauben macht. Er tobt hinab! Der noch mächtigere Paraná wartet auf ihn, der Rio de la Plata, der Atlantik. Dort wird der Iguacú – und damit seine Wasserfälle – neu geboren. Die Sonne lockt ihn aus dem Meer. Der Wind wird zu seiner Wiege, trägt ihn landeinwärts. Nur langsam ist sein erster Fall als Tropfen. Mutter Erde bremst ihn, leitet ihn sozusagen um in »fließende« Bewegung.

Der Fluss des Wassers: endlos wie ein Ring, wie ein Rad. Jede Speiche darin eine Station: Verdunstung, Regen, Quelle, Bach, Strom … Die Nabe, um die es sich dreht, ist die Zeit.

Die Wasserfälle von Iguacú zwischen Romantik und Physik. Nun stehe ich dort, wo dieser »Ring« am schönsten glänzt. Alle Mühe ist vergessen.

Bilder aus Paraguay

Um die ganze Schönheit der Wasserfälle zu genießen, muss ich noch einmal das Land wechseln. Die Grenze zwischen Brasilien und Argentinien verläuft in der Flussmitte. Auf der anderen Seite befinde ich mich unmittelbar an der Plateaukante.

Stege führen in den Rio Iguacú, und der »Gang über das Wasser«, das nur wenige Meter entfernt in die Tiefe stürzt, vermittelt den Eindruck des Mitgerissenwerdens. Der Sog scheint nach meinen Füßen zu greifen. Das Staunen über dieses Naturwunder vermischt sich mit einem Gefühl der Beklemmung. Wasser zwischen Gewalt und Schönheit.

Zwei Tage später kreuze ich wieder die Brücke über den Rio Paraná. »Adios Brasilien! Es gibt keinen Grund, nachtragend zu sein. Der kleine Zwischenfall in Uruguaiana hätte mir auch woanders passieren können; und vielleicht bist du gar nicht so kriminell, wie man dich darstellt. Schon möglich also, dass wir uns eines Tages noch einmal wiedersehen!«

Sechs weitere Stempel drängen sich in meinem Pass, als ich das Dreiländereck verlasse und meinen Fuß wieder auf paraguayischen Boden setze. Nun könnte ich wie ein Flugkapitän den Autopiloten auf »Kurs West« stellen (hätte ich einen). Bis zum Ende der Reise würde ich dann stur der Kompassnadel folgen. Doch wieder einmal sollte alles ganz anders kommen.

Bereits gestern hatte der Himmel den Wasserfällen geglichen. Dort oben brodelte es. Wolkengebirge türmten sich, stürzten in sich zusammen, wuchsen erneut empor. Heute wirkt der Himmel noch drohender. Meine Hoffnung, dem Wetter zu entgehen, muss ich schon nach einer Stunde aufgeben. Ein ganzer Amazonas kommt aus den Wolken. Die Räder der Lastwagen teilen die Flut auf der Straße. Ihre Wirbelschleppen sind eine Mischung aus Dreck und Wasser. Sie machen mich »blind«. Bei solchen Bedingungen die Ruta 7 zu benutzen, hieße Russisch-Roulette spielen und mit einem Bein im Grab stehen. Man kennt beim Militär den Spruch: »Vorwärts, Kameraden! Wir müssen zurück!« Nun gilt er für mich.

Nichts hatte mich gereizt, noch einmal in Ciudad del Este zu bleiben. Jetzt, wo das Schmugglerpflaster bereits hinter mir liegt, zwingt mich das Wetter zur Umkehr.

Die Straßen der Stadt sind Bäche, ja Flüsse. Wasserfälle von den Dächern. Sogar aus dem Untergrund drückt es empor. Gullys speien ihre obskure Fracht aus. Ich radle nicht, ich fahre »Tretboot«. Im Hotel erkennt man mich sogleich wieder: »Der Señor ciclista, willkommen!« Rad und Gepäck lasse ich unter dem Vordach abtropfen; dann nehme ich beides wieder mit aufs Zimmer. Auch werde ich das Hotel nach Einbruch der Dunkelheit nicht mehr verlassen. Es gibt Dinge, die merkt man sich.

Mein zweiter Versuch, Ciudad del Este zu verlassen. Dieses Mal klappt es – fast. Bis in die Nachmittagsstunden bleibt es trocken, dann holt mich der Tropenregen wieder ein. Doch jetzt gibt es kein Zurück mehr. Bei jedem Laster, der sich nähert, steige ich ab und biete dem aufgeworfenen Wasserschwall den Rücken. Es klatscht gegen meinen Regenanzug, als würde ich brennen und müsste man den Brand mit Eimern löschen. Wenn ein Konvoi vorbei ist, »tauche« ich buchstäblich wieder aus den Fluten auf. Die Schuhe hatte ich sofort gegen meine alten Sandalen getauscht: freier Durchfluss für die rote Brühe. Denn Tropenregen in Paraguay heißt Lehm, verflüssigt zu »Farbe«.

Bis zur Unkenntlichkeit verdreckt, erreiche ich das Dorf Juan Leon Mallerquin. Hier eine Unterkunft zu finden, damit hatte ich gar nicht gerechnet. Aber es gibt eine. Als die Wirtin mich sieht, hebt sie erschrocken die Hände: »Jesús!« Um Waschwasser brauche ich nicht erst zu bitten, sie bringt mir sofort einen Eimer voll. Eigentlich könnte ich, sollte man denken, auch im Hof im Regen stehen bleiben und diesen als »Dusche« benutzen. Doch so unvermutet Tropenregen einsetzen, so plötzlich enden sie. Fast ist es jetzt, als hätte jemand dort oben den Wasserhahn »per Ruck« zugedreht.

Die Reinigungsaktion dauert. Am Ende noch ein Eimer Wasser über Rad und Packtaschen. Freude dann auch bei der Wirtin: »Alles wieder sauber, der Señor *und* sein *bici*!« Da es unmöglich gewesen wäre, bei diesem Wetter das Zelt aufzubauen, genieße ich das bescheidene Bettangebot. Hier mag, auf seinem Gang von Dorf zu Dorf, schon so mancher Korbflechter oder Scherenschleifer geschlafen haben. Vor der Tür Landleben: Hühner und Schweine; vor dem »Fenster« nichts, das Zimmerchen hat gar keins.

Am nächsten Morgen blauer Himmel. Der Amazonas fließt wieder in seinem Bett – ein paar tausend Kilometer weiter nördlich. Großes Erstaunen bei den Dorfbewohnern, als aus dem Blechtor des »Hotels« ein Fremder kommt, noch dazu mit einem Fahrrad. Viele Grüße, aber keine Fragen. Man ist scheu. Nun ja, die Wirtin wird ihnen Rede und Antwort stehen. Ein Ciclista aus dem fernen Alemania im Pueblo Juan Leon Mallerquin! Wie ist das möglich?

Der Hauptstrom der Getreidelaster war aus der Kornkammer des Landes, dem Departement Itapua, gekommen. Dieses liegt nun hinter mir. Angstfreies Radeln ist wieder möglich. Was jetzt noch an Verkehr über die Ruta 7 rollt, damit kann man sich arrangieren. Dreihundert Kilometer sind es noch bis in die Landeshauptstadt Asunción, etwa einhundertvierzigtausend Radumdrehungen, auf denen ich Eindrücke und Erlebnisse im ländlichen Paraguay sammeln könnte. Dort vorne wartet schon das Erste.

Den Verkaufsstand hatte ich bereits auf Distanz bemerkt: zwei Holzpfosten mit einem Querbrett darüber. Daneben sitzt ein Mann. Als ich näher komme, sehe ich das Angebot: Kräuterbündel und eine Flasche Limonade – eine einzige. Man kann als Einzelner nicht die Armut eines Landes lindern, doch hier ist eine Gelegenheit, wo schon ein kleiner Kauf zählt. Schließlich ist auch Freude etwas wert. Ich halte und deute auf die Flasche: »Señor, was kostet die?« Der Mann springt erfreut auf – ein Kunde! Er wischt die Flasche an der Hose ab und reicht sie mir wie zum Begutachten. Der Preis, den er dafür nennt, ist so lächerlich gering, dass ich beim Wechselgeld abwinke: »Schon gut, Señor!« – »Qué pais?« Welches Land?, erkundigt er sich nach meiner Nationalität. Ich will gerade antworten, als sich auf unserer Höhe zwei Laster begegnen. Die Druckwelle stößt mein Rad um; die Kräuter reißt der Sog mit. Der Mann gerät in Panik. Wo kein Gras wächst, da ist der noch vom gestrigen Regen aufgeweichte Lehm. Kein Tereré-Trinker[8] würde ihm verschmutzte Kräuter abkaufen. Seine Hoffnung, noch ein paar Guarani einzunehmen, ist dahin. Ich helfe ihm zu retten, was zu retten ist. Am Ende liegen doch wieder ein paar saubere Sträußchen auf dem Brett. Er bedankt sich und wiederholt seine Frage: »Qué pais, Señor?«

Auf meinen Reisen höre ich diese mit am häufigsten. In der Antwort darauf liegt eine Verpflichtung. Denn wer reist, wird zum Botschafter seines Landes, ob er will oder nicht. Mein »De Alemania!« lässt ihn aufhorchen, dann sagt er nachdenklich: »Señor, die Menschen der Völker sind so verschieden.« So einfach ist es mit dem Zum-Botschafter-Werden.

Mein Fahrrad liegt noch immer am Straßenrand. Der Lenker war beim Umfallen umgeschlagen. So ist der Schriftzug »Para los Niños de la Tierra« fast provozierend deutlich zu lesen. Schon kommen die nächsten Fragen: »Für die Kinder …? Wie …?« Ich kläre den Mann auf. Nun möchte er wissen, wie dieses Helfen funktioniert, wo Alemania doch so weit entfernt ist. Mit einfachen Worten umreiße ich das System: »Zum Beispiel ein Dorf. Es fehlt an vielem: an sauberem Trinkwasser, an ärztlicher Versorgung, es gibt keine Schule, kaum Gerät für die Landwirtschaft. Das Geld dafür kommt aus Ländern wie Deutschland. Die Dorfbewohner müssen mithelfen, sie müssen auch lernen, wie man Dinge besser macht…« Der Mann hat mir aufmerksam zugehört und fragt sogleich zurück: »Gibt es diese Hilfe auch bei uns?« Da mir von solchen Projekten in Paraguay nichts bekannt ist, muss ich verneinen. Er breitet die Arme aus: »*Wir* sind doch auch ein armes Land! Warum hilft man *uns* nicht? Señor, sagen Sie das zu Hause!« Ich spüre, dass das Gespräch ungewollt eine Wendung nimmt, die ich so nicht wollte. Jetzt bittet mich der Mann um etwas zum Schreiben. Immer sind es die Eintragungen von Fremden, die meine Tagebücher zu Dokumenten machen. Auch dieses, in Buenos Aires begonnene, sollte am Ende wieder so ein »Dokument« werden. Die Worte des Mannes haben ihren Anteil daran. Als ich ihm Kugelschreiber und Büchlein reiche, beginnt er Zeile für Zeile:

»Ich heiße Ramon Gomez
die Nummer meiner Ausweiskarte ist 1.304.370
mein Land braucht diese Hilfe
auch ich brauche Hilfe
ich habe acht Kinder
ich brauche Hilfe damit diese lernen können
Bitte!

Danke Ramon Gomez Juan Leon Mallerquin«

Ich kenne es nur zu gut, dieses innere Berührtsein, aber auch die Ohnmacht, die einen in solchen Situationen befällt. Mit einem Geldschein lässt sich ein Tag der Not ausblenden: Brot für die

Familie, Milch für die Kleinsten. Doch wenn am nächsten Morgen die Sonne aufgeht, bescheint sie das alte Elend. Wieder donnern Laster vorbei. Ich zeige auf die Fahrzeuge: »Dort fährt Soja…, Weizen…?« Die Frage nach den Gründen für die Armut im Land – trotz dieser Ernten, brauche ich gar nicht zu stellen; der Mann hat sie erraten. Er hebt die Hände, als wollte er den Himmel abstützen: »Es bleibt alles *oben* hängen, Señor, alles! *Unten* kommt nichts mehr an!« Dies war deutlich. Und er, Ramon Gomez, Vater von acht Kindern, gehörte zu diesem »Unten«.

Ich brauche nicht weit zu fahren, nur bis ins nächste Dorf, um eine neue Lektion zu lernen. Was ich über den Diktator Stroessner gelesen hatte, ließ sich auf drei Worte reduzieren: Ausnahmezustand, Verfolgung, Folter. Nun sitze ich in einem kleinen Restaurant; die Wirtin hat mir das Essen gebracht. Ihr Mann kommt an den Tisch, seine Neugier zu stillen. Nach vielen Fragen bin ich an der Reihe. Das Stichwort lautet: Alfredo Stroessner. Der Wirt rechtfertigt den Diktator. Mit jedem Finger, den er ausstreckt, »wirft« er mir ein Argument *für* Stroessner entgegen: »Paraguay war am Untergehn; er hat Ordnung ins Land gebracht! Er hat uns allen Strom gegeben! Er hat Schulen gebaut! Er hat Straßen gebaut! Er hat Krankenhäuser gebaut!« Die Finger seiner rechten Hand sind aufgebraucht, alles Argumente für den Diktator. »Und die Freiheit?«, hake ich nach. Der Wirt hört den Vorwurf in meiner Frage und wischt ihn mit einer Handbewegung weg: »Du machtest deine Arbeit und hattest Ruhe!« Für mich ist es interessant, das Volk so reden zu hören. Hier werten die Menschen anders als unsere Medien. Was nützen demokratische Spielregeln, Pressefreiheit, Demonstrationsrecht, wenn der Bauch vor Hunger knurrt, wenn werdenden Müttern ein Arzt fehlt, wenn es für die Neugeborenen später keine Schulen gibt? Seit zehn Jahren nennt sich Paraguay Demokratie, doch ich treffe im Verlauf der Reise keinen Einzigen, der ein gutes Wort dafür findet. Die Menschen vergleichen Gegenwart und Vergangenheit. Man blickt zurück auf eine Zeit, als es mit Paraguay aufwärts ging. Diese Zeit hat einen Namen: Alfredo Stroessner. Kein Plädoyer für Diktaturen, nur Zitate.

Weiter geht es mit Westkurs. »Paraguay ist das Land der Farmen und der riesigen Rinderherden ...« Originalton des paraguayischen Fremdenverkehrsamtes. Von »großem wirtschaftlichen Erfolg« ist die Rede, von »Prosperität«. Ich dagegen habe das Gefühl, dass ich mit jedem Kilometer in der Zeit zurückradle, in die Zeit *vor* Stroessner. Eben habe ich eine Ziegelei passiert. Weil man Mittelalter an der Schwelle des zweiten Jahrtausends schlecht beschreiben kann, schoss ich ein Foto. Jetzt stehe ich vor einer zweiten Anlage. Vom Ufer eines Flusses hatte man – wohl schon vor längerer Zeit – Lehm herangekarrt. Der Tropenregen traf nur den Osten des Landes; folglich sind die grauen Klumpen inzwischen durchgetrocknet und steinhart. Nun müht sich ein Mann mit einem Knüppel, sie zu zertrümmern. Es ist die Vorarbeit für eine Ziegelproduktion. Weil ich das Gespräch suche, halte ich. Sogleich bekomme ich eine Lektion in der Adobe-Fertigung.[9] Der zerkleinerte Lehm wird weitergekarrt in eine wassergefüllte Mulde. Dort wälzt ihn ein Mann mit der Schaufel um und knetet ihn mit den Stiefeln, bis er sich wieder voll gesogen hat. Schließlich füllt er mit der Masse ein Fass, das in der Mitte eine Spindel und in Bodennähe eine Öffnung hat. Ein Pferd wird angespannt – an einen langen Ausleger. Ein Schlag auf die Flanke, das Tier beginnt im Kreis zu gehen. Nach einigen Umläufen quillt unten aus dem Fass eine dicke Lehmwurst. Abstechen, auf eine Karre laden. Neues Material heranschaffen, schaufeln, kneten ... Etwas abseits warten zwei andere Männer auf den Lehmstrang. Sie haben die Aufgabe, die Masse mit den Händen in kleine Holzformen zu pressen. Nachwalken mit den Handballen, noch einmal glattstreichen, fertig ist ein Adobe – fast. Die gefüllten Holzformen werden im Schatten eines Baumes ausgestülpt zum Vortrocknen. Den Rest macht spä-

Hier »dreht« sich alles um die Adobe-Fertigung.

Fernab des Fortschritts: In dieser Ziegelei werden Ladrillos gebrannt.

Carretas werden auf der grünen Wiese gebaut.

Die hochrädrigen Carretas sind im ländlichen Paraguay das bevorzugte Verkehrsmittel.

ter die Sonne. Soll jedoch aus dem Adobe ein richtiger »Ladrillo«[10] werden, so wird man ihn mit der »Carreta« zum Brennen in die »Fabrik« bringen, deren Anblick mich eben so sehr erstaunt hatte. Ich bedanke mich bei den Männern für die Erklärungen und für die Demonstration. Das war Paraguay zum Anfassen.

Weiter geht es mit dem Bildersammeln. Nach dem ersten hochrädrigen Ochsenkarren hatte ich mich noch umgedreht. Inzwischen weiß ich, im ländlichen Paraguay ist es *das* Verkehrsmittel – und wohl auch das Einzige, welches im aufgeweichten Lehm nicht stecken bleibt. Weil mich die Neugier umtreibt, besuche ich einen der Karrenbauer. Schließlich hat man nicht alle Tage Gelegenheit zuzuschauen, wie eine »Carreta« entsteht. Auch hier erhalte ich eine »Lehrvorstellung«. Ich sehe, viel Erfahrung und Können sind notwendig, um solche Riesenräder zu speichen. Dazu kommt das Einpassen der Achse, des »Angelpunktes« der Carreta. Ein »Muchas gracias!« für die Freundlichkeit und für die Fotoerlaubnis; über die Wiese geht es zurück zur Straße. Dort begegnet mir das nächste Motiv.

Ein Mann hatte sich mit der Schubkarre Ziegel aus der Brennerei geholt. Weil Fotografieren auch zur Provokation werden kann, begnüge ich mich mit Hinschauen. Auf der Achse dreht sich ein massives Holzrad, quasi eine Baumscheibe. Schon vor mehr als dreitausend Jahren rollten ägyptische Streitwagen auf richtigen Rädern. In der Schweiz wurden vor einiger Zeit viertausend Jahre Radgeschichte ausgestellt. Die Wiege des Rades stand im Schwarzmeergebiet – vor sechstausend Jahren. Wie ich die Schubkarre des Mannes sehe, ist mir, als habe man hier im mittleren Paraguay das Rad soeben erst erfunden.

Westkurs, noch mehr Bilder sammeln. Schon wieder anhalten. Gebückt unter seiner Last trägt ein Mann Säcke zum Straßenrand. So wie er sie dort aufreiht, sind sie Reklame genug. Eines Verkaufsschildes bedarf es nicht. Er war meinem Gruß zuvorgekommen. Weiße Zähne blitzen in einem von Kohlenstaub geschwärzten Gesicht. Schon sind wir im Gespräch: »Kommen Sie, Señor!«, lädt er mich ein, »ich zeige Ihnen meine Fabrik.«

Wenig später stehen wir vor seinem Meiler. Der Köhler hatte den iglufömigen Ofen scherzhaft »Fabrik« genannt. Er organisiert – wo immer möglich – Holzreste und verkohlt sie. »Kann man davon leben?«, frage ich ihn. Wieder blitzen seine Zähne: »Leben?« Er zeigt in die Runde: »Hätte ich nicht *das*, es würde nicht reichen!« Diese »Zusatzversorgung« erklärt er mir nun bei einem weiteren Gang: »Hier der Ziehbrunnen – das Wasser! Hier die Bananen …, die Papayas!« Er winkt mich um die Ecke. Hinter dichtem Grün wird eine Kuh sichtbar: »… das Fleisch!« Er lacht: »Kein Fleisch! Ich kann die Kuh doch nicht schlachten, dann haben wir ja keine Milch!« Auf dem Weg zurück deutet er voraus: »Dort die Kohle – zum Kochen!« Wieder beim Meiler angekommen, beginnt er den nächsten Sack zu füllen. Nun weiß der Fremde, wie ein Köhler in der Cordillera Central lebt. »Und wo kommt der Señor her?«, fragt er mich zum Abschied. »Ah, Ale-

Zu Besuch bei einem Köhler in der Cordillera Central.

mania!«, wiederholt er meine Antwort. »Ein reiches Land! Ein sehr reiches Land!« – »Sieh an«, denke ich, »selbst bis in diesen Winkel Paraguays hat sich das herumgesprochen.«

Wieder Aufspulen der Straße. Noch knapp einhundertfünfzig Kilometer bis Asunción. Gut, dass man den Namen der Stadt gekürzt hat. Früher hieß sie: »Casa Fuerte de Nuestra Señora de Santa Maria de la Asunción«. Von »Festung unserer lieben Frau, der Heiligen ...« ist nur das letzte Wort übrig geblieben: »Himmelfahrt«. Religiöser Überschwang im Verschleiß der Zeit.

Nachtlager in der Stadt Coronel Oviedo. Keine Industriezeile, sondern Pferdewagen und grasende Kühe hatten mich empfangen. Längst an ländliche Idylle gewöhnt, war ich dann doch vom Anblick überrascht. Wie ein überforderter Schüler war ich ins Bett gesunken. Eindrücke verarbeitet man nicht dadurch, dass man sie dem Tagebuch anvertraut. Sie »beschweren« auch den Kopf. Die Frage, was ich morgen erleben würde, stelle ich mir nicht. Das Erleben käme von selbst – mit jeder weiteren Radumdrehung.

In Coronel Oviedo grasende Kühe zwischen den Häusern, Ciudad del Este als »bewaffnete Stadt«, Encarnación mit seinem Verfall. Zum Wechselbild der Städte kommt das der Natur: dichtes Urwaldgrün, Sojaplantagen, die bis jenseits des Horizonts reichen, Kleinbauernwirtschaft, deren Felder eher verwilderten Gärten gleichen. Jetzt nimmt die Landschaft gar Savannencharakter an. Wie dicke Finger ragen Termitenbauten aus schütterem Gras hervor. Einzelne Bäume unterbrechen die Weite, die sich plötzlich auftut. Die Straße streckt sich. Ich mag diese langen Geraden. Straßen wirken dann, als eilten sie auf den Horizont zu, sie nehmen dich und deine Neugierde mit.

Aus Steppe wird Wald – eigentlich schade. Noch mehr Weite hätte hinter dem Horizont liegen können. Stattdessen wartet dort vorn schon die nächste Stadt, Caacupe.

Die überdimensionale Basilika lässt die anderen Gebäude klein

Eine Festung des Glaubens: die Basilika von Caacupe.

erscheinen. Mehrere hunderttausend Gläubige sollen sich hier alljährlich versammeln, um der wundertätigen Jungfrau Maria zu huldigen. Diese hatte nach der Überlieferung ein bedrohliches Hochwasser zurückgehen lassen und einen christlichen Indianer vor seinen Verfolgern gerettet, indem sie ihn unsichtbar machte. Glaube festigt ein Volk. Deshalb besser nicht daran rütteln.

Immer mehr schrumpft die Distanz zur Landeshauptstadt. Nur noch ein paar Dörfer, und ich bin da. Eines von ihnen heißt Itauguá. Itauguá ist das Zentrum der Nanduti-Stickerei. Doch erneut klaffen Vorstellung und Wirklichkeit auseinander. Ich hatte hier alte Frauen am Stickrahmen erwartet, Motive in Hinterhöfen und im Schatten hoher Bäume. Vergeblich suche ich danach. So hilft nur Fragen. An der Tür eines Geschäftes kleben die Symbole der gängigen Kreditkarten. Auch das Innere zeigt: Man ist auf Touristen eingestellt. Wo finde ich nun die Frauen, in deren Händen all die filigranen Arbeiten entstehen, die hier angeboten werden? Die Auskunft der Verkäuferin ist ernüchternd: »Das machen wir alles

Bei der Nanduti-Stickerei stand sicher ein Spinngewebe Modell.

selbst – im Geschäft, während wir auf Kunden warten.« Sie zeigt auf die beiseite gelegte Arbeit. Da entsteht gerade wieder so ein »Spinnennetz«. Dieses Werk der Natur muss das Vorbild für die Nanduti-Stickerei gewesen sein, denn die Ähnlichkeit mit einem Spinngewebe ist wirklich verblüffend.

Es ist also nichts mit »alten Frauen am Stickrahmen« in Itauguá. Ein wenig enttäuscht radle ich weiter, nicht ahnend, dass in diesen Minuten in Paraguay Geschichte geschrieben wird.

Land am Abgrund

Die Straße ist mäßig befahren. Gemischter Verkehr. Auf der anderen Seite hält ein Pkw. Der Fahrer lässt das Auto am Randstreifen ausrollen. Ihm folgt in einigen hundert Metern Abstand ein Lastwagen. Auch dieser stoppt jetzt – mitten auf der Fahrbahn. Ich werde stutzig. Man kennt das Anhalten, wenn ein überbreiter Schwertransport naht; aber niemand tut es dann mitten auf der Straße. Ich drehe mich um. Auch hinter mir stehen die Autos. Was ist los? Eine unbestimmte Ahnung befällt mich. Es muss etwas passiert sein, etwas ganz Ungewöhnliches, etwas so Schlimmes, dass es die Menschen buchstäblich lähmt. Als ich den Lastwagen passiere, sehe ich, dass Fahrer und Beifahrer den Kopf geneigt halten, als lauschten sie auf das Motorengeräusch. Doch der Motor ist abgestellt. Ihre Aufmerksamkeit gilt dem Radio. Ein Stückchen weiter steht wieder ein Pkw. »Du solltest den Fahrer fragen«, geht es mir durch den Kopf. Ich brauche es nicht mehr. Noch bevor ich das Auto erreiche, schreit mir der Mann aus dem geöffneten Seitenfenster entgegen: »Man hat unseren Präsidenten ermordet! Man hat unseren Präsidenten ermordet!«

Ich befinde mich nicht auf einem Kontinent wie Europa, wo man wählt – und nicht putscht –, wo der Mord am politischen Gegner noch mit einem Bann belegt ist. Ich befinde mich in Lateinamerika! Seine Gesellschaften reifen noch, nach Unterdrückung, nach jahrzehntelangem Bürgerkrieg, nach Revolutionen. Demokratien stehen hier auf wackeligen Beinen. Und nun Präsidentenmord in Paraguay!

Mir wird schlagartig klar: Das bedeutet Unruhen, womöglich

wieder Bürgerkrieg, Militär. Die Geschichte belegt es: Hier bevorzugen Uniformen eine besondere Sprache, die aus den Gewehren.

Eine diffuse Angst befällt mich. Ich wünsche mich in diesem Augenblick zurück an den Rio de la Plata, ja zurück an Bord der Boeing – jetzt mit anderem Kurs. Kaum zwei Radlerstunden bin ich von Asunción entfernt. Was sonst als Chaos und Gefahr wird mich in der Landeshauptstadt erwarten? Doch ich kann hier auf der Straße keine Wurzeln schlagen. Es heißt umplanen – sofort! Ich werde auf dem Land bleiben und abwarten. Politische Unruhen erfassen eher Städte. Meine Tretbewegungen wirken zäh, als ich nach dem Zuruf des Fahrers stumm weiterradle. Irgendetwas in meinem Innern bremst mich. Das Dorf Capiatá. Kein Verkehr, überall Gruppen von Menschen. Wo ein Radio läuft oder ein Fernseher, haben sich Menschentrauben gebildet. Eine Frau eilt über die Straße. Im Vorbeilaufen ruft sie mir zu: »Man hat unseren Präsidenten ermordet, ermordet!« Dass einem Wort in diesem Satz eine ganz besondere Bedeutung zukommt, weiß ich in diesem Augenblick noch nicht. Ich sollte es erst später erfahren. Vor einem Geschäft halte ich und reihe mich in die Schar der Zuhörer, die den hochgestellten Fernseher belagert. »... die Polizei wird die Ruhe wiederherstellen ...«, klingt es über die Köpfe hinweg. Ein Mann stößt die Faust himmelwärts und ruft: »Das war dieses Schwein Oviedo!« Oviedo? Der Name kommt mir bekannt vor. Es ist jener hochrangige Militär, den die deutsche Bundeswehr zum Panzergeneral ausgebildet hatte. Man lehrte ihn zwar das Kriegshandwerk, doch das Defizit beim Demokratieverständnis blieb. Zurück in Paraguay, versuchte er mit einem Militärputsch an die Macht zu kommen. Dieser Oviedo hatte also – bei seinem zweiten Versuch – den Präsidenten beseitigt. »Alle Grenzen des Landes wurden geschlossen ...!«, klingt es aus dem Lautsprecher. Als ich das höre, komme ich mir vor, als säße ich in der Falle. Es gibt kein Vor, kein Zurück. Wer weiß, wann eine solche Maßnahme wieder aufgehoben wird. Das sind Ereignisse, wie man sie bei uns allen-

Der Palast des Präsidenten verdeckt das dahinter liegende Elendsviertel.

falls aus den Medien kennt, wenn diese über Unruheherde in der Welt berichten. Nun stecke ich selbst mittendrin.

Ich bin von der Ruta 2, die direkt in die Landeshauptstadt führt, abgebogen. Auf Distanz zu dem Geschehen bleiben, was sollte ich sonst machen? In Luque, einem Dorf nördlich von Asunción, werde ich ein Quartier suchen und abwarten.

Genauso aufgeregt wie die betroffenen Menschen hier sitze ich abends vor dem Fernseher eines Restaurants und versuche mir ein Bild von der Entwicklung zu machen. Ich glaube zu träumen, als der Präsident persönlich sich zu Wort meldet. Der Ermordete lebt? Eine Verwechslung, Informationschaos? Es dauert, bis ich alles begriffen habe. Nicht der Präsident Raul Cubas, sondern der Vizepräsident Argana ist ermordet worden. Ein Killerkommando hatte ihm auf der Fahrt zum Parlamentsgebäude aufgelauert und den Wagen mit Schüssen durchsiebt. Um ganz sicherzugehen, warf man noch Handgranaten ins Fahrzeug. Doch Schweigen breitet sich über Hintergründe und Zusammenhänge der Tat. Die fehlenden Informationen bekomme ich von meinen Tischnachbarn, ich schreibe fleißig mit:

»Paraguay eine Scheindemokratie, korrupt bis ins Mark. Sein Präsident ›Händchen haltend‹ mit den Banken. Dem Richterspruch, dass General Oviedo wegen seines Putschversuchs hinter Gitter müsse, widersetzte er sich, er deckte den General. Die Hoffnung der Menschen war Argana, der Vize. Er wollte den ganzen Sumpf austrocknen; deshalb hat man ihn beseitigt.«

Jetzt begreife ich, warum die Menschen riefen: »Man hat *unseren* Präsidenten ermordet!«, da der amtierende doch lebte.

Am nächsten Tag heißt es schon wieder umplanen. Immer wieder höre ich die neuesten Nachrichten aus der Landeshauptstadt. Sie klingen beruhigend: kein Ausnahmezustand, kein Militär. Lediglich die Grenzen bleiben geschlossen; man sucht die Mörder. Dann eine Meldung, die sogar positiv klingt. Aus allen Teilen des Landes waren Campesinos[11] nach Asunción gekommen, um für ihre Belange zu demonstrieren. Ein politisches System, welches Demonstrationen zulässt, ist von einer Diktatur weit entfernt. So entscheide ich: »Du fährst!«

Mir ist, als käme ich aus einer Richtung in die Hauptstadt, aus der sich noch nie ein Fremder genähert hatte. Die Menschen schauen mich an, als trüge ich zwei Köpfe. Seltsam auch das Umfeld. Die Straße ein Chaos aus Dellen und Buckeln. Reste von Straßenbahnschienen ragen aus dem Asphalt. Ein Kanalschacht ist eingebrochen. In dem ungesicherten Loch könnte ich samt Rad wie in einer Fallgrube verschwinden. Ich bin in Asunción, der Hauptstadt Paraguays! Nicht einmal ein Schild nennt an dieser Zufahrt ihren Namen.

Dann doch ein »Willkommen!«. Mit dem »Bienvenido!« grüßt eine Restaurantkette, *Pizza Hut*. In der Regel sind dann die anderen Fastfood-Tempel nicht weit. Richtig: Schon folgen *Burger King* und *McDonald's*. Letzterer hat ein paar neue Straßenschilder gespendet und sich darauf verewigt, wie bei uns Gönner auf gestifteten Parkbänken. Trotzdem »Danke!«, denn ich besitze einen Stadtplan und brauche die Schilder zum Navigieren.

Schon seit einer Stunde radle ich aufs Zentrum zu, ohne ihm, wie mir scheint, näher zu kommen. Die lange Avenida España. Doch wo ist das alte Spanien, das ich hier erwartet habe, wo die typischen Balkone, die Baukunst vergangener Jahrhunderte? Zwar prunkt jetzt die protzige Fassade eines Elektrokonzerns, dahinter aber kommt wieder Tristes, ja Verfall. Ich beginne durch die Straßen zu kreuzen. Nun stehe ich vor dem Bahnhof. Seine Front ein Stück Architektur aus dem letzten Jahrhundert; doch die Gleise sind im Gras versunken. Wo einst Züge fuhren, parken jetzt Autos. Auf der anderen Straßenseite, hinter einem halb geöffneten Tor, läuft so etwas wie Bahnbetrieb – aus der Vergangenheit in die Gegenwart rangiert. Ich stehe und staune. Im Zeitalter der ICEs

Paraguays Eisenbahngeschichte hat sich rostig in die Gegenwart gerettet.

und des TGV belädt ein Trupp Männer einen Tender mit Holz. Ich spreche die Arbeiter an: »Señores, wie alt ist die Lok?« Die Antwort klingt nach einem Rekord: »Hundert Jahre!« – »Und sie fährt noch?« Sie tut es, sagt man mir, auf dem verbliebenen Rest der Gleise. Für Eisenbahnfans mag dieser Zug ein »Hit« sein; doch dies hier ist keine Museumsbahn wie im australischen Kuranda oder im heimischen Bruchhausen-Vilsen. Dieser Zug ist in Paraguay normales Verkehrsmittel. Und nichts beleuchtet die wirtschaftliche Situation des Landes greller, als dieses »eiserne Fossil«. Paraguay, einst Symbol für den Fortschritt in Südamerika! Es konnte sich rühmen, den ersten Bahnhof auf dem Kontinent zu besitzen. Nun stehe ich vor den Resten seiner Eisenbahngeschichte. Weg ist das Flair der Nostalgie!

Es ist bemerkenswert ruhig in der Stadt. Nichts weist darauf hin, dass gestern hier ein politischer Mord geschah. Auch von den Campesinos ist nichts zu sehen. Doch dann eine Straßensperre, Uniformen, offensichtlich Polizei. Handzeichen stoppen mich: »Wohin?« Weil es mich an die Nanduti-Stickerei erinnerte, hatte ich mich für das gleichnamige Hotel in Asunción entschieden und mir dessen Lage im Stadtplan markiert. So antworte ich den Polizisten: »Hotel Nanduti!« Man winkt ab: »Straße gesperrt!«, und weist mir eine andere Richtung. Ich umfahre einen Häuserblock und orientiere mich an Hand des Stadtplanes neu. Weit komme ich nicht; schon wieder eine Sperre. Erneut werde ich abgewiesen. Die Absperrungen müssen mit dem Attentat zusammenhängen. Es sieht ganz danach aus, als müsste ich mir ein anderes Hotel suchen. Trotzdem ein letzter Versuch.

Entweder hatten die Polizeikräfte nicht ausgereicht oder die Lücke ist versehentlich offen geblieben. Ich komme bis zur Plaza Independencia; nicht weit davon liegt das Hotel. Was ich sehe, alarmiert mich. Vor mir eine große Menschenmenge. Polizeikordons formieren sich. Mich befällt eine Ahnung: Entweder du ziehst dich sofort wieder zurück – dann entgeht dir ein entscheidendes Erlebnis; oder du bleibst – und begibst dich dadurch womöglich in Gefahr. Ich bleibe, ja ich schiebe das Rad weiter!

Hier Uniformen, dort, wie es scheint, normale Bürger. In der Mitte des Platzes ein Menschenblock, etwa die demonstrierenden Campesinos? Sicher bin ich mir nicht. Ich schieße ein Foto aus der Hüfte – im Rücken der Polizei. Es könnte mich den Film kosten, vielleicht sogar hinter Gitter bringen. Weil ich mir demonstrierende Kleinbauern ganz anders vorgestellt hatte – was ich sehe, sind eher Jugendliche –, frage ich. Die Antwort ist ein Fingerzeig: »Dort!« Also doch! Die Bauern waren nicht selbst gekommen, deshalb sieht man weder Ochsenkarren noch Pferdewagen. Sie hatten ihre Söhne geschickt. Fast alle tragen eine kleine Fahne mit den Farben Paraguays; aber der eher friedliche Anblick täuscht. Holzknüppel, Teile von Fensterrahmen und Eisenstangen in ihren Händen zeigen: Notfalls würden sie mit Gewalt ihre Forderungen

Asunción nach der Ermordung des Vizepräsidenten: hier der Staat, dort das Volk.

durchsetzen. Ich spreche einen von ihnen an: »Warum seid ihr hier?« Die Antwort lässt mich aufhorchen: »Die Regierung hat uns belogen! Sie wollte uns helfen und hat nicht Wort gehalten. Jetzt hat man noch *unseren* Präsidenten ermordet!« Da war er wieder, der Unterschied zwischen dem amtierenden Präsidenten und dem des Volkes, der nun tot ist.

Ich möchte näher ans Geschehen heran, mehr in die Mitte des Platzes. Erstaunlich, dass mich die Polizei nicht aufhält. Erst jetzt sehe ich, dass es in der Menge eine weitere Unterteilung gibt, links vom Nationalpalast. Wieder frage ich. Die Antwort, die ich erhalte, »passt« in die politische Situation: »Anhänger von General Oviedo!« Also Polizei, Bürger Asuncións, demonstrierende Kleinbauernsöhne und die Anhänger eines Putschisten! Allem übergelagert der Mord am »Präsidenten des Volkes«. Es sieht nach Pulverfass aus. Wehe, wenn hier jemand Lunte legt!

Dass mir auf dieser Reise das »Para los Niños de la Tierra« einmal so direkt helfen würde, hätte ich nicht geglaubt. Die Plaza Independencia ist inzwischen völlig abgeriegelt. Ordner aus den Reihen der Campesinos hetzen hin und her. Sie versuchen die Demonstranten von den anderen zu trennen. Im Hintergrund wird eine Rednerbühne aufgebaut. Dort möchte ich hin. An solchen Stellen schlägt das Herz des Volkes bei »Aufständen« wie diesem. Als ich einen der Ordner um Erlaubnis darum bitte, höre ich nur ein schroffes »No!«. In diesem Augenblick zeigt ein Demonstrant aus der vordersten Reihe auf den Schriftzug und ruft dem Ordner zu: »Der Señor hilft den Kindern!« Der Ordner stutzt. Noch einmal der Hinweis des anderen – jetzt mit dem Holzknüppel: »Dort… Para los Niños…!« Jetzt geht alles sehr schnell. »Begleiten!« Die Anweisung des Ordners klingt wie ein Befehl. Der junge Bursche, dem ich die Wendung verdanke, gibt mir ein Zeichen: »Folgen!« Den Knüppel über dem Kopf schwingend, drängt er zur Mitte der Plaza: »Platz! Platz für den Señor…!« Eine Gasse öffnet sich. Schließlich sind wir am Ziel, stehen unmittelbar vor der

Rednerbühne. »Woher kommt der Señor? Warum interessiert ihn das hier?«, fragt mich der Bursche jetzt. Ich deute nur kurz auf den Schriftzug: »Deshalb!« Nicht *ich* bin hier wichtig, sondern was hier geschieht. Ein Mann ist auf die Rednerbühne gestiegen und beginnt zu sprechen. Große Lautsprecher werfen seine Worte über den Platz. Was er sagt, verstehe ich nicht. Es ist Guarani, die Sprache des Volkes. Doch es müssen flammende Worte sein. Jeden Satz beendet er mit geballter Faust. Und wie er sie emporstößt, antworten ihm auf dem Platz tausende Fäuste auf die gleiche Art. »So haben schon viele Revolutionen begonnen«, befällt mich eine Ahnung, als ich diese »Geste des Kampfes« sehe. Jetzt übernimmt eine Frau das Mikrofon. Sie beugt sich zu einem Jugendlichen hinab, der unmittelbar an der Tribüne steht. Die Lautsprecher übertragen ihre Worte: »Junge, wie heißt du? Warum bist du hier? Komm herauf, sag es uns!« Sie hält ihm gebückt das Mikrofon hin. Unverständliches Knistern in den Lautsprechern, dann wieder die Stimme der Frau: »Komm herauf! Sag es allen!« Sie reicht dem Burschen die Hand, hilft ihm aufs Podest und übergibt ihm das Mikrofon.

Es dürfte wohl das erste Mal im Leben des Burschen sein, dass er so ein Stück Technik in der Hand hält. Jetzt soll er damit auch noch zu tausenden Menschen sprechen. Ich fühle mit ihm. Sein Herz wird ihm bis zum Hals schlagen. »Sprich!«, muntert ihn die Frau erneut auf. Der Bursche schweigt. Stumm blickt er über die Menschenmenge. Plötzlich wird aus dem vielleicht Siebzehnjährigen ein kleiner Held. Laut hallen seine Worte über den Platz: »Ich heiße Rodriguez! Ich habe keine Arbeit! Mein Vater hat keine Arbeit! Meine Brüder haben keine Arbeit! Jetzt hat man unseren Präsidenten ermordet, wer soll uns helfen ...!« Stille auf der Plaza Independencia. Mir sind die Worte des Burschen unter die Haut gegangen, als hätte ich selbst Prügel bezogen. Da formuliert ein Jugendlicher, fast noch ein Kind, seine Anklagen gegen den Staat. Mein Blick geht an der Rednerbühne vorbei. Was ich im Hintergrund wahrnehme, alarmiert mich. Blaue Fahrzeuge rollen heran. Uniformen springen ab. An den auf- und niedergehenden Helmen sehe ich: Laufschritt, geübter Einsatz. Die Lunte brennt bereits! Es ist, als hätten die Worte des Kindes sie gezündet. Ich bitte meinen Begleiter: »Ich möchte weg von hier, bitte schnell!« – »Platz! Platz!« Mit seinem Knüppel drückt er die anderen Demonstranten zur Seite: »Platz!« Immer mehr Uniformen, blaue, braune. Hinter uns hallt jetzt eine andere Stimme aus den Lautsprechern: »Niños pobres de Paraguay …!« Arme Kinder Paraguays …! So spricht man Volksmassen an, wenn man sie in Bewegung setzen will. Endlich die Straße. Wir sind draußen – fast.

Weitere Absperrketten haben sich formiert. Schulter an Schulter stehen die Uniformen. Vor dem Postamt ist noch eine Lücke. Auch die Menschen, die bisher eher Zuschauer waren, haben begriffen: Die Ereignisse rollen, nichts kann sie mehr stoppen. Auf der Plaza Independencia steht ein Pulverfass kurz vor der Explosion.

Es dunkelt bereits. Vor dem Abendhimmel werden die Regierungsgebäude zur Silhouette. Ich stecke in der Menschenmenge am Postamt fest, alle wollen hier hindurch. In diesem Augenblick hat die brennende Lunte das Pulverfass erreicht. Auf der Plaza bricht die Hölle los.

Es gibt Erlebnisse, die graben sich unauslöschbar ins Gedächtnis ein. Diese Reise würde ein Abenteuer werden, das hatte ich im Voraus gewusst. Jetzt steigert sie sich zum Albtraum. Schon bei den ersten Schüssen hatte ich Schutz hinter einer Palme gesucht. Es ist ein alter Baum. Ein Mensch kann sich hinter seinem Stamm verstecken. Zwei Reporter haben sich neben mir auf den Bürgersteig geworfen. Ihre Situation ist viel kritischer. Beide versuchen ihren Körper hinter einem Laternenmast auszurichten, der keinem von ihnen richtigen Schutz bietet.

Woher kommen plötzlich die Waffen – auf Seiten der Demonstranten und der Anhänger Oviedos? Eine Gruppe Jugendlicher geht auf der anderen Straßenseite in Stellung. Jetzt sehe ich, mit was hier »geschossen« wird. Es sind Rohrstücke, einseitig verschlossen. Als Treibsatz dient Pulver oder eine Feuerwerksrakete. Füllt man so ein Rohr noch mit Schotter, gar mit Eisenteilen wie Schrauben und zündet das Ganze, so wird daraus ein Mörser. Meterlange Stichflammen schießen aus den Rohrmündungen. Steine oder Eisenteile, auf diese Art abgefeuert, haben eine schreckliche Wirkung. Sie durchschlagen nicht glatt wie eine Kugel, sondern reißen durch ihre Taumelbewegung schlimme Wunden. Hinter mir berstendes Glas. Die Fensterscheiben des Postamtes krachen auf den Bürgersteig. Unmittelbar vor mir versucht ein Polizist eine Tränengasgranate auf den Gewehrlauf zu montieren. In diesem Augenblick trifft ihn ein Pflasterstein in den Rücken. Noch im Fallen drückt er ab. Das Geschoss zieht senkrecht in den Himmel. Eine gewaltige Detonation übertönt alles. Wo vorher die Rednertribüne stand, steigen Flammen und Rauch auf. Man hatte sie in die Luft gesprengt. Es ist ein gespenstischer Anblick. Hinter dem Nationalpalast noch ein Rest goldener Abendhimmel, davor Feuerschein und schwarzer Rauch. Das Heulen von Ambulanzen mischt sich in die Geräuschkulisse aus Schüssen und Detonationen. Überall laufen Menschen um ihr Leben. Wer nicht wegkann, wirft sich auf die Erde. Bordsteinkanten werden zu Schutzwällen. Hinter mir liegt mein Rad – mit allem Gepäck, auch der Kameratasche. In dem Chaos brauchte sie nur jemand abzureißen, er machte fette Beute. Vorsichtig gehe ich in die Hocke, hangle nach der Tasche – nur keinen Zentimeter ungeschützten Körper zeigen. Es klappt. Wie diese Ereignisse zu einem Dokument machen? Ich richte die Kamera zuerst auf die beiden Journalisten zu meinen Füßen, dann schiebe ich sie am Stamm vorbei und versuche es »blind«. Vielleicht habe ich Glück.

Es gibt keine sichtbare Front in diesem Kampf. Überall die Stichflammen aus den »Mörsern«, Wurfgeschosse aus allen Richtungen. Nur eines wird deutlich: Das Kampfgetümmel verlagert sich langsam von der Plaza Richtung Innenstadt. Ich gebe meinen geschützten Standort erst auf, als ich sicher sein kann, dass mich kein verirrtes Geschoss mehr trifft.

Das Postamt ist ohne Fensterscheiben, Straße und Bürgersteig sind ein Trümmerfeld aus Steinen, Glas und qualmenden Zünderresten. Bis zum *Nanduti* sind es nur zwei Querstraßen. Immer mit dem Rücken an der Hauswand, schiebe ich das Rad. In jeder Eingangsnische sichere ich. Das Hotel. Endlich! Der Portier öffnet mit der Pistole in der Hand: »Schnell Señor, herein!« Das ganze Personal bestürmt mich: »Señor, was ist draußen?« Zwar läuft der Fernseher, doch wegen der Dunkelheit nützen die Kameras der Reporter nicht viel, dazu kommt die Rauchentwicklung. Ich antworte: »Es ist wie im Krieg!«

Ich bin der einzige Gast im *Nanduti*. Bis spät in die Nacht sitze ich mit dem Personal vor dem Bildschirm. Die Situation auf der Straße ist verworren. Wer gegen wen? Die Anhänger des Generals gegen die Campesinos, diese schlagen zurück, der Staat ist in der Defensive, die Polizei schlicht überrannt. Erst gegen Morgen ebbt der Lärm ab. Nur noch vereinzelt Schüsse, dann Ruhe. Niemand im Hotel glaubt, dass sie lange anhalten wird. Aufgestaute Volkswut und politischer Extremismus entladen sich nicht in einer einzigen Nacht.

Als ich das Hotel am nächsten Tag verlasse, um die Situation einzuschätzen und mir die Folgen der Unruhen anzusehen, warnt mich der Portier: »Señor, bleiben Sie lieber im Haus!« Er ahnt, dass die Ruhe in den Straßen trügerisch ist. Doch was ich erlebe, ist Zeitgeschichte. Wen hält es da schon in den vier Wänden? Draußen treffe ich überall auf Menschenansammlungen. Gruppen marschieren durch die Straßen, schwenken die Landesfahne und rufen: »Es lebe die Republik!« Dazu ein Polizeiaufgebot wie gestern.

Auf dem Postamt müsste ein Brief von meiner Frau lagern. Der Versuch, ihn ausgehändigt zu bekommen, scheitert schon vor der Tür. Das Amt ist durch Sicherheitskräfte abgeriegelt. »Geschlossen! Dienste eingestellt!«, lautet die Auskunft. Ich mache mir Sorgen. Die Bilder aus Asunción dürften auch bei uns bald auf den Bildschirmen zu sehen sein. Mit einer telefonischen Positionsmeldung hatte es vor drei Tagen zum letzten Mal geklappt. Ich eile zur deutschen Botschaft und bitte um die Übermittlung eines Fax. Der Text ist arg geschönt: »Alles in Ordnung! Nichts passiert. Reise nach Bolivien weiter!« Wieder im Hotel berichte ich dem Personal, was ich gesehen habe. Man ist sich einig: Die Situation in der Stadt ist nur die »Ruhe vor dem Sturm«.

Den ganzen Tag über bleibt es ruhig. Dies ermutigt mich, getrieben von Neugier, in den Abendstunden noch einmal vor die Tür zu schauen. Das Bild hat sich verändert. Über die Avenida Alberdi wälzt sich ein breiter Menschenstrom in Richtung Nationalpalast. Ich frage die Leute: »Was ist das für eine Demonstration?« Die Antworten klingen ähnlich wie gestern: »Zur Rettung der Republik!« »Es lebe die Republik Paraguay!« Man erkennt in mir den Fremden und fordert mich auf mitzumarschieren. Ich lasse mich mit dem Strom treiben. »Viva Paraguay! Viva la República!« Auch ich sollte mitrufen, wenn es darum geht, eine erneute Diktatur abzuwehren.

Zur gleichen Stunde werden im Amtssitz des Präsidenten Entscheidungen von großer Tragweite getroffen. Noch kennt sie niemand. Das Militär ist bereits auf dem Weg in die Hauptstadt. Es sind Einheiten aus dem Chaco. Die deutlich sichtbare Machtlosigkeit der Polizei und der blauen Sondertruppe gegen diese Menschenmassen führt zum Einsatz des letzten »Ordnungsmittels«: von Soldaten.

Wie am Vorabend, so muss auch jetzt etwas den Funken gezündet haben. Aus dem Funken wird eine Flamme, aus der Flamme ein Inferno. Detonationen, Schüsse, Menschen fliehen, andere drücken nach. Chaos entsteht. Jenseits des Rio Paraguay geht die Sonne unter; ein Goldhimmel, davor Feuerschein und Rauch; eine Szene wie gestern. Im Rundfunk soll ein Aufruf ergangen sein: »Alles was Beine hat, marschiere zum Nationalpalast – zur Rettung der Republik!« Die Polizei ist dem Dammbruch nicht mehr gewachsen. Ein letzter Versuch, die Massen zu stoppen, scheitert. Kreuzungen werden mit Fahrzeugen der Stadtverwaltung verstellt. Nur Minuten dauert es, bis sie in Flammen aufgehen. Schaufenster zersplittern. Aus den Häusern werden Möbel zum Bau von Barrikaden geworfen. Irgendwo haben Scharfschützen Position bezogen. Sie schießen gezielt. Einer Frau wird ihr blaues Kleid zum Verhängnis. Sie gerät ins Fadenkreuz. Ein Aufschrei, und sie fällt rücklings zu Boden. Wie gekreuzigt bleibt sie liegen. Schüsse und Detonationen verschmelzen zum Dauergeräusch. Weg von hier! Nichts wie weg! Ich laufe gebückt – Zickzack, pralle mit anderen zusammen, verliere meine Kopfbedeckung. Die wenigen hundert Meter bis zum *Nanduti* kommen mir wie Kilometer vor. Völlig außer Atem erreiche ich das Hotel. Der Portier öffnet mir, sein Pistolenlauf zeigt zur Treppe: »Schnell hinauf!« Das Personal steht stumm vor dem Fernseher. Auf diesem flimmern die Bilder von der Straße. Rauch dringt herein. Die Klimaanlage saugt ihn an. Draußen brennen Autos und Barrikaden. Alle im Raum wissen: Das Land steht am Abgrund.

Bis zum Morgengrauen dauern die Straßenkämpfe. An Schlaf ist nicht zu denken. Während der letzten beiden Tage hatten die Angestellten keine Lebensmittel gekauft. Man improvisiert ein Frühstück. Draußen herrscht jetzt Stille, Totenstille. Mein Entschluss steht längst fest: Ich will hier raus! Ich will dieses Asunción verlassen, sofort! Dieses Land mit seinen Problemen ist eine Nervenprobe. Alle warnen mich. »Señor, das können Sie nicht tun!« Ich widerspreche. Noch nie war ich um mein Leben gelaufen. Ist das hier schon Militärdiktatur oder noch Republik? Im Augenblick ist mir das egal. Ich will nur weg von hier.

Rad packen, ein Händedruck im Kreis. Der Portier schließt mir die Tür auf, wünscht mir ein »Suerte!« mit der Pistole in der Hand. Auch das hatte ich noch nicht erlebt.

Auf die Straßen fällt noch der Schlagschatten der Häuser. Im ersten Morgenlicht sehe ich die Folgen der nächtlichen Schlacht: ausgebrannte Autos, rauchgeschwärzte Fassaden, die Straße vor dem Hotel ein Trümmerfeld. Barrikadenreste glimmen noch. Selbst die schweren Schutzgitter vor Nobelgeschäften hatte man aufgehebelt. Der Volkszorn hatte sich auch gegen das »Geld« gerichtet. Vermummte Gestalten huschen vorbei. Ich habe Mühe, vorwärts zu kommen. Mit den Füßen schiebe ich mir den Weg frei. Was ich nicht weiß: Noch während der Nacht haben die ersten Militäreinheiten die Stadt erreicht und Sperrgürtel gezogen. Das *Nanduti* liegt im inneren Sicherheitsring. Ich befinde mich also im Rücken der Soldaten.

Avenida Chile, Eligio Ayala. Als ich um die Ecke biege und die Panzerwagen sehe, begreife ich sofort. Auch die Soldaten haben mich bemerkt. Ich verstehe den Zuruf nicht, aber die nach oben gerichteten Bewegungen der Gewehrläufe unterstreichen ihn: »Hände hoch!« Ich lasse den Lenker los. Während ich beide Hände in Kopfhöhe hebe, versuche ich das Rad mit der Hüfte zu stützen. Es misslingt. Dem ersten Soldaten, der mich erreicht, fällt es vor die Füße. Meine eigene Stimme kommt mir fremd vor. Als ob ein anderer spräche, höre ich mich sagen: »Ich bin Deutscher! Mein Pass ist in der Fototasche!« Weitere Soldaten sind hinzugekommen. Sie greifen sich das Rad. »Was ist da drin?« Ein Stiefeltritt gegen die Packtaschen. Einer von ihnen stößt den Gewehrlauf in die Gepäckrolle: »Hier! Was ist das!« Ich antworte: »Schlafsachen. Bekleidung.« Was ist mit meiner Stimme? Und dann noch einmal: »Ich bin Deutscher! Mein Pass ist in der Fototasche. Ich komme aus dem Hotel *Nanduti*!« Irgendein höherer Rang nähert sich: »Wer ist das?« Der Offizier deutet auf mich. Einer der Soldaten antwortet: »Alemán!« Zum dritten Mal: »Mein Pass ist in der Fototasche!« – »Zeigen!« Ich darf die Hände herunternehmen.

Der Blick in Gewehrläufe sichtlich nervöser Uniformen ist ein nervlicher Drahtseilakt. Man kann dabei »abstürzen«. Die Ruhe, mit der ich den Pass heraushole, ist nur gespielt. Da liegen Finger am Abzug. Nur ein Einziger bräuchte sich ein paar Millimeter weiterzukrümmen und ich würde eine ganz andere »Reise« antreten. Man nimmt mir den Pass aus der Hand, reicht ihn dem Offizier. Dieser blättert darin. Jetzt hält er inne und schaut mich an. Ich kann mir denken, was ihm aufgefallen ist. Nicht nur *ein* Journalistenvisum ziert das Dokument. So hilfreich solche Eintragungen auf Reisen sein können, es gibt Situationen, da verkehrt sich ihre Wirkung ins Gegenteil. Ein ausländischer Journalist: gerade zu diesem Zeitpunkt! Auch noch so getarnt! Ein Schnüffler mit der Kamera, er wird Fotos geschossen haben! Wie mich der Offizier so anschaut, bin ich sicher, das kostet mich mein Fotomaterial. Doch dann eine Handbewegung: »Hier, Ihr Ausweis!« Ein Befehl an die Soldaten: »Passieren! Eskorte!« Beidseitig bewacht bringt man mich zum nächsten Sperrgürtel. Dort werde ich übergeben: »Passieren! Eskorte!« Weiter geht es. Die dritte Abriegelung – andere Uniformen, keine Soldaten, sondern Polizei. Meine Begleitung lässt mich einfach stehen und macht kehrt. Ich habe den Eindruck, dass die Polizisten das rüde Verhalten der Militärs wettmachen möchten: »Wo möchte der Señor hin?«, werde ich höflich gefragt. Mein Pulsschlag ist noch immer erhöht; ich höre es an meiner Stimme: »Zur Brücke über den Rio Paraguay!« Ein Wink: »Kommen Sie!« Noch eine Höflichkeit. Der Polizist geht ein paar Schritte mit und erklärt mir den Weg: »Dort vorne nach rechts. Sie können von hier nicht in die Avenida España. Dann links in die Avenida General Artigas … und weiter bis zur Brücke!«

»Kompliment!«, denke ich, »das klang ganz so, als wollte sich Paraguay nun bei mir entschuldigen.«

Kaum zehn Minuten brauche ich bis zur Artigas. »Adios Asunción! Du hast mich Nerven gekostet! Wir werden uns bestimmt nicht wiedersehen! Der Brief meiner Frau wird wohl an sie zurückgehen – wenn die Postdienste wieder funktionieren.«

Während ich Kurs auf den Rio Paraguay nehme, geschehen hinter mir in der Hauptstadt Dinge, von denen ich erst später erfahre. Der amtierende Präsident steht vor seiner Absetzung. Seine Ehefrau versucht, Abgeordnete zu bestechen: eine Million Dollar für jeden Senator, der mit seiner Stimme hilft, dass ihr Mann im Amt bleibt. Der ganze Sumpf der Korruption wird sichtbar. Doch das Volk hat diesem Raul Cubas längst die Stuhlbeine abgesägt. Der Präsident und sein Klan finden eine neue Heimat: Brasilien. Der Putschgeneral Oviedo flieht im Flugzeug nach Argentinien. Es heißt, der argentinische Präsident habe ihn als alten Freund in die Arme geschlossen. »Eine Krähe«, so sagt man, »hackt einer anderen kein Auge aus.« Doch der Pilot wurde verhaftet. Die Anschuldigung: unerlaubtes Eindringen in den Luftraum. Auch dafür gibt es ein Sprichwort: »Die Großen lässt man laufen, die Kleinen werden gehängt!« Das Militär hatte dieses Mal nicht mitgespielt, sondern sich herausgehalten. Es war nur Ordnungsfaktor gewesen. Paraguays Sturz in den Abgrund war in letzter Minute gebremst worden.

Ich muss lange über dem Ufer des Rio Paraguay gesessen haben, sehr lange. Mein Inneres brauchte nach diesen Erlebnissen Abkühlung. So etwas steckt man nicht einfach weg. Es sitzt unter der Haut. Die Zeit wird es einkapseln; aber es wird bleiben.

Nun steige ich aufs Rad – und mache kehrt. Das andere Ufer muss noch etwas warten. Nicht weit vom Fluss entfernt liegt ein Indianerreservat, das der Macá. Dieses ganz andere Paraguay möchte ich mir nicht entgehen lassen. Ein Besuch bei Indios hilft mir vielleicht auch schneller abzuschalten.

Das Schicksal der Macá steht stellvertretend für das anderer Indianerstämme. Einst waren es stolze Jäger im Chaco. Von dort wurden sie evakuiert. Später lebte der Stamm auf einer Insel im Rio Paraguay. Ihre jetzige Heimat ist ein kleines, ein winziges Reservat nahe dem Ostufer. Aus der grenzenlosen Weite des Chaco hinter Maschendraht verbannt – Endstation von tausend Indios.

Der Eingang des Reservats ist nicht leicht zu finden. Es fehlen Hinweise. Über den Weg unsicher, folge ich einer Frau, die ich für eine Macá halte. Tatsächlich führt sie mich zu einer kleinen Holztür im Zaun. Die Begrüßung überrascht mich. Der Stammesvorsitzende persönlich gibt sich die Ehre. Ein Gästebuch wird mir vorgelegt. Man legt Wert auf die Angabe meiner Nationalität. Kaum hatte ich das Reservat betreten, war ich von einer Schar Kinder umringt gewesen – kein Anbetteln, nur Anschauen. Ein Fremder auf einem Fahrrad bei den Macá, das dürfte selten vorkommen. Dem Häuptling missfällt die Neugier der Kinder. Sie sollen den Fremden nicht so bedrängen. Ein Wort von ihm, und die Schar spritzt auseinander. Jetzt halten sie respektvoll Abstand.

Ein Rundgang wird mir angeboten – der Häuptling selbst als Fremdenführer. Er spricht recht gut Spanisch, doch als ich die erste Familie mit »Buenos dias!« begrüße, korrigiert er mich: »Meine Leute verstehen das nicht. Bei uns heißt das ›Sanam!‹.« Während des Rundgangs sehe ich mehr, als meinem Führer lieb ist. Denn er möchte mir nur das Positive zeigen: »Hier die Stromleitung! Die Regierung hat uns Elektrizität geschickt. Hier unser Geschäft!« Ich blicke durch die halb geöffnete Tür der Hütte. Auf dem Fußboden stehen ein paar Säcke – Grundnahrungsmittel. »Hier unser Büro! Selbstverwaltung!« Durch das Fenster sehe ich einen Tisch, einen Stuhl, ein Bord, sonst gähnende Leere – kein Buch, keine Akte. »Unsere Kirche! Unser Fußballplatz! Hier Mangobäume!« Wir sind am Ende des Reservats angekommen. Es ist so klein, dass man einen Pfeil von einem Ende zum anderen schießen könnte. Ich bitte den Häuptling um Fotoerlaubnis. Er nickt, fügt aber hinzu: »Keine Leute!«

Wir gehen einen anderen Weg zurück. In mir rumort es. Ein Volk von Sammlern und Jägern, einst in grenzenloser Wildnis, jetzt sein Restbestand – etwa einhundertzwanzig Familien – »eingezäunt«. Kein Jagen, kein Fischen, nicht einmal Feldbau ist hier möglich. In diesem Ghetto können die Indios doch nur verhungern. »Von was leben die Menschen hier?«, frage ich den Häuptling. »Gibt die Regierung Geld? Schickt sie Lebensmittel?« – »Kein Geld! Keine Lebensmittel! Nur Strom!«, bekomme ich zur Antwort. Die Macá leben von den Spenden, die ihnen die Besucher geben, und von dem Erlös ihrer Handarbeiten.

Später sehe ich, das Angebot ist sehr bescheiden, nicht im Entferntesten vergleichbar mit dem, was ich von anderen Indianerstämmen kenne. Der Häuptling stellt mich seiner Frau vor. Sie fertigt gerade eine Hängematte für Babys und bietet mir diese sogleich zum Kauf an. In etwa einer Stunde sei sie fertig. Sie weiß wohl nicht, dass ich mit einem Fahrrad unterwegs bin. Um ein wenig zu helfen, kaufe ich einen kleinen Beutel aus bunter Wolle. Zu Hause würde sich schon eine Verwendung dafür finden.

Der Häuptling musste ein geheimes Zeichen gegeben haben. Als ich unter dem Schattendach hervortrete, stehe ich plötzlich einer Gruppe Männer gegenüber. Tänzer – oder Krieger? Ich bin mir nicht sicher. Nach Tanz sieht die Szene nicht gerade aus. Die Gestalten tragen rote oder blaue Röcke, darüber einen Hüftschmuck aus Nandufedern. Als Oberbekleidung musste herhalten, was man gerade besaß, vom karierten Hemd bis zum grünen T-Shirt. Ich deute dieses »Vorstellen« richtig: Für ein paar Guarani darf ich den Auslöser drücken. In mir sträubt sich etwas. Ich mag solche »Fototermine« nicht. Auch müsste ich die Männer umdirigieren, denn sie haben die Sonne im Rücken. Das würde sie vollends zu »Objekten« machen. Ich fühle Mitleid. Vor mir stehen die letzten Krieger der Macá, das letzte Aufgebot eines ehemals

Ein eher trauriger Anblick. Die letzten Tänzer der Macá präsentieren sich in ihrer Tracht.

freien, stolzen Stammes. Ich sehe, dass einer der Männer fast erblindet ist. Ich sehe die verkrüppelten Füße eines anderen. Neben mir steht der Häuptling und wundert sich: »Kein Foto, der Señor?« Ich zögere. Vielleicht würde es ein Zeitdokument? Nun drücke ich doch ab – in die Sonne, gegen jede Fotografenregel.

Während der ganzen Führung steht mein Rad unangetastet neben dem Eingang. Die Kinder bewundern es noch immer aus einigen Metern Entfernung, als wären sie nach dem Mahnwort des Häuptlings dort festgewachsen. Noch einmal klärt mich dieser auf: »Sanam!« für »Buenos dias!« oder für »Hola!«, und wenn man geht, sagt man »Chapell!«. Zwei Macá-Worte. »Doch aller guten Dinge sind drei«, denke ich und frage den Häuptling, ob er schreiben kann. Als er nickt, reiche ich ihm Kugelschreiber und Tagebuch und bitte ihn höflich, sich einzutragen. Er legt das Büchlein auf einen Pfahl und formt langsam die Buchstaben: »P-a-b-l-o Z-e-a-q-a-l-a-h-e-ú«. Da hatte ich mein drittes Macá-Wort. Außerdem, so von einem Häuptling signiert, wird mein Tagebuch noch mehr zu einem Dokument.

Die Farbe der Hölle ist Grün

Zum zweiten Mal stehe ich am Rio Paraguay. Der Fluss kommt aus der Tiefe des brasilianischen Urwaldes. Er hat es nicht eilig. Behäbig wälzt er sein Wasser nach Süden. In Argentinien wird ihn der größere Paraná schlucken. Dann ist seine lange Reise zu Ende. Irgendwie habe ich aber ein ungutes Gefühl. Wenn ich gleich die Brücke kreuze, werde ich mich mit jeder Radumdrehung weiter in eine Natur vorwagen, die schon so manchen zur Aufgabe gezwungen hat. Warum ich mir für meinen Weg nach Bolivien gerade die Chaco-Route ausgesucht habe – ich weiß es nicht. Es mag der Reiz des Unbekannten gewesen sein, vielleicht auch die Suche nach den eigenen Grenzen.

Die Brücke. Ihr westlicher Kopf, die ersten Meter Chaco-Boden. Noch ist nichts Besonderes zu vermerken. Asphalt und Windstille machen mir das Radeln leicht. Nur die Temperatur ist für angenehmes Fahren zehn Grad zu hoch. Wo ich die Brücke hinabrolle, stand einst die Siedlung Nuevo Burdeos. Existierten noch Reste von ihr, dann wären es wohl die ältesten Zeugen einer Chaco-Besiedlung durch Weiße. Die Natur hatte gesiegt, »vertrieb« die Franzosen. Wie ihnen, so erging es vielen anderen Pionieren. Aus gutem Grund hatten schon die Spanier das Land westlich des Rio Paraguay gemieden. Es schreckte sie wie die Pest. Aus Mennonitenmund stammt gar der Ausspruch, Gott habe den Chaco im Zorn erschaffen. Wenn Frömmigkeit so lästert, dann muss etwas dran sein am schlechten Ruf des »chacu«, wie das Gebiet in der Quechuasprache heißt.

Dieses Stück Natur mit wenigen Worten zu umreißen, ist

unmöglich. Der Chaco, das sind eine Million Quadratkilometer Wildnis. Erst vor wenigen Jahrzehnten hatte sich der Mensch daran gemacht, sie zu zähmen. »Grüne Hölle!«, schimpften die Siedler, die sich Meter für Meter ihren Weg durch Sumpf- und Dornenland bahnen mussten. Wild wie die Natur waren auch die Indianerstämme, die im Chaco lebten. Ihr Alltag, heißt es, war nur Angriff und Verteidigung. Die Chiriguano besiegten einmal sogar ein Inkaheer; und traf ein Ayoreo auf einen Weißen, dann wusste man vorab um den Ausgang der Begegnung: Nur einer überlebte.

Der Chaco, das sind auch heute noch Plagen und Gefahren. Myriaden peinigender Insekten werden zur Qual. Krokodil, Puma und Jaguar geht man besser aus dem Weg. Schlangen gibt es in allen Größen – bis zur zehn Meter langen Anakonda. Überall muss man mit diesen Kriechern rechnen: auf den Bäumen, im Busch, im Wasser, im Sand, im Gras. Nicht die Würger unter ihnen sind die Gefährlichen, sondern jene Exemplare, die aus ihren Giftzähnen Hämotoxin und Neurotoxin verspritzen. Man nennt sie »Fünfminutenschlangen«; eine »endgültige« Aussage.

Der Chaco hat noch mehr Gesichter: Sandstürme und Überschwemmungen, alles lähmende Hitze und Temperaturstürze, dazu Sumpf- und Dornenland über Längengrade. Er ist auch »bewegte« Erdgeschichte. Wo einst ein Meer wogte, dehnt sich heute eine mit Andenschutt gefüllte Mulde – bis tausend Kilometer breit und eintausendfünfhundert Kilometer lang. Man forschte nach dem alten Meeresgrund, bohrte und fand ihn in dreitausend Meter Tiefe. Lebende Fossilien bevölkern das Gebiet. Gürteltiere, Tapire, Pekaris. Doch der Chaco ist nicht nur Sand, Dornen und Wasser; er ist auch blutige Erde. Mehr als einhunderttausend Gefallene waren die Folge des Besitzerstreites zwischen Paraguay und Bolivien. Ersteres siegte. Es verlor seine Söhne – und erhielt die »Grüne Hölle« zugesprochen.

Ich habe den ersten Ort erreicht, Villa Hayes. Trinkwasser, Verpflegungskauf. Die Maschen der Zivilisation werden sich von

Siedlung zu Siedlung weiten. Immer wieder Anhalten: neugierige Blicke in eine fremde Natur. Der Chaco birgt Geheimnisse, selbst noch für Forscher: unbekannte Tierarten, Pflanzen, die auf einen Namen warten. Zu beiden Seiten der Trasse dehnt sich jetzt Palmensavanne. Die Bäume stehen mit den Füßen im Sumpf, mit dem Kopf im Sonnenfeuer. Gäbe es nicht das Asphaltband der Straße, meine Reise wäre schon jetzt zu Ende. Später erzählt mir ein deutscher Siedler: »Heute ist der Paraguay ein normaler Fluss, morgen kann er so breit werden, wie der Bodensee lang ist. Wenn du Glück hast, bringt dich dein Pferd aus dem Sumpf; mit dem Geländewagen schaffst du es nicht – vielleicht mit einem Ochsenkarren; aber den hat hier niemand mehr. Ansonsten hoffe, dass das Dach deiner Estancia hoch genug ist. Deine Rinder bist du womöglich alle los. Hattest du zuvor nicht ein paar fette Jahre, kannst du nach so einer Flut wieder ganz von unten anfangen.«

Siedlerwort.

Auf den folgenden Kilometern sehe ich Kühe, die mannshohes

In den Sumpfsavannen des Chaco stehen die Palmen mit den Füßen im Wasser, mit dem Kopf im Sonnenfeuer.

Die Sumpfsavannen des Chaco sind Schlangenland und Vogelparadies zugleich.

Gras fressen und bis zur Brust im Wasser stehn, *ohne* dass der Rio Paraguay gerade über die Ufer getreten wäre. Wasser, einmal im Chaco, weiß nicht wohin. Auf tausend Kilometer soll es keine hundert Meter Gefälle geben. Da »vergisst« Wasser das Fließen. Auch das verschlungene Mäandermuster der Flüsse in meiner Karte deutet darauf hin. Als ich das Rad abstelle und die Trasse für ein paar Fotos verlassen will, werde ich jäh gebremst. Hart am Damm beginnt der Sumpf – getarnt durch dichtes Grün. Auch warnt sofort der Verstand: »Vorsicht, Schlangen!« So begreife ich schon in den ersten Chaco-Stunden, dass es Probleme geben wird. Wo in dieser Natur das Zelt aufbauen? Um sicheren Boden unter den Füßen zu haben, müsste ich wohl von Siedlung zu Siedlung fahren, wie weit auch immer sie auseinander liegen.

Obwohl ich fast lautlos radle, störe ich die Natur. Überall fliegen Vögel auf: Störche, Reiher, Enten. Ein Jabirú fällt von steifem Gang in Trab. Erst als er abhebt, sehe ich seine große Spannweite. Es ist die eines Adlers. Der Chaco nicht nur Hölle, sondern auch

Paradies? Über mir in der Thermik kreisen Geier. Scharf heben sich die schwarzen Schweber vom hellen Himmel ab. Sümpfe und Wüstenvögel? Man lernt nie aus. Ein Weg zweigt von der Straße ab. An seinem Beginn ein Holzschild: »Gründung des Glaubens«. Es ist der Name einer Estancia. Die lehmige Fahrspur verliert sich im Nichts. Ein einziger Regenguss dürfte genügen, um sie unpassierbar zu machen.

In den Abendstunden fällt mir ein wahres Geschenk des Himmels in den Schoß. Die Karte hatte mir den »Parador Chaco Sur« verschwiegen. Einen besseren Platz zum Zelten hätte ich kaum finden können. Die Menschen, die hier leben, sind weniger Chef und Personal als Kapitän und Besatzung; denn solche Stationen gleichen in dem grünen Meer einsamen Schiffen. Wie reagieren nun die Leute beim Anblick des fremden Radlers? Auf Pferderücken durch den Chaco, das ginge ja noch, aber mit einem *bici*? Halb Erstaunen, halb Erschrecken. Dann die einhellige Meinung: »Der Señor ist total verrückt.«

Man macht mir das Angebot, unter dem Vordach zu schlafen. Doch es zieht mich mehr in die Natur, zumal der »Kapitän« mir sagt, dass es hier kaum Schlangen gibt. Die frisch angelegte Rasenfläche reicht bis zum Wasser. Es ist die Einschränkung »kaum«, die mich trotzdem sehr vorsichtig sein lässt. Während ich das Zelt aufbaue, sirrt um mich herum der auf- und abschwellende Ton der Mückenschwärme. Dass sich die Blutsauger nicht auf mich stürzen, liegt lediglich daran, dass ich mich mit Zedernöl eingerieben habe. Sein Geruch hält die Plagegeister auf Distanz.

Die erste Nacht im Chaco. Eine Art unheimliche Romantik. Zunächst der tausendfache Klang der Frösche. Jedes Tier eine Kastagnette. Als das Konzert abebbt, klingen neue Töne aus Wasser und Busch. Einige Bäume überragen das Dickicht. Sie sind die Schlafplätze der Reiher. Das Mondlicht lässt ihr weißes Gefieder leuchten, macht sie zu Geistern. Ein »Geist« ist jetzt auch der Parador. Sein erhelltes Reklameschild gleicht einem Irrlicht.

Der werdende Tag löscht die Romantik. Die Realität wird wieder sichtbar: dichtes Chaco-Grün unter blauem Himmel. Im Rasthaus ein Frühstück, üppig wie für einen Holzfäller. Dann die Pflichtübung: Lebensmittel und Trinkwasser tanken. Die Zuladung drückt schwer auf die Speichen. »Wie wird das Wetter heute?«, frage ich die Frau, die mich bedient. Sie formt die Hände zum Trichter, als wollte sie etwas auffangen: »Caliente.« Kein Chaco-Bewohner spricht von »Hitze«, wenn die Temperatur unter vierzig Grad bleibt. Normalität erwähnt man nicht. »Und der Wind?«, hake ich nach. »No viento!«, lautet die Antwort. Ich bin beruhigt. Nicht die Sonne, der Wind macht das Chaco-Wetter. Er bringt, je nachdem aus welcher Richtung er weht, Sandstürme, Gewitter, unerträgliche Hitze oder sintflutartigen Regen. Den Lengua, einem Indianerstamm, war der Wind so wichtig, dass sie die Himmelsrichtungen nach ihm benannten. Der Norden hieß bei ihnen »Warmer Wind«, der Süden »Kalter Wind«. Nach der Auskunft der Frau kann ich mir nun den Tag vorstellen: gut vierzig Grad über windstiller, sumpfiger Landschaft. Es würde eine »schweißtreibende« Etappe werden.

Schon beim Abbauen des Zeltes hatte ich es gespürt. Die Haut der Beine juckte, besonders in der Knöchelgegend. Jetzt schwillt sie an, der Juckreiz wird unerträglich. Wollte ich ihm nicht nachgeben, müsste ich die Hände auf den Rücken fesseln. Außer den Mücken hatte ich keine anderen Insekten bemerkt, auch keine Bisse oder Stiche. Doch es gibt im Chaco Quälgeister, die so winzig sind, dass sie sich wie Staub auf die Haut legen. Man nennt diese Plage »Polvorinos«. Vielleicht waren sie die Verursacher.

Wieder auf Strecke, begegne ich einem Reiter. Offensichtlich ist er auf dem Weg zum Parador. Schwarzer Hut, rotes Baumwollhemd, am Gürtel eine Pistole – über den Hosenbeinen einen Lederschurz. Die Gestalt ist keine Marlboro-Reklame, sondern Chaco-Wirklichkeit. Ich muss lächeln; beim Passieren grüßen wir auf die gleiche Art: durch Hutantippen.

Über einhundert Kilometer sind es bis zur nächsten Station. Die Vorhersage der Frau hat gestimmt. Es ist noch nicht Mittag, und die Quecksilbersäule nähert sich bereits der Vierziggradmarke. Etwa alle fünf Kilometer halte ich, um zu trinken. Wüstengewohnheit. Besser in kleinen Abständen wenige Schlucke, als überdurstig alles in sich hineinzuschütten. Auf solchen Etappen neige ich zum Lästern. In Magazinen sieht man Bilder von Abenteurern, die gießen sich, am »Verdursten«, das Wasser mehr übers Gesicht, als dass sie es trinken. Doch niemand, dessen Speichel wirklich am Versiegen ist, würde auch nur einen einzigen Tropfen so vergeuden. Billige Sensationsmache! Lästern erleichtert. Der Chaco ist schon wieder ein paar Radumdrehungen kleiner geworden; sogar die Hitze habe ich für eine Minute vergessen. Dabei rollen hier muskelgetrieben mehr als einhundertdreißig Kilogramm – fünfundsiebzig Lebendgewicht, sechzehn das nackte Rad, etwa vierzig das Gepäck samt Zuladung. Man entwickelt so seine Gewohnheiten. Eine von mir ist, dass ich häufig zurückblicke. Nicht, dass ich mich verfolgt fühle – nur so. Jetzt sehe ich wieder das dunkle Band des Asphalts, das hinter mir am Horizont zum Punkt wird. Dort *war* die Straße. Vor mir der gleiche Anblick. *Dort* verschwindet sie. Ich muss sie quasi einholen.

Wenn auf der Trans-Chaco nicht gerade Militär unterwegs ist (Nachwirkungen des Krieges mit Bolivien), ein Farmer oder ein Laster aus den Mennonitenkolonien, dann herrscht Verkehrsstille. Über Stunden ist man allein. Ich habe mich für eine Pause mitten auf die Straße gesetzt. Rechts Sumpfsavanne, links Weideflächen, die Siedler in harter Arbeit der Wildnis abgerungen haben. Die weißen Rinder darauf müssen einer Zeburasse angehören. Durch das fremde Objekt irritiert, fliehen die Tiere. Ich sehe, wie aus dem Gras Wasser aufspritzt. Alles Grün schwimmt. Die Rinder sind eher »Meerkühe«. Noch aus der Ferne höre ich das schmatzende Geräusch, wenn sie ihre Beine aus dem sumpfigen Untergrund ziehen.

Picknick mitten auf der Trans-Chaco. Gelassenheit in einer Natur, die doch eher zur Vorsicht mahnen sollte.

Mein Sprung ist eine sportliche Leistung! Das Manchmal-Umsehen hat doch etwas für sich. Was die Rinder in die Flucht schlug, scheint ein anderes Tier sehr zu interessieren. Mit direktem Kurs hält eine Vogelspinne auf mich zu – behaart und handtellergroß, wie man sie meist nur von Abbildungen her kennt. Eigentlich war es mehr Verblüffung als Schreck, was mich so hochschnellen ließ. Sofort verliert die Spinne das Interesse an mir. Sie hat ein neues Unbekannt entdeckt, mein Rad. Schnell die Kamera, ein tolles Motiv! Das Tier untersucht zunächst den hinteren Reifen, tastet ihn ab. Dann ist der vordere dran. Wieder dieses »Befühlen«. Was nun folgt, dürfte selbst einen Zoologen verblüffen. Die Vogelspinne kriecht durch die Speichen, wendet, kriecht wieder … Das Ganze wirkt wie ein Spiel. Ich liege vor ihr auf dem Bauch: Nahaufnahme. Das Tier missachtet mich völlig. Die Fahrradspeichen haben es ihm angetan. Jetzt aber genug gespielt! Die Spinne geht wieder ihres Weges. Dies sollte nur eine von vielen typischen Chaco-Begegnungen sein.

Eine Vogelspinne findet Fahrradspeichen interessant.

Noch immer Sumpf. In Scharen steigen Wasservögel auf. Am Rand der Trasse blüht es orange, eine Art Montbretien? Unter Palmen schwimmt es blau – Wasserhyazinthen. Große Schmetterlinge im Taumelflug. Der Chaco als Naturparadies.

Da ist die nächste Überraschung, da *war* sie! Etwa zwei Meter lang, schwarz. Kaum hatte ich die Schlange vor mir bemerkt, war sie auch schon wieder im Gras verschwunden. Für das Überqueren des Asphalts brauchte sie nur Sekunden. Es ist diese Beobachtung, die mich noch vorsichtiger werden lässt. Von nun an radle ich in der Mitte der Straße. Bliebe ich wie bisher eher am Rand, könnte ich bei jedem Pedaltritt so einem Reptil den Knöchel direkt vor die Giftzähne halten. Im Gras der Berme sind Schlangen nicht auszumachen. Die Chaco-Bewohner haben hier ihre Regeln: »Gehe bei Dunkelheit nie ohne Licht!« Oder: »Schlangen, die flüchten, sind meist ungiftig!« Dann brutal: »Schlage jede Schlange tot, der du begegnest, und schaue erst dann nach, ob es eine giftige war!« Doch mit dem Fliehen von Schlangen ist es so eine Sache. Es könnte auch eine Yacará sein, die sich die Flucht wieder überlegt und zum Angriff übergeht. Ihr scheinbar zahnloses Maul birgt eine tödliche Gefahr. Die versteckt liegenden Giftzähne kann sie »herausklappen«. Dann stehen sie waagerecht. So stößt sie zu – wie mit zwei Injektionsnadeln. Das Gift wird tief ins Fleisch des Opfers gespritzt.

Schlangen: Sie sind Chaco-Alltag. Deshalb ist es dieses Stichwort, was mich unterschwellig am meisten beschäftigt.

Die ersten Indianerhütten. Vier Holzstangen tragen ein Grasdach. Eine Schlafstelle, etwas Blech, Plastik. Man kann sich kaum Ärmeres vorstellen. Später erreiche ich ein kleines Dorf. Wie der Parador, so ist auch dieses nicht in meiner Karte verzeichnet. Ein Bretterverschlag entpuppt sich als »Almacen«. Durch die offene Luke sehe ich das Angebot: Cola, Bier, Süßigkeiten. Eine Indiofrau eilt herbei. Fast muss ich lachen. Ungefragt stellt sie eine Flasche Bier aufs Verkaufsbrett, hier wohl das Übliche. Ich winke ab: »Kein Alkohol!« und zeige auf »Made in USA«. Vielleicht reicht das Spanisch der Indianerin für ein Gespräch. Ich versuche es: »Señora, wie viel Menschen leben hier?« Aus dem zahnlosen Mund kommen Antworten zum Sortieren: »Tausend Guarani« – das war der Preis fürs Getränk, »heute ist Santa Ana« – wohl irgendein kirchlicher Feiertag, »fünfunddreißig« – sicher, wonach ich gefragt hatte, die Einwohnerzahl, »keine Angst, Bewaffnete«. Diese letzten Worte alarmieren mich. Doch als ich nachhake: »Bewaffnete?«, öffnet sich ihr Mund noch einmal und heraus kommt nichts.

Wie ordnet man so eine diffuse Warnung ein? Jeder hier im Chaco trägt eine Waffe, zumindest die weißen Siedler. Vielleicht gibt es Banden, Viehdiebe? Angst kann ich im Reisegepäck nicht gebrauchen. Mit Angst wäre ich nicht hier. Also radle ich weiter.

Hitze und Luftfeuchtigkeit. Säße man zu Tisch, der Schweiß liefe einem über Arme und Besteck bis ins Essen. Das gegen die Insek-

Nur das Nötigste und ein Dach über dem Kopf bietet diese Indiohütte an der Trans-Chaco.

ten aufgetragene Zedernöl »verwässert« im wahrsten Sinn des Wortes. Es wird wirkungslos. Blut fließt, dies Mal mein eigenes. Seit ich einmal in einer asiatischen Millionenstadt von einer Mücke gestochen worden und – trotz Prophylaxe – malariainfiziert nach Deutschland zurückgekehrt war, misstraue ich den Weisheiten der Tropenmedizin. Missmutig blicke ich deshalb auf die Blutflecke, die zurückbleiben, wenn ich die Mücken abklatsche. Es wird zur Dauerbeschäftigung. Kleidung und Gepäck sind übersät von der Plage. Nur der Fahrtwind hindert den Massenstart. Hielte ich, so wäre es das Signal zum Großangriff. »Saugt mich ruhig aus! Aber spuckt mir nicht ins Blut!« Ein makabres Gespräch mit Moskitos.

Die Gerade, auf der ich seit Stunden stecke, scheint endlos. Zu beiden Seiten zieht die Landschaft wie ein grüner Vorhang vorbei. Chaco-Bühne. Es gibt hier Gebiete, die hat wohl noch nie ein Mensch betreten, nicht einmal Indios. Denn wo Wasser und Sumpf enden, beginnt Dornenland, so dicht, so verfilzt, dass es wie eine Festung jeden Eindringling abwehrt. Ich sollte das selbst noch zu spüren bekommen.

Endlich eine Abwechslung, sozusagen eine geometrische. Die Trans-Chaco macht eine Kurve. Wo sie sich krümmt, hat man einen Parador platziert. Passend sein Name *La Curva*. Mit einem kalten Getränk kühle ich über den Gaumen das Gehirn. Schon bin ich wieder auf Strecke. Ich möchte heute noch die Station Montelindo erreichen.

Während der folgenden Stunden begegnen mir drei Autos. Rushhour im Chaco. Alle drei halten, alle drei Fahrer möchten dem einsamen Radler etwas schenken. Der Erste eine Zweiliterflasche Cola, der Zweite in Ermangelung von etwas anderem Zigaretten, der Dritte flippte gar vor Begeisterung aus: ein »Ciclista« im Chaco! Er hatte schon auf Distanz angehalten, war aus dem Wagen gesprungen und mit der Kamera in die Hocke gegangen.

Kandelaberkakteen und Flaschenbäume deuten den Übergang vom nassen zum trockenen Chaco an.

Nun stoppt er mich mit Handzeichen. Im Auto sitzt seine Begleitung, Frau und Kind. Er dirigiert beide heraus: »Stellt euch neben den Radler! Davon brauchen wir ein Bild! Das ist unglaublich!« (Eigentlich sagt der Mann: »Das ist nicht real!«) Das »Unwirkliche« bin ich. Schon seit dreizehn Jahren, so erzählt er mir, zieht es ihn in den Chaco. Fast jeden Sonntag fährt er mit dem Wagen von Asunción so weit in die »Grüne Hölle«, dass er am gleichen Tag gerade noch den Rückweg schafft. Mehr als tausend Chaco-Fahrten hat er hinter sich; nun begegnet er zum ersten Mal einem Radler. »Was können wir dem ›Ciclista‹ geben? Schau doch mal!«, bittet er seine Frau. Diese kramt im Auto. Als sie nichts findet, übernimmt er das Suchen. Da ist etwas! Sich vorstellen und das Geschenk überreichen fallen zusammen: »Mario Estache Britos! Das ist meine Frau – mein Sohn. Die Musik wird Sie an Paraguay erinnern.« Mit diesen Worten überreicht er mir eine CD, *Grupo Generatión, Serenata.* Nicht unoriginell, so ein Mitbringsel aus dem Chaco, viel seltener sogar als eine Schlangenhaut.

Einhundertsieben Kilometer zeigt der Radcomputer, als ich Montelindo erreiche. Mir ist nach Bett. Doch um hier eines zu finden, ist man auf die Gastfreundschaft der Menschen angewiesen. Kopfschütteln über den Fremden und sein *bici*, dann neugierige Fragen. Endlich bin ich dran: »Señores, kann man hier irgendwo schlafen?« – »Tranquillo!« Erst einmal setzen, heißt es. Ein Mann mit einer »Goldmine« statt echten Zähnen im Mund übernimmt die Regie: »Hast du noch was zum Essen?«, ruft er dem Wirt zu. Dessen Antwort verstehe ich nicht; doch schon balanciert er einen übervollen Teller heran – so etwas wie eine »dicke Suppe«. Da ich auf meine Frage nach einem Bett bisher keine Antwort erhalten habe, wiederhole ich sie jetzt. Noch einmal dieses Goldblitzen: »Langsam, langsam, Señor – kein Problem!« Noch während ich esse, schickt er einen Jungen weg. Dieser kommt nach einigen Minuten mit einem älteren zurück. Mit einer Selbstverständlichkeit, die mich erstaunt, wird nun mein Fall gelöst: »Gib dem Señor dein Bett!«, sagt der Goldmund zu dem Burschen. Dann an mich gewandt: »Wenn Sie gegessen haben, dann gehen Sie mit ihm!« Zwei Sätze. So löst man Probleme, den Willen zur Gastfreundschaft vorausgesetzt.

Nun werde ich eingewiesen. Der Bursche ist der Reifenflicker von Montelindo. »Vierundzwanzigstundenservice« steht an seiner Baracke. Die Holztür klemmt. Innen kein Licht. Die Umrisse einer Liege werden sichtbar. »Hier, Señor!« Eine Handbewegung als Einladung. »Und wo wirst du schlafen?«, frage ich. »Bei den andern!«, lautet die Antwort. Ein »Buenas noches!« und weg ist er. Ein Bett, ein Dach über dem Kopf, ein paar Nägel als Kleiderhaken. Im Chaco ist das Komfort. So mancher Indio, der hier im Busch lebt, würde mich darum beneiden. »Danke, Montelindo!«

Ich hatte lange geschlafen und damit wertvolle Kilometer vergeben. So fällt mein Abschied etwas hastig aus. Den Koch bitte ich, dem Mann mit den Goldzähnen ein Dankeschön auszurichten, und dem Reifenflicker möchte er ein Bier ausgeben. Schon heißt es wieder Trans-Chaco.

Bereits während der Nacht hatte es geregnet. Wetterumschwung. Jetzt nieselt es. Die Temperatur ist um mehr als zwanzig Grad gefallen. Ein fast kühler Wind packt mich. Wie sagt man hier doch: »Der Wind macht das Chaco-Wetter.« Jetzt sollte ich eine Kostprobe davon bekommen. Nicht allen Tieren scheint der Wechsel etwas auszumachen. Aus Tümpeln und Teichen klingt ein wahres Konzert: Glucksen, Flöten, Keckern – auf- und abschwellend. Doch was dem einen behagt, führt bei anderen zu Missmut. Reiher und Ibisse harren gebuckelt. Die auf abgestorbenen Bäumen sitzenden Geier haben die Köpfe eingezogen und lassen die Flügel hängen: Regenschutz unter einem eigenen Dach aus Federn. Wie nasse Tücher treibt der Wind den feinen Regen vorbei. Er hat auf Süd gedreht und wird zunehmend stärker. Der Papyrus an der Straße neigt sich. Raschelnd antworten Palmwedel. Eine Gruppe Störche fliegt auf, driftet ab. Andere Vögel schweben ein. Der Chaco für Auge und Ohr – trotz Nässe.

Wenn in Paraguay vor einem Gebäude die Landesflagge weht, handelt es sich um etwas Staatliches. Hier flattert sie rechts der

Station *Monte Lindo*: das Schlafangebot des Reifenflickers.

Straße über einer Hütte. Das Wellblech hatte nicht für das ganze Dach gereicht. Statt Fenster Maschendraht. Drinnen wird es laut; man hat mich entdeckt. Eine Schule! In der Tür erscheint die Lehrerin. Ich stelle mich kurz vor und bitte um Fotoerlaubnis. Eigentlich geht es mir nur um das »Gebäude«. Aber es kommt zu einem Missverständnis. Sie ruft nach hinten: »Kinder! Rauskommen! Aufstellen!« Nun gut, dann eben eine Chaco-Schule komplett – mit allen Klassen. Zehn Schüler zähle ich. Die Lehrerin klatscht in die Hände: »Clase! Clase!« Was so viel wie »weiter mit dem Unterricht« heißt. Ich winke ihr das »Gracias!« zu. Was sagten wohl unsere Kinder zu Hause, würden sie solche Lernbedingungen sehen?

Jetzt ist die Straße vor mir blockiert. Was auf Distanz nach einem Unfall aussah, entpuppt sich beim Näherkommen als Bergungsaktion. Ein Militärfahrzeug war von der Fahrbahn abgekommen, ein harmloser Ausrutscher – mit Folgen. Schon nach wenigen Metern war der Lkw bis zum Motorblock eingesunken, Lehm und Schlamm halten ihn so fest, dass die Soldaten zwei Fahrzeuge an-

Eine Chaco-Schule mit allen Klassen.

koppeln müssen, um ihn freizubekommen. Ich mogle mich vorbei. Es hätte nicht dieser Szene bedurft, um erneut zu begreifen, dass Zelten hier unmöglich ist. Jetzt möchte ich einen Amazonas-Kingfisher fotografieren. Aber keinen einzigen Schritt kann ich die Trasse verlassen, um näher heranzukommen. Es heißt also wieder fahren, fahren – bis zur nächsten Station.

Ein Sonnenloch entsteht – wie das Auge eines Taifuns. Gleißendes Licht flutet hindurch. Es blendet. Der Asphalt beginnt zu dampfen. Im gleichen Augenblick hinter mir ein Hammerschlag am Himmel! Der Donner kommt so überraschend, dass ich zusammenzucke. Das fehlte mir noch! Doch die Energie reicht offenbar nur für einen Blitz. Das Gewitter ist schon wieder zu Ende. Bei einem Blick durch das Sonnenloch sehe ich etwas, was allen meinen Wetterkenntnissen widerspricht. Der Himmel ist eine graue Masse, typische Landregenstimmung. Aber in der Höhe dahinter türmen sich Wolkengebirge. Jetzt, wo ich weiß, dass der triste Anblick des niedrigen Himmels trügt, fühle ich mich nicht mehr wohl. Der Blitz war wohl nur der Vorbote von Schlimmerem.

Zwei Lastwagen überholen mich – mit der Aufschrift LOMO PLATA. Am Steuer sitzen Weiße. Also nähere ich mich den Mennonitenkolonien. Dort wartet Chaco-Geschichte auf mich. Meine Gedanken eilen den Lastern nach. Wieder einige Hütten. Frauen schwenken zum Gruß Plastikeimer. Eine Schar Kinder kommt auf die Straße zugelaufen, bleibt auf halbem Weg stehen – bis zu den Schienbeinen im Schlamm. Neben den Hütten alte Ölfässer, aus denen Holzkreuze ragen. Begräbt man hier so die Toten, weil sie im sumpfigen Boden nur »ertrinken« können? Ich füge diese Beobachtung anderen, die ich im Tagebuch notiert hatte, hinzu. Alles Fragen, die auf eine Antwort warten. Später informiert mich ein Siedler. Die »Ölfässerbestattungen« sind auch ihm unbekannt, doch anderes kann er erklären: Kleine Gedenkstätten am Trassenrand (auch Holzstelen hatte ich bemerkt) stehen nicht im Zusammenhang mit Verkehrsopfern, wie ich zunächst glaubte. Sie signalisieren Vorbeikommenden, dass jemand gestorben ist – irgendwo im Busch. Dann die Sache mit dem »Schmuck« an Sträuchern. Alle möglichen Gegenstände hängen da: Plastikstücke, leere Dosen oder Flaschen und Lappen. Sie sollen, so der Siedler, eine Art »Sprache« bestimmter Indiogruppen sein. Eine Einladung wird damit ausgesprochen, Jagdglück, ein Fest verkündet. Weiße vermögen diese Zeichen – und wie diese aufgehängt sind – kaum zu deuten. Fast amüsant dagegen ist die Erklärung zu den fehlenden Kilometerangaben. Irgendwann begann es. An den kleinen Betonsäulen fehlte das Blech mit der Entfernungsangabe. Bald standen alle Kilometersteine nur noch »nackt« herum. Keine Zahl, kein Informationswert mehr. So viele Souvenirsammler konnte es im Chaco gar nicht geben. Ich muss lachen, als man mich aufklärt. Mit den kleinen Blechtafeln flicken die Indios die Löcher in den Dächern ihrer Hütten. Chaco-Alltag.

Gestern noch über vierzig Grad, heute siebzehn. Der Südwind muss seinen Ursprung in der Antarktis haben und wird auf seinem Weg nach Norden nur mäßig aufgewärmt. Nach dem plötzlichen Donnerschlag und dem Blick durch das Wolkenloch bin ich vorgewarnt. Jetzt aber geht es über mir richtig los. Die Donner rollen und rollen. Was könnte ihren Schall auch aufhalten? Kein Hindernis im Chaco. Blitze sind nicht zu sehen bei diesem Höhengewitter. Aber es ist wie bei der Schlangenregel. Nicht jedes Reptil, welches sich verdrückt, ist harmlos. Nicht immer entlädt sich die Energie solcher Gewitter nur zwischen den Wolken. Am Ende findet doch einer zur Erde. Alles nur Physik: Wo liegt die positive Aufladung? Ein Blitzschlag in mein Fahrrad würde die Frage beantworten. Da ist es wieder, dieses schon so oft in einer unbändigen Natur erlebte Gefühl des Ausgeliefertseins. Ich folge der Gewitterregel: Rad hinlegen, Abstand nehmen, hinsetzen, den Kopf auf die Knie, abwarten. Da das Gewitter nicht genau zu orten ist, entscheide ich schließlich nach Lautstärke: »Jetzt fährst du weiter!«

Regen, heftiger Regen. Sturzbäche. Im Chaco die Sintflut. Mit den Rädern teile ich das Wasser auf der Straße. Kilometer um Kilometer, Stunde um Stunde. Wo bin ich eigentlich? Zwischen dem achtundfünfzigsten und dem sechzigsten Längengrad. Der Rest verschwimmt. Vor mir ein Wasservorhang, den ich mit dem Körper öffne: Hinter mir schließt er sich wieder. Der seitliche Schiebewind hilft mir zwar, doch ist er so stark, dass ich gegensteuern muss. Ich dampfe von innen. Die Anstrengung macht den Körper zum Saunaofen. Einmal halte ich. Die Hutkante eine Dachtraufe, der Regenanzug wirft windgebläht die Nässe von sich. Eher Bedingungen zum Schwimmen denn zum Radeln! Ich ziehe die Jacke am Saum vom Körper ab. Sofort bildet sich in der Stoffmulde eine Pfütze. Als ich weiterfahre, macht es »Platsch«!

Ich versuche in der Mitte der Straße zu bleiben. Sollte mir ein Auto entgegenkommen, würde der Zusammenstoß wohl glimpflich ausgehen. Bei dieser Sicht konnte jeder nur Schritt fahren. Was jetzt vom Himmel kommt, das übertrifft noch den Tropenregen bei Ciudad del Este. Nur, ein Umkehren gibt es hier nicht. Wohin auch?

Wie ich so vor mich hinradle, muss ich mit meiner Haltung den Ibissen und Geiern gleichen: gekrümmter Buckel, eingezogener Kopf. Wo bleibt nur dieses Pozo Colorado?

Häuser! Eine Tankstelle! Ich bin da. Vor Freude vergesse ich fast das Bremsen. Unter einem Vordach schäle ich mich aus meinem Regenanzug. Man schaut mir zu, stellt Fragen: »Qué pais …?« Mein Gott, als wenn meine Nationalität das Wichtigste wäre! Ich stehe vor den Leuten, in einer Hand die triefende Jacke, in der anderen die Hose und antworte mit Blick auf die Lache, die sich zu meinen Füßen bildet, etwas blöd: »Aqua!«, als hieße mein Heimatland »Wasser!«. Soldaten kommen hinzu, schauen, schweigen den Fremden an. Wo keine Fragen sind, gibt es auch keine Antworten. Ich weiß nicht, woran es liegt, aber meine Freude, dieses Pozo

Colorado erreicht zu haben, ist plötzlich verflogen. Vielleicht sind es die Soldaten, meine Erinnerungen an Asunción: Gewehrläufe, Finger an den Abzügen. Da ist es wie ein Geschenk des Himmels: Der Regen hört abrupt auf, nach Tropenart. »Wie weit ist es bis zum Rio Verde?«, frage ich in die Runde. Die Meinungen gehen auseinander. Ich mittle und komme auf sechzig Kilometer. Wenn es in Pozo Colorado kein Bett gäbe, könnte ich mein Zelt aufstellen, doch nun beschließe ich weiterzufahren. Der Grund heißt simpel »Antipathie«. Dabei weiß ich, es ist eine Entscheidung gegen die Vernunft.

Vier Stunden hatte ich bis zum »Grünen Fluss« angesetzt. Fünf sollte ich brauchen. Es wird eine Nachtfahrt. Im Chaco ist so etwas purer Leichtsinn. Nur manchmal lasse ich die Taschenlampe aufblitzen. Das Auge gewöhnt sich an die Dunkelheit. Mein Ziel ist das in der Karte ausgewiesene Rasthaus. Wären da nicht ein paar funzelige Lichter, man könnte an dem Pfahlbau vorbeifahren. Noch ein paar Männer sind anwesend, halten sich an ihren Bierflaschen fest. Als ich das Rad über den wackeligen Steg führe, zieht es sie förmlich von den Stühlen hoch. Einer von ihnen spricht für alle: »Qué pais?« Da ist sie wieder, die Standardfrage. Kaum habe ich mit »Alemania!« geantwortet, kommt die Zweite, jedoch eine, die ich hier niemals erwartet hätte: »Stimmt es, dass man in Alemania das Bier aus ganz großen Gläsern trinkt?« Was sagt man darauf? »Señor, Sie haben wohl vom Oktoberfest gehört?« Ich deute an: »Werde gleich wiederkommen!« Die Wirtin hatte von hinten gerufen: »Ein Bett? Oder wollen Sie auf der Veranda schlafen?« Auf einer fünf Meter über Urwaldsumpf gelegenen Holzveranda zu nächtigen, hätte etwas für sich. Doch nachts ist Schichtwechsel bei den Plagegeistern. Immer neue Geschwader würden kommen. Nein danke! So folge ich der Frau. Unter unseren Füßen schwanken die Dielen. »Nur nichts fallen lassen«, geht es mir durch den Kopf, »dann hörst du nur noch den Aufschlag im Wasser.« Ich werde eingewiesen: »Hier Ihr Bett! Drei Dollar!« Ein

Stück weiter: »Die Dusche!« Dann: »Das Klo!« Das Zimmer ist eher ein Verschlag; doch ich bin begeistert. Feiner Maschendraht macht die Fensterluke insektensicher. In der Dusche kommt das Wasser aus einer hochgestellten Tonne. Im freien Fall findet es dorthin zurück, woher es ursprünglich kam. Das Klo? Nun ja. Romantik wird nicht kritisiert. Und sicher habe ich es hier mit einer ganz besonderen zu tun: Unter dem Bett quaken die Frösche.

Obwohl ich todmüde bin, möchte ich mein Versprechen halten und geselle mich wieder zu den Männern. Erlebnisse nehmen keine Rücksicht auf die Tages- oder Nachtzeit. »Hola!« Ein Stuhl wird mir zugeschoben, eine halb geleerte Bierflasche. Gastfreundschaft am Rio Verde. Es ist eine Angewohnheit von mir, das Tagebuch griffbereit neben mich zu legen. Prompt kommt die Frage: »Was ist das?« Einer der Männer greift danach, schlägt es auf. Die anderen machen lange Hälse. Kichern über den Inhalt, den sie nicht lesen können. Jetzt kommt ein Wunsch: »Señor, schreiben Sie meinen Namen in das Buch! Ich heiße Casmen Pesea.« Warum nicht? Wieder lange Hälse, wieder Kichern. Nicht nur die Schrift des Fremden ist seltsam, auch *wie* er schreibt. An der Physiognomie der Männer sehe ich, in ihren Adern fließt viel Indioblut. Wahrscheinlich haben sie nie eine Schule besucht, auch wenn sie von deutschen Biergläsern gehört hatten. Nun muss ich von »Alemania« erzählen, so lange, bis die Wirtin abwinkt: »Kein Bier mehr! Finito!« Noch schnell eine Frage an Casmen: »Wie wird morgen das Wetter?« – »Regen, Señor Alemania!« – »Regen«, pflichten ihm die anderen bei. Da habe ich meine Vorhersage.

Der Tag beginnt verhangen. Jede Stunde ohne Wasser von oben ist ein Distanzgewinn. Mehr als einhundertfünfzig Kilometer warten auf mich, wollte ich es heute bis in die Mennonitenkolonie Filadelfia schaffen. Motorisches Treten auf endlosem Asphaltband. Die Gedanken springen zurück, eilen voraus: Auf der Autobahn nach Buenos Aires – es ist schon gar nicht mehr wahr. Das gastfreundliche Uruguay. Ein Stückchen Brasilien, das argentinische Corrientes, der Osten Paraguays. Und vor mir? Der Chaco. Noch viele hundert Kilometer »Grüne Hölle«. An ihrem Ausgang die Anden. Zwischen Vulkangipfeln ein Berg, der eine besondere Geschichte hat, der Silberberg *Cerro Rico*. Lassen wir das Rad weiterrollen.

Während der Nacht war ein besonderer »Regen« niedergegangen. Das Fiasko beginnt kurz hinter Rio Verde. Hier ist der Chaco noch immer wasserreich. Würgeschlangen und Krokodile gehören in diesem Gebiet zum Inventar der Natur. Schon ab Pozo Colorado galt die Warnung: »Abstand von Tümpeln und Teichen!« Was mir jetzt auf der Straße begegnet, ist dagegen völlig harmlos; doch es wird zum Problem.

Früher sprachen die Menschen bei uns vom »Froschregen«. Wenn tausende Jungfrösche gleichzeitig die Laichgewässer verlassen hatten, konnte es sie eben nur »geregnet« haben. Wer aber einen wahren Wolkenbruch fingernagelgroßer Jungfrösche erleben will, der besuche den Chaco. Millionen der kleinen Springer hüpfen plötzlich auf der Straße. Es ist, als habe sie der Regen aus den übervollen Tümpeln gespült. Mein Rad wird zum »Killer«. Mit den Reifen ziehe ich eine vier Zentimeter breite Todesspur. Ausweichen ist unmöglich. Jeder Pkw, jeder Lastwagen walzt zwei Todesbahnen. Mich befällt das Grauen angesichts dieses Massenmordes. Erst als ich bemerke, dass bei sehr langsamer Fahrt das Auge der Tiere schneller als das heranrollende Rad und damit ein Fluchtsprung möglich ist, reduziert sich das Sterben. Die kleinen Frösche schaffen zwar nur eine Fingerspanne, doch das genügt zum Überleben. Die meisten von ihnen überschlagen sich dabei in der Luft. Auch der erste Fluchtsprung will geübt sein.

Nun, wo ich bummle, spritzt es vor meinem Rad auseinander: Frösche, Frösche, Frösche. Das Laichgebiet hinter mich zu bringen, kostet wertvolle Zeit. Ich werde aufholen müssen.

Die Froschinvasion wird spärlicher, die nasse Landschaft bleibt. Das fade Morgenlicht macht Fotografieren leider unmöglich. Dabei warten überall Motive. Eben äugt wieder ein Kingfisher von einem Ast herab. Auf einem anderen Baum balancieren tölpelhafte Geier. Jetzt schreiten drei Jabirús würdevoll durch schwimmendes Grün. Als sie mich sehen, entfernen sie sich ohne Hast, blicken jedoch, den Kopf abwechselnd nach links und rechts drehend, immer wieder zu mir zurück. Ich bremse. Vor mir auf der Straße liegt der Kopf einer Schlange, oberseits schwarz, mit gelber Kehle. Ob Greifvögel um das Gift von Schlangen wissen und deshalb den Kopf verschmähen?

Von rückwärts nähert sich Motorengeräusch. Als mich der Wagen einholt und neben mir hält, sehe ich den Aufkleber an der Tür: RADIO PA'I PUKU. Aha, das dritte Interview auf dieser Reise! Jemand muss den Chaco-Sender angerufen und mich verraten haben. Auf der Frequenz 720 kH wird sie in den Äther gehen – auf Guarani, die Geschichte vom Radler im Chaco.

Der Reporter bietet mir an, mich in Richtung Filadelfia mitzunehmen. Doch prompt meldet sich der Stolz. Nur noch einhundertzehn Kilometer bis zu den Mennoniten, unter den Rädern Asphalt! Da gibt man seine Radlerehre nicht ab. So bleibt es beim Händedruck und bei »guten Wünschen«.

Die grüne Kulisse verändert sich. Das Wasser wird weniger, auch die Palmen. Dafür verdichtet sich der Busch. Ich habe den »Chaco boreal« erreicht. Das Gebiet kennt monatelange Trockenperioden. Doch was heißt in diesem Jahr trocken? Der gesamte Chaco ist am Ertrinken. Später erfahre ich, dass die Farmer hier bereits von »El Niño III« sprechen. Ein fragender Blick zum Himmel. Das tief hängende Grau scheint wasserdicht. Der Wind pendelt. Erst wenn er sich festgelegt hat, wird das Wetter »endgültig«.

Nach langem Treten wieder einige Indianerhütten. Die Dächer sind mit halbierten Palmstämmen gedeckt. Ausgehöhlt und wechselseitig verlegt, ergeben die Stämme das bei uns bekannte Mönch-Nonne-System. Es garantiert perfekten Wetterschutz. Plastikeimer vor den Türen zeigen, dass die Moderne Einzug gehalten hat. Kinder kommen mir entgegengelaufen, werden jedoch von den Eltern zurückgerufen. Es ist das erste Mal, dass man hier meinen Gruß nicht erwidert. Nicht immer sind Fremde bei Naturvölkern willkommen.

Ein Sonnenloch. Wieder eines jener »Taifunaugen«. Radelt man so lange unter grauer Wolkendecke, vergisst man fast, dass es darüber eine Welt aus Licht gibt. Fast zwei Stunden dauert der helle Tag, dann findet er ins Grau zurück. Das zuckende Licht eines Blitzes! Der Donnerschlag ist so heftig, dass es mich fast aus dem Sattel reißt. Ich hatte zählen wollen: »Einundzwanzig, zweiund ...« Mein Gott, das ist fast über dir! Nichts wie runter vom Rad! Im gleichen Augenblick erkenne ich den First eines Daches, nur ein Stückchen links voraus. Dort wäre ich sicher. Ich bitte den nächsten Blitz, diese Minute zu warten. Er wartet nicht! Fast ohne Krümmung fährt er aus den Wolken. Ich habe das Gefühl, dass der Donner mich hinwegfegt. Wie weit ein Steinwurf sein kann! Endlich das Haus! Eine kleine Böschung abwärts. Ich bin so schnell, dass ich mit dem Rad quer durch das offene Zimmer fahre und erst vor der Feuerstelle zum Stehen komme. Eine Frau springt erschrocken auf, im Arm ein schreiendes Kind. Ich hebe beide Hände: »Perdone ..., perdone ...!« Ein Fingerzeig nach oben. Blitz und Donnerschlag machen eine Erklärung überflüssig. Die Frau begreift, das Hereinstürmen des Fremden ist eine Flucht vor dem Gewitter. Sie beruhigt das Kind, das vor dem Bärtigen wohl mehr Angst hat als vor den Naturgewalten. Ich nenne meinen Namen, die Nationalität – auch wenn die Indiofrau damit sicher nichts anfangen kann. Ich bin wirklich in einem Zimmer gelandet. Das Dach ist nur zur Hälfte untermauert, der Rest ständergetragen. Auf dem Lehmboden steht das Inventar, lediglich Wände fehlen, sonst wäre der Raum komplett. Die Frau hat den Schreck über mein plötzliches Auftauchen schon nach einer Minute überwunden. Als ich nochmals meinen Namen nenne, antwortet sie: »Clara.« Sie ist mit dem Kind allein zu Hause, denn als ich sie nach den anderen Familienmitgliedern frage, sagt sie: »Fort!«, und zeigt dabei zur Straße. Am Himmel öffnen sich jetzt Reißverschlüsse. Vom Dach schießt ein Wasserfall. Wo es undicht ist, bilden sich unten Pfützen im Lehmboden. Clara schiebt mit den Füßen ein paar Gegenstände zur Seite. Das Kind weint noch immer. Um es zu beruhigen, beginnt die Mutter zu singen. Ihr Mund ist durch eine Hasenscharte entstellt, und so klingen die Töne verzerrt. Wie selbstvergessen beginnt die Frau zu arbeiten. Ohne das Kind abzulegen, bedient sie die Feuerstelle. Sie greift nach einem gusseisernen Kessel, neigt ihn mir entgegen: »Aroz!« Es gibt Reis, *nur* Reis. Ein Schwall Dachwasser in den Kessel zum Aufsetzen.

»Gehört das Haus Ihnen?«, versuche ich ein Gespräch. Die Frau spricht ein recht verständliches Spanisch. »Nein ..., eine Estancia, früher.« Nun macht das Umfeld Sinn. Das große Gebäude ist eine alte Farm, wohl vom Vorbesitzer aufgegeben. Warum soll so etwas leer herumstehen? Man zieht einfach ein. Diese Clara kennt weder Schuhe noch richtige Bekleidung, keinen elektrischen Strom, keinen Wasserhahn; trotzdem muss sie sich unter diesem Dach reich fühlen, sehr reich. Verglichen mit den Indianerhütten, die ich bisher gesehen hatte, ist das Haus ein Schloss. Plötzlich ein Schwirren in der Luft. Mit nassem Gefieder »hängt« ein Specht an einem der Ständer. Er schüttelt sich, verdreht den Kopf. Die Frau zeigt auf eine Reihe Därme, die, das Fettgewebe nach außen gestülpt, zwischen zwei Balken zum Trocknen aufgehängt sind: »Will fressen!« Tatsächlich. Schon schwingt der Specht an einem der Därme und hämmert gegen die Fettklümpchen.

Das Gewitter hat inzwischen Gesellschaft bekommen. Vier oder fünf toben über der Landschaft. Alles ist hier anders als bei uns. Zu Hause, da hört man jedes Gewitter kommen. Es beginnt in der Ferne zu grummeln. Die Leute klappen die Gartenstühle zusammen. Hier schießen plötzlich Blitze aus Landregenwolken. Nur wenn man genau hinschaut, erkennt man kleine Unterschiede im Grau. Manchmal sind dunklere Flecken darin. Sie wirken wie Geschwüre in gesundem Gewebe. Das ist die Basis der Gewitterzellen, die selbst viel höher liegen. Die Chaco-Bewohner wissen das alles. Ich bin hier noch »Schüler«.

Die Frau hat das Kind in eine Hängematte gelegt, sich aus dem Kessel einen Klumpen Reis auf einen emaillierten Teller gepackt und isst nun mit den Fingern. Als das Kleine wieder zu schreien beginnt, hakt sie ihren rechten Fuß in die Schnur und bringt die Hängematte zum Schwingen. Mich verblüfft diese Natürlichkeit. Man kann davon lernen. Nun singt sie wieder und lächelt mich dabei an. Die Hasenscharte, die ihr Gesicht entstellt, scheint ihr nichts auszumachen. Den Fuß, der die Hängematte am Schaukeln hält, streckt sie mir entgegen, als wollte sie sagen: »Schau, Fremder, wie lehmverschmiert und wie verhornt er ist!« Bei dem Anblick denke ich an Deutschland, an das bei uns in Mode gekommenen Piercing, an die Frage, die daheim junge Frauen bewegt: »Wohin mit dem Gold, den kleinen Diamanten? In den Nasenflügel? In die Unterlippe? In die Augenbrauen?« Gut, dass Clara meine Gedanken nicht »sieht«.

Wahrscheinlich könnte ich hier auf dem Lehmfußboden schlafen, doch ich möchte weiter. Die Gewitter bewegen sich in breiter Front langsam nach Norden. Ich bräuchte nur noch etwas zu warten, dann könnte ich mich vor ihnen sicher fühlen. Endlich ist es soweit. Die Donner krachen nicht mehr, sie rollen nur noch. Es gießt zwar noch immer, doch man gewöhnt sich auch an Missliches. Ich bedanke mich bei Clara und möchte das Rad die Böschung hinauf zur Straße zurückschieben. Es klappt nicht. Wasser macht Lehm zu Seife. Einen Schritt vor, einen zurück. Ich versuche es in einer Diagonalen, vergeblich.

Erst als ich die Sandalen ausziehe und mich mit dem Zehen in den Lehm kralle, komme ich hinauf. Die Füße wasche ich durch

Wasserpatschen, mit dem Messer reinige ich die Reifen und radle los. Die Hutkrempe als Dachtraufe, das Prasseln des Regens auf dem Anzug: Ich kenne das. Kein Anhalten, kein Essen, kein Trinken. Nur Treten. Die Beine in motorischer Bewegung. Kolbenstöße. Leugnen der Realität: »Du radelst von Bremen nach Worpswede. Hinter der nächsten Kurve wartet ein gemütliches Restaurant. Du wirst aus den Regensachen schlüpfen, an einem Tisch die Beine ausstrecken und nach der Speisekarte fragen... Wenn es aufgehört hat zu regnen, fährst du die restlichen sechs Kilometer.«

Nun hört es wirklich auf – nach sechzig oder achtzig Kilometern. Die Realität rückt wieder ins Blickfeld. Mein Radcomputer lügt nicht. Ich bin bei Kilometer vierhundert, westlich des Rio Paraguay, kurz: im Chaco! Noch etwa fünfzig Kilometer bis nach Filadelfia. Wenn ich mich weiter mental so bemogle, schaffe ich es noch vor Einbruch der Nacht.

Ein Parador, der *Los Pioneros.* Dazu ein Wegweiser. Elf Kilometer bis *Schwarzwald,* fünfundzwanzig bis *Fortin Boqueron*. Beide Na-

Wegweiser verraten die Herkunft der Pioniere, die hier siedelten.

men stehen für Chaco-Geschichte. Der eine erzählt von der Herkunft der Pioniere, die hier siedelten, der andere von Blut getränkter Erde:

> »... Ganze Kompanien zerschmolzen auf dem offenen Kamp im Maschinengewehrfeuer ... Auf der Schneise im unendlichen Dornenbusch kamen die Lastwagen mit den Verwundeten. Dann lagen sie unter den Bäumen auf grauen Decken und vermehrten sich schnell wie Pilze ...«

Der Chaco-Krieg aus der Feder des Mennoniten Peter Klassen. Fort Boqueron war einer jener Schauplätze. Kurz Anhalten für ein Foto. Möglichst keinen Zeitverlust; Filadelfia wartet.

Meine Chaco-Karte beweist es. Verstreut wie Granatsplitter liegen die Befestigungsanlagen im Busch. Schon seit Tagen radle ich durch altes Kampfgebiet, überall »Fortins«. Doch was heißt hier schon »Festung«. Oft sind es nur ein paar Hütten und Erdbunker, geschützt durch Baumstämme. Der Chaco-Krieg war keine Materialschlacht. Paraguayos und Bolivianer verbissen sich in der Erde. Am Ende reduzierte sich das Duell auf »Du oder ich!«. War die letzte Kugel verschossen, kämpfte man mit dem weiter, was man gerade in der Hand hielt oder greifen konnte: dem Gewehrkolben, dem Messer, einem Holzknüppel. Ja man sprang sich gegenseitig an die Kehle. *Fortin Mayor Zentano, Fortin Mayor Rodriguez, Fortin Cap. Demattei, Fortin ...*

> »Am nächsten Morgen lag der Bittergraskamp in weiß glühender Stille, übersät von unzähligen Leichen. Am gleißenden Himmel formierten sich die Geier ...«

Wieder Peter Klassen.

Auch Nachdenken reduziert Kilometer. Eine Abzweigung nach

Coca-Reklame und Chaco-Reiter: Zwei Welten begegnen sich.

rechts, noch dreizehn Kilometer bis Filadelfia – der schäbige Rest von über einhundertfünfzig. Addierte Radumdrehungen. Nun liegt sie vor mir, die Mennonitenkolonie.

Manche belächeln die Mennoniten. Ich achte sie. Schon einmal hatte ich ihre Gastfreundschaft genossen, in der Sierra Madre. Ich sah ihr Leben, ihre Leistungen, wurde Zeuge ihrer Ehrlichkeit. Man soll keine Steine werfen, wenn man selbst im Glashaus sitzt. Die Kirche, die mich getauft hat, sitzt sogar in einem »Glaswürfel«, zerbrechlich und angreifbar von allen Seiten. Päpste haben Krieg geführt. Es wurde gefoltert, gehurt, verraten, auf Scheiterhaufen verbrannt. Man zog mit dem Schwert gegen Andersgläubige. In den Gassen von Akko stand das Blut der Moslems, in den Anden floss das der Indios. Der Irrweg der Kirche füllt Bücher.

Und die Mennoniten? Sie brachen aus dieser Spur aus. Sie leben die Bibel. Folglich lehnen sie den Dienst mit der Waffe ab. Sie heben nicht die Hand zum Schwur. Das sind nur zwei Punkte. Deshalb mussten sie flüchten vor jenen, die es anders von ihnen wollten. Sie zogen von Deutschland nach Russland, von Russland nach

Der Wildnis eine romantische Nische abgetrotzt: das Haus eines Mennoniten.

Kanada, nach Mexiko, nach Paraguay. Das Land, das sie in ihrer neuen Heimat unter den Pflug nahmen, war Unland. Wenn sie es verlassen mussten, ließen sie einen Garten Eden zurück. Wie hatte es hier im Chaco begonnen? Meter für Meter trieb man die Schneisen weiter in den Dornenbusch. Man lebte unter entsetzlichen Entbehrungen. Seuchen und Krankheiten rafften ganze Familien dahin. Nach dem Chaco-Krieg sammelte man auf den Gefechtsfeldern den Schrott. Aus Eisentrümmern schmiedete man Pflugscharen. Patronenhülsen schmolz man zu Ringen für Zaumzeug. In den Kirchen »läuteten« alte Felgen, Glockenersatz. Wer wagt einen Stein zu werfen?

Die Avenida Hindenburg; ich bin da!

Doch was für eine Überraschung! Ich hatte gehofft, in eine Art Stadt zu kommen, jetzt bleibe ich im Lehm stecken. Der Asphalt endet bei den ersten Häusern. Endlich ein Bürgersteig, aber auch dieser völlig verschlammt. Gruppen von Indios und Weiße bevölkern ihn. Mein Ziel hat zwei Namen: *Hotel Florida* und *Hartmut*

Wohlgemuth. So schreibt man im Chaco Gemütlichkeit, Sauberkeit, Hilfsbereitschaft. Erstaunen, als ich aufkreuze. Geschäftsführer Hartmut wundert sich: »Mit dem Fahrrad? Wo waren Sie in dem schlimmen Regen?« Ich antworte: »Im Sattel. Gestern nach Rio Verde, heute bis hier!« Andere kommen hinzu. Er gibt meine Worte weiter. Ein Mennonit meint: »Haben Sie Mut! So durch den Chaco!« – »Gar nichts habe ich! Die Mutigen seid ihr. Ihr habt hier die ›Grüne Hölle‹ bezwungen!« Ich denke mir diese Antwort.

Nach dem *Nanduti* in Asunción ist es das erste richtige Bett, in dem ich schlafe. Ich werde hier das Ende des Regenwetters abwarten müssen; denn unter diesen Umständen kann ich die Tour nicht fortsetzen. Die Zivilisation würde immer mehr »ausfransen«, die Trans-Chaco zur Piste werden. Und bis zu den Anden sind es noch einige hundert Kilometer.

Die nächsten Tage bringen trockenes Wetter. Über der Mennonitenkolonie hängt ein Himmel voller Radlerhoffnung. Soweit es die Pisten bereits erlauben, erkunde ich das Umfeld von Filadelfia. Man muss den Chaco in seiner Urform gesehen haben, um die Leistungen der Menschen hier zu begreifen. Um neunzehnhundertvierzig schrieb eine gewisse Margarete Kliewer von hier an ihre Verwandten in Berlin:

> »Glühend heiße Tage … unbarmherzig brennt die Sonne … Dann kommt der Sturm. Sand! Sand! Sand! Kein Spältchen wird übergangen, überall dringen Millionen kleiner Körnchen in alle Stuben und Kammern, unter Decken und Kissen, in die Bücher und Hefte, in Speisen und Getränke …«

Als die Deutschlehrerin diese Worte schrieb, lagen die härtesten Pionierjahre bereits zurück. Jetzt stehe ich vor riesigen Baumwollfeldern. Wo einst undurchdringliches Dickicht wucherte, dehnen sich saftige Weiden. Wie zur Erinnerung haben die Mennoniten darauf ein paar Flaschenbäume stehen gelassen. Die ausgehöhlten

Stämme dieser Art dienten früher als Sargersatz. Das wässrige Zellgewebe verfütterte man an die Tiere. Gras war rar. Vorbei auch die Zeit der Ochsenkarren und Pferdegespanne. Auf den Feldern PS-starke Traktoren, auf den Pisten Wagen mit Allradantrieb. Ein Stück weiter liegt eine Milchfarm mit sechshundert Kühen. Paraguays Wirtschaft wäre am Ende, gäbe es die Mennoniten nicht. Die Spatzen pfeifen es von den Dächern, besser: Die Papageien krächzen es aus den Palmen. Auch die Indios haben die Mennoniten schätzen gelernt. Mehrere Dutzend ihrer Siedlungen gibt es im Bereich der Kolonien. Hinzu kommen die der Arbeiter. Die Mennoniten zahlen den Indios den Garantielohn. Sie bauten feste Wohnhäuser für sie, sorgen für Schulen und ärztliche Versorgung. Die Missionierung verstanden sie nicht nur als bloßes Betenlehren. In dem kleinen Geschäft *Palo Santo* lerne ich ein Finanzierungsmodell kennen. Schulung kostet Geld. Doch die Indios im Busch besitzen keinen Guarani. So liefern der Stamm der Nivaclé und die Chamacoco Handarbeiten aus Holz, Wolle und Palmfaser.

Viele Indios arbeiten für die Mennoniten. Hier kehren sie von der Baumwollernte heim.

Der Erlös wird in Lehrbücher und Schulhefte umgesetzt. Schon das allein ist Grund genug für mich, im *Palo Santo* etwas zu kaufen. Wegen des Transportproblems entscheide ich mich für eine Hand voll Holztiere: Chaco-Leben in Miniatur: Krokodil, Gürteltier, Schlange, Schildkröte …

In Filadelfia, wie könnte es anders sein, mache ich Bekanntschaften, auf der Straße, in der Bücherei, im *Girasol*, einem Restaurant. So erfahre ich Chaco-Geschichten, die kein Reiseführer kennt. Es gibt hier einen Supermarkt, der in Paraguay seinesgleichen sucht. Ob Uhu, Colgate-Zahncreme, Tiefkühlkost oder schwedische Motorsägen: Das Warenangebot ist riesig. Eines Tages kamen sie – halb nackt aus dem Busch. Niemand wusste, welchem Stamm man die Indios zurechnen sollte. Die »Wilden« hatten von dem Supermarkt gehört und kamen, um ihn zu plündern. Es gab weder Tote noch Verletzte. Mennoniten kennen keine Gewalt. Also bepackten sich die Diebe. Sie schleppten Unsinniges heraus, etwa jene Motorsägen, mit denen sie nicht umgehen konnten und für die sie keinen Treibstoff hatten. Schließlich gelang es, sie davon zu überzeugen, es sei besser, es bei Nützlichem zu belassen, etwa Lebensmitteln. Die Plünderer packten um und trugen so viel Essbares davon, wie sie tragen konnten. Bisher kamen sie nicht wieder.

Keine Pioniergeschichte, sondern Chaco-Neuzeit.

Zu den Bekanntschaften, die ich in Filadelfia mache, gehört der Schweizer Richard Kiefer. Auch seine Geschichte ist Chaco-Gegenwart. Jahrelang hatte er sich über die Bürokratie seines Kantons geärgert. Da gab es Schwierigkeiten beim Bau eines Balkons, da war das Gewächshaus angeblich um ein paar Zentimeter zu hoch geraten, da brauchte er für ein Dach eine zusätzliche Regenwasser-Entsorgungsgenehmigung, wo er doch eine solche schon für sein gesamtes Anwesen besaß. Richard Kiefer übte sich in Gelassenheit. Als jedoch das behördliche Krümelzählen gar nicht aufhören wollte, riss ihm die Hutschnur. Er ließ das Amt wissen:

»Mir reicht's!« Dann meldete er sich aus der Schweiz ab – für immer.

Erst vor wenigen Monaten war Kiefer im Chaco eingetroffen. Er hatte sich tausend Hektar Wildnis gekauft und startete hier – mit fünfundsechzig Jahren – ein neues Leben, als Pionier. Wie der Schweizer so erzählt, schreibe ich bereits in Gedanken mit: »Glaube nicht, dass du als normaler Europäer hier im Chaco auch nur einen einzigen Zaun ziehen könntest. Du brauchst dafür die Indios. Ohne sie bist du aufgeschmissen. Sie besorgen dir aus dem Busch die Weidenpfähle, denn sie kennen die Holzarten. Meist nehmen sie den *Palo santo.* Leider! Er ist dafür viel zu wertvoll. Doch es gibt für Zäune nichts Besseres. Das Holz überlebt fünf Drähte. Einmal wollte ich beim Abladen helfen. Schon beim ersten Pfahl wäre ich fast vom Wagen gefallen. Der *Palo santo* ist so schwer, dass er dich mitreißt. Du musst einmal sehen, wie die Indios damit umgehen. Die ziehen damit kilometerlange Zäune, schnurgerade, ohne Hilfsmittel. Den Eckpfahl graben sie drei Meter tief ein. Die Drähte spannen sie mit langen Holzhebeln, dass sie wie Geigensaiten klingen. Ohne Indios … da kannst du den Chaco vergessen …«

Kiefer hatte mir von seinem früheren Haus in der Schweiz ein Foto gezeigt: ein alpenländisches Schmuckstück mit großem Obstgarten und Nadelwald im Hintergrund. Voller Besitzerstolz lädt er mich nun zu einer Fahrt zu seiner Estancia ein.

Sie hat eine fiktive Postanschrift: »Trans-Chaco, Kilometer 493,5, links ab«. Die Piste ist gerade wieder befahrbar. Unterwegs kurbelt er das Seitenfenster hoch: »Du kämmst dir hier die Zecken ins Auto. Der Chaco ist so zeckenverseucht, dass die Rinder manchmal damit bedeckt sind. Dann fressen sie nicht mehr. Du musst sie dagegen impfen, sonst gehen sie ein.« Von dieser Plage hatte ich bisher weder gelesen noch gehört.

Die Estancia!

Ich schaue – und sage nichts. Ein kleines Blockhaus, drinnen eine Liege, ein Funkgerät mit Batterie – für den Notfall. Die Zivilisation soll hier noch Einzug halten. Richard Kiefer zeigt mir die »Dusche«. Vom australischen Tank[12], den ein Windrad füllt, führt stangengestützt ein Plastikschlauch in die Natur. Sein Ende ist die »Brause«. Damit man beim Duschen nicht im Schlamm versinkt, hatte Kiefer ein paar Trittsteine untergelegt. Welch ein Unterschied zu dem Schmuckkästchen in der Schweiz, was für ein sozialer Abstieg! Ich verkneife mir eine Bemerkung. Seine Rinder kann mir Kiefer nicht vorführen. Sie grasen irgendwo hinter dichtem Grün. Er hatte sich eine Herde von zweiundsiebzig Tieren gekauft, der Grundstock für Größeres.

Als wir noch vor seiner Einsiedelei stehen, erzählt er mir von den Schwierigkeiten, für die Übergangszeit hier eine Bleibe zu finden. In seiner Hütte konnte er ja nicht einmal kochen. Nun mietete er irgendwo ein Haus. Die Besitzerin war nach dem Tod ihres Mannes nach Europa zurückgegangen. Doch in der Estancia wohnte inzwischen ein anderer, der keine Miete dafür bezahlte. Also ging Kiefer vor Gericht, legte seinen Vertrag vor und bat um behördliche Unterstützung bei der »Zwangsräumung«. Die Antwort der Richterin zitiert er wörtlich: »Schießen Sie, wenn der andere nicht gerade im Haus ist, das Türschloss heraus und ziehen ein. Kommt er zurück, halten Sie ihn mit der Waffe draußen!«

Wildwest im Chaco. Richterwort in Paraguay.

Wir sind auf der Rückfahrt. Ich brauche den Schweizer gar nicht zu locken. Er erzählt von selbst. Einsamkeit braucht ein Ventil; es sprudelt nur so aus ihm heraus.

Seine ersten Begegnungen mit Würgeschlangen: Richard Kiefer war am Roden, als sich vor ihm auf der Erde plötzlich ein »Baum« bewegte – vielleicht acht Meter lang. Er flüchtete auf den Traktor – und ratlos, was zu machen sei, schob er Sträucher über die Schlange. Er deckte sie mit einem ganzen Haufen Büsche und Erde zu. Als er sich Tage später an die Stelle zurückwagte und mithilfe der Traktorenschaufel nachschaute, war die Schlange verschwunden. Die zweite erschoss er. Er hatte die Fährten von Pekaris ausgemacht und lauerte den Wildschweinen an einer Lagune auf. Ein Geräusch ließ ihn herumfahren.

Er konnte nur noch abdrücken.

Richard Kiefer ist kein Münchhausen. Chaco-Leben kann man nachvollziehen, wenn man diese »Grüne Hölle« gesehen hat. Wie er so berichtet, während sein Toyota in der Federung hüpfend das hohe Gras kämmt, denke ich: »Erzähl ruhig weiter, Richard, in Deutschland kennt man keine Geschichten aus dem Chaco.« Und er erzählt:

»Mir war gleich aufgefallen, dass die anderen Farmer stets mehrere Ersatzreifen dabeihatten; doch schienen sie sie nicht zu brauchen. Ich dagegen kam gegen die Platten gar nicht an – immer wieder flicken. Die anderen lächelten nur, wenn ich darüber sprach. Irgendwann klärte man mich auf – aus Mitleid: ›Kiefer, du musst Reifen mit Schlauch nehmen! Bevor du sie einlegst, schneidest du sie ein Stückchen auf, stopfst ein paar Blatt Zeitung hinein, kippst etwas Wasser nach und flickst die Schläuche wieder. Beim Fahren löst sich das Papier auf, der Brei dichtet alle Löcher ab. Pass aber auf, dass beim Halten das Loch nicht gerade oben ist, sonst tropft der Papierbrei ab; aber das merkst du dann schon!‹«

Eine echte Lektion für Chaco-Neulinge.

Wir sind wieder in Filadelfia. Wie verabschiedet man sich nun von einem Menschen, der mit fünfundsechzig Jahren zum Pionier wird? Ich kann Richard Kiefer nur zwei Daumen drücken, den rechten für das »Wegfreischießen«, den anderen für sein späteres Leben bei »Kilometer 493,5, Trans-Chaco, links ab«.

Der Himmel hatte dicht gehalten. Das Abenteuer lockt. Abschied von den Mennoniten und von Hartmut Wohlgemuth: Ich habe mich wohl gefühlt im *Florida.* Danke auch für deine Tipps und Auskünfte. Doch deine Befürchtung, Hartmut, dass ich Bolivien nicht erreichen würde, weil es der Chaco nicht zulässt, die teile ich nicht. Habe ich doch schon mehr als die Hälfte hinter mir.

Von der Kolonie führt eine Piste direkt zur Trans-Chaco. Die Distanz halbiert sich gegenüber dem Umweg auf der Teerstraße. Doch die Natur pfeift mich schon nach wenigen Kilometern zurück. Ich bleibe mit meinem Rad stecken. Lehm, erst einmal richtig mit Wasser voll gesogen, braucht mehr als ein paar Tage zum Abtrocknen. Also doch den Umweg.

Es gibt Indizien dafür, dass man sich einer Zivilisationsgrenze nähert. Der feste Straßenbelag hört auf, keine Strommasten mehr, die letzte Tankstelle mahnt: »Voll tanken! Reserve mitnehmen!« Bis in den nächsten Ort sind es etwa einhundertzwanzig Kilometer. Die Trasse hat man auf diesem Stück wie mit einem Lineal gezogen. Keine einzige Kurve. Dort, wo sie endet, liegt Mariscal José Felix Estigarribiá. Seit ich mit Hartmut Wohlgemuth gesprochen habe, weiß ich, was mich dort – und weiter nördlich – erwartet, zumindest in Umrissen. Die Strommasten, die die Trans-Chaco begleiten, weisen bereits darauf hin. Praktisch alle sind von Vögeln okkupiert, meist Papageien, die ihre großen Ballennester in das Querstangenkreuz gebaut haben. Das Wichtigste jedoch fehlt: die Drähte. Schon vor Jahren war der Regierung das Geld dafür ausgegangen. Die Natur wird die Masten umschlingen, letztlich verschlingen. Der Mensch war dann nie hier gewesen. Für mich gibt es eine neue Beschäftigung: Masten zählen, zweifach mit und ohne Papageiennest.

Nach der Landschaftsveränderung hinter Rio Verde hatte es eine zweite gegeben. Irgendwann bemerkte ich den ersten Kaktus, einen mächtigen Kandelaber. Inzwischen ist der Busch von diesen stacheligen Riesen durchsetzt. Da einzelne Exemplare blühen, möchte ich für eine Aufnahme näher heran.

Doch jetzt stellt sich mir eine Natur entgegen, die an Abwehr alles bisher Erlebte übertrifft. Die Büsche sind Stachelfestungen, die Bäume tragen Stachelpanzer, Kakteen wachsen nicht nur himmelwärts, sondern kriechen auch auf dem Boden. Es sind meterlange grüne »Schlangen«, die tausende Stacheln wie Nadeln nach oben richten. Der Chaco in seinem Urzustand. So radle ich durch eine Natur, die zwar ihre Farbe behalten, doch gleichsam das Kleid gewechselt hat. Irgendwie fühlt man sich unwohl zwischen so viel Abwehr. Du kannst die Straße keinen Schritt verlassen, bist wie auf der Flucht. Nur weg von hier! Aber selbst nach hundert Kilometern musst du feststellen, dass diese »Festungsmauer« noch immer nicht enden will. Ja sie scheint mitzuwandern, wie »getragen« von jenem Teufel, dem die »Grüne Hölle« gehört.

Ein heftiger Regenguss. Der Chaco kann weitertrinken. Kann er überhaupt noch? Weiter im Norden muten die Wolken an, als seien sie aus Blei. Dort möchte ich jetzt nicht sein. Der ganze Himmel ein einziges Gewittergeschwür. Ein Blick zurück: Auch hinter mir regenschwere Wolken. Die Trans-Chaco »knüpft« die grauen Horizonte wie ein Band zusammen, der »Knoten« ist dort, wo ich gerade radle.

Nach hundert Kilometern deutet die Straße eine Kurve an. Dann geht es weiter wie auf einem Lineal. Jetzt lichtet sich das Grün. Hütten, Häuser werden sichtbar. Ich bin in Mariscal José Felix Estigarribiá. Doch was soll der verbale Überschwang? Der Strom kommt aus einem Dieselaggregat. Es gibt zwei Geschäfte, eines davon in einer Scheune. Sucht man etwas Bestimmtes, kommt nur der Supermarkt der Mennoniten in Frage. Das sind hin und zurück zweihundertvierzig Kilometer. Braucht man dringend ein Ersatzteil aus Asunción, heißt es warten, oder selbst besorgen – mehr als tausend Kilometer Fahrt. Trotzdem kann man sich in diesem Mariscal wohl fühlen.

In Filadelfia hieß die Gastfreundschaft Hartmut Wohlgemuth, hier nennt sie sich Schoppet Friedhelm. Der Deutsche hat eine undankbare Aufgabe übernommen. Er versucht ein altes Hotel zu dem zu machen, was die Bezeichnung verspricht. Der es erbaute, hatte den weichen Untergrund übersehen, er kannte offenbar weder Senklot, Wasserwaage, noch rechten Winkel. Alles schief, alles rissig und das Ganze noch »nass« gelegen. Wer so etwas kauft, muss Optimist sein. Was immer den Deutschen hierher verschlagen hat – ich frage nicht danach. Eher zufällig ergeben sich Umrisse: keine Frau mehr, durch einen Unfall behindert. Doppelt mutig, sich dann hier niederzulassen.

Das Hotel heißt bezeichnend *Alemán*. Jeder Siedler im hinteren Chaco kennt es. Es ist der zentrale urbane Punkt in dieser Wildnis. Wer aus Bolivien kommt, reißt die Arme hoch: »Geschafft!« Wer in den Andenstaat will und nicht durchkommt, weiß, wohin er zurückkehren kann. Im *Alemán* finden alle ein Bett, die Glücklichen, die Gescheiterten, oder, wie ich, die auf Wetterbesserung Wartenden.

Schon eintausenddreihundert Millimeter Niederschlag hat man seit dem Frühjahr gemessen. Längst müsste im Chaco die Trockenzeit begonnen haben. Trotzdem mehren sich die Informationen über »Land unter«. Eine weiter nördlich gelegene Lagune ist übergelaufen. Die Wassermassen haben die Trans-Chaco durchbrochen. Der Busverkehr zwischen Paraguay und Bolivien ist eingestellt. Gleiches gilt für den Gütertransport. In mir keimt die Ahnung: Das war's dann wohl. Denn wie sollte ich nun zu den Anden gelangen? Doch Trotz meldet sich. Es gibt immer einen Ausweg. Die Militärposten müssen versorgt werden, also wird man die Trasse schnellstmöglichst reparieren. Und wenn weder Bus noch Lkw fahren, so heißt das noch lange nicht, dass man nicht ein Velo schieben kann. Wie sagte doch der »Goldmund« in Montelindo? »Tranquillo!« Ruhe bewahren! Abwarten! Ich bin nicht in Eile. Nur ein verbindliches Datum gibt es, das des Rückfluges. Einen entsprechenden Zeitpuffer hatte ich eingeplant. Also »Tranquillo« im *Alemán* von Mariscal!

Gäste kommen, Gäste gehen. Mennoniten, deutsche Siedler, andere Nationen, Chaco-Typen. Ich schreibe alles mit, was ich an den derben Holztischen des *Alemán* zu hören bekomme. Meist werde ich in das Gespräch mit einbezogen. Mein Tagebuch beginnt sich zu sperren. Manches muss ich im Kopf speichern und es später im Zimmer nachtragen. Chaco-Geschichten aus dem *Alemán,* wild durcheinander gewürfelt, oft nur in Bruchstücken. Fast müsste ich sie nummerieren:

Schon Hartmut Wohlgemuth hatte mich gewarnt. Mein Unternehmen sei gefährlich. Immer wieder verschwänden Menschen im Chaco. Sich allein hier durchzuwagen, da bräuchte man den Herrn als Beschützer. Jetzt erfahre ich den letzten Fall: Von einem Schweizer Ehepaar hatte man nur noch die Blutspuren gefunden. Allgemeines Schulterzucken; auf die Polizei hofft hier niemand.

Dann ist die Rede von »kriminellen Typen«, von jenen Paraguayos, die nicht einmal die Militärprüfung geschafft haben und deshalb im ganzen Land keinen Fuß auf die Erde bekommen. Sie ver-

Caña, Colt und kantige Sprüche. An den Tischen des *Alemán* lohnen das Zuhören und Mitschreiben.

schlägt es in den Chaco, sozusagen eine Negativauslese. Als ich das höre, fällt mir die Frage der Indiofrau wieder ein, ob ich denn keine Angst vor den »Bewaffneten« hätte? Sollte sie damit jene Männer gemeint haben? Andere Farmer meinen, dass es sich bei diesen Typen um die Viehdiebe handelt, die ihnen so zusetzen. Das System ist einfach. Zu nächtlicher Stunde befährt ein Wagen die Trans-Chaco. Wo das Weideland bis an die Trasse reicht, springen die »Schlächter« ab. Das Auto setzt seine Fahrt fort. Nach einer Stunde wendet es. Im Busch versteckt warten dann die besten Fleischstücke. Das Aufladen ist Minutensache. Der Rest des Rindes liegt auf der Weide – für die Geier. Ein Mennonit aus Ostparaguay, der hier nur auf einen Glaubensbruder wartet, ergänzt: »Bei uns ist das noch viel schlimmer! Die Diebstähle kosten uns mehrere Rinder in der Woche. Das verträgt keine Farm. Wenn das so weitergeht, lohnt die Arbeit nicht mehr.« Ich komme mit dem Mennoniten direkt ins Gespräch: »Durch Paraguay gefahren«, meint er, »und nichts passiert? Sind Sie froh darüber.« Er meint damit nicht die Kriminalität (die insgesamt sicher geringer als in anderen lateinamerikanischen Ländern ist), sondern hebt – als Selbstgeschädigter – auf das Rechtssystem[13] ab; denn in Paraguay muss vor Gericht der Unschuldige seine Unschuld beweisen. So war das Auto des Mennoniten von einem Betrunkenen gerammt worden, der sich, da nicht angeschnallt, bei dem Unfall das Genick brach. Dass der Mennonit aus dem Gefängnis wieder freikam, verdankt er nur einem guten Anwalt. Verurteilt wurde er trotzdem: zur lebenslangen Rentenzahlung an die Familie des Toten. Was das Gefängnis betrifft, so berichtet er: »Ein Saal mit mehr als zweihundert Gefangenen, in der Mitte des Raumes im Fußboden ein Loch, das ›Klo‹ für alle. Zu essen gab es offiziell nichts. Familie oder Freunde mussten die Insassen versorgen. Wer niemand hatte, war auf die Reste der anderen angewiesen.« Und wie mir der Mennonit sagt, ist man in Paraguay schon reif fürs Gefängnis, wenn man bei einer Kontrolle ohne Ausweis angetroffen wird.

Weiter geht es mit Geschichten aus dem *Alemán*: Da ist die Rede davon, dass in Mariscal einmal plötzlich die Lichter ausgingen. Das Stromaggregat, welches im Bereich der Garnison steht, streikte. Als es die Servicefirma untersuchte, stellte sie fest, dass die Dieseltanks leer waren; es fehlten über sechzigtausend Liter. Sie hatten sich unter der Hand »verflüchtigt«.

Schon wieder geht es um Uniformen. Einer der Zolloffiziere soll ein halbes Dutzend Autos besitzen, darunter Geländewagen der Nobelklasse. »Wie kommt der bei seinem Sold zu so einem Fuhrpark?«, meint ein Farmer. Worauf ein anderer bemerkt: »Die Lkw-Fahrer wissen doch genau, wie viel Dollarscheine sie bei einer Kontrolle aus dem Fenster reichen müssen!« Ein Dritter meldet sich zu Wort: »Hier gibt's Uniformen, die sind so stinkreich, dass du ihnen gar nicht mehr mit Geld zu kommen brauchst; aber bring ihnen eine Frau, und du kriegst alles von ihnen!«

So werde ich Zeuge von Gesprächen, bei denen den Verantwortlichen die Ohren klingen müssten.

Doch im *Alemán* geht es auch um anderes: etwa um das Thema »Schlangen«. Man wundert sich laut, wieso die Mennoniten, die in ihren »Jesuslatschen« durch den Busch gehen, nicht von Schlangen gebissen werden. »Es ist wohl doch etwas dran an ›DEM da droben‹«, meint einer der Männer. Dann redet man über die Viehverluste durch Schlangenbisse. Mehrfach hatte ich unterwegs Rinder gesehen, die wie gestürzte Standbilder im Gras lagen – immer in der gleichen Haltung, steifbeinig, den Kopf weit zurückgeworfen. Ich glaubte, die Tiere seien an einer Kolik verendet. Jetzt werde ich aufgeklärt: Schlangenbisse in die Zunge. Wenn die Rinder das Gras greifen, stoßen die Schlangen zu. Alle hören hin, als jemand vom neuesten Mittel gegen Schlangenbisse berichtet. Ich glaube nicht richtig zu hören: ein Stromstoß aus der Autobatterie – direkt in die Bissstelle. Die ganze Geschichte macht die Runde: »Ein Farmer wurde von einer nachweislich giftigen Schlange in

Auch das gehört zu einem Abenteuer: Pflichtübung Wäsche waschen.

die Hand gebissen. Er rannte zum Auto, um schnellstmöglich zum Arzt nach Filadelfia zu kommen. In seiner Panik brach er den Zündschlüssel ab. So musste er das Kabel herausziehen und den Wagen kurzschließen. Dabei passierte es, er holte sich einen Stromschlag. Die Untersuchung ergab später: kein Befund!« Die Neuigkeit wird sich im Chaco schnell verbreiten: Bei einem Schlangenbiss sofort an die Autobatterie. Strom neutralisiert Gift. Was wohl die Tropenmedizin dazu sagt?

Ich notiere mir im *Alemán* nicht nur Geschichten, sondern skizziere auch Typen. Eigentlich ist hier jeder Gast eine Eintragung wert. Da gibt es die »Schweiger«, die nur stumm mit dem Glas vor sich sprechen, die »Redseligen«, die einen Einsamkeitsstau haben, wie der Schweizer, der mir seine Estancia zeigte, oder jene, die mit wenigen Worten viel sagen. »Wo willst du damit hin?«, werde ich von so einem gefragt. Er spielt hiermit auf mein Rad an, das als »Blickfang« unter dem vorspringenden Dach steht. Als ich »nach Bolivien!« antworte, folgt ein kurzes »Komm gut über den Berg!«. Knappe, aber nicht unherzliche Reisewünsche für eine Fahrradtour durch die Anden. Es geht noch kürzer. Von zwei Farmern, die hier nur vorbeischauen, weil sie jemand suchen, deutet der eine auf mein Rad (und übersieht mich dabei gewollt): »Wer ist das?« Worauf der andere antwortet: »Du Trottel! Ein Alemán!« Dann an mich gewandt: »Stimmt's?«

Ganz dick kommt es am zweiten Abend. Ich gerate an Typen, wie man sie wohl nur hier treffen kann: zwei Farmer und ein Vorsteher, alles Deutsche. Die drei wissen inzwischen, dass ich über diese Reise schreiben werde, und warnen mich scherzhaft: »Schreib das ja nicht, was du hier hörst!« Ich antworte: »Natürlich werde ich das schreiben – alles! Nur ohne Namen.«

Der Vorsteher hat schon so viel getrunken, dass er auf der Holzbank zu wanken beginnt. Als er nach hinten überkippt, versuche ich mit der Hand seinen Fall zu bremsen, damit er nicht mit dem Kopf aufschlägt. Sein Boss meint dazu nur trocken: »Lass ihn! Der schläft in jeder Lage.« Das tut er dann auch – den Oberkörper auf dem Steinfußboden, die Beine auf der Bank, die Stiefelspitzen unter der Tischplatte. Die beiden anderen legen inzwischen richtig los, halb Zwiegespräch, halb an mich gewandt: »Der Kommandeur hier, der war doch mit dem … (es fällt der Name eines Deutschen) befreundet. Und weißt du, wie die Freundschaft kaputtging? Fragt doch der Kommandeur: ›Wie viel deutsche Soldaten bräuchtest du, um meine Garnison einzunehmen?‹ Sagt der doch: ›Achtzehn Mann von der Waffen-SS!‹ Freundschaft kaputt! Jetzt sind sie Feinde!« Nun fragen sich die beiden gegenseitig: »Da is' doch im Süden der Militärposten. Wie viel Mann liegen da? 'ne Kompanie? Wie viel brauchen wir dafür? Ja wie viel, was meinst du?« – »Das mach ich allein«, kommt die Antwort, »die blas ich mit dem Pinkelstrahl weg!« (Originalton)

»Da ist sie«, denke ich, »die von den Vätern auf die Söhne übertragene ›Hart-wie-Kruppstahl-zäh-wie-Leder-Mentalität‹. An den beiden ist nichts Verwerfliches. Das sind Männer, die einen anderen, der nicht mehr kann, auf dem Rücken tragen, bis sie selbst zusammenbrechen. Die teilen auch ein letztes Stück Brot. Ihr Menschsein hat nur eine Delle: *Sie* sind der Maßstab. Schwächeres zählt nicht. Der gedankliche Schritt zur Minderwertigkeit des Schwachen ist dann nur noch ein recht kleiner. Das ist das Gefährliche an solchen ›Vorbildern‹.«

Das nächtliche Lehrstück im *Alemán* endet zunftgemäß. Mein Gegenüber knallt die noch halb volle Flasche *Caña Aristocrata* vor mich auf den Tisch: »Hier, Radler, für dich! Zur äußeren und inneren Anwendung!« Hochprozentiges zum Ohrenausspülen, man braucht es, hört man die Geschichten im *Alemán*.

Am nächsten Tag reden wir weiter. Alle sind wieder nüchtern. »Bist du ›Kongo-Sigi‹ begegnet?«, werde ich gefragt. Ich muss verneinen, Aufklärung tut Not. Schon der Name verspricht Geschichten. Kongo-Sigi, so erfahre ich nun, ist Österreicher und etwas zu kurz geraten. Dafür ging bei ihm die Muskelbildung in die Breite. Er war Topleibwächter von Idi Amin. Sein Kennzeichen – außer der unverwechselbaren Gestalt: ein Revolver an der Hüfte, ein Messer im Stiefelschaft, ein zweites hinten im Gürtel. Kongo-Sigi ist wohl die schillerndste Chaco-Gestalt. Er war auch Idi Amins Pilot und flog dessen Boeing. Eines Tages musste er streng bewachte Kisten außer Landes schaffen – nach Ägypten. Schon die unübliche Bewachung machte ihn stutzig: Kongo-Sigi roch den Braten. Rechtzeitig vor Idi Amins Sturz sollte er dessen Gold ausfliegen! Zusammen mit dem Copiloten versuchte er unterwegs die Ladung zu kapern, doch der Plan, die Bewachung durch Gas außer Gefecht zu setzen, misslang. Zur Ausrüstung der Soldaten gehörten auch Gasmasken. Nach der Rückkehr soll Idi Amin zu Kongo-Sigi gesagt haben: »Dich Schwein kenne ich doch! Deshalb hatten meine Leute vorgesorgt!«

Wer immer das Glück haben sollte, jenem Bodyguard im Chaco zu begegnen, der kann sich von ihm diese Geschichte authentisch erzählen lassen; und Kongo-Sigi wird sicher noch andere auf Lager haben.

Von meinen Gesprächspartnern habe ich inzwischen erfahren, warum sie hier im *Alemán* sind. Die Estancia des einen Farmers war buchstäblich abgesoffen. Neben Haus und Hof musste er seine Rinderherde und zweiundvierzig Reitpferde zurücklassen. Vielleicht in einem Monat, so meint er, könnte er die Folgen der Flut abschätzen. Noch nie hatte sich die Regenperiode so weit in die Trockenzeit hinein verlagert. Die Männer kennen auch die Piste nach Bolivien. Als ich sie um Rat frage, bekomme ich eine kernige Antwort: »Nimmst du die Nordroute, dann kommst du in die Scheiße! Nimmst du die westliche, dann kannst du nur noch beten!« So sitze ich im *Alemán* und bete schon jetzt: »Himmel, halte endlich dicht! Ich brauche festen Boden unter den Füßen!«

Seit drei Tagen hat es nicht mehr geregnet. Der See, der vor dem *Alemán* schwappte, ist geschrumpft. Die Sonne saugt das Wasser förmlich auf. Ich hatte in Mariscal auch die Bekanntschaft eines Indiojungen gemacht. Als er mir seinen Namen sagte, konnte ich ihn nicht nachsprechen, so schwierig war er. So sagte ich ihn nur Niño. Er wiederum revanchierte sich, denn mein »Christian« war für ihn ein Zungenbrecher. Deshalb sprach er mich mit »Señor Alemán« an. Als der Junge erfuhr, dass ich nach Bolivien wollte, prophezeite er mir: »Señor Alemán, nur sieben Kilometer! Weiter geht es nicht!« Also machte ich ihm zum Spaß einen Vorschlag: »Komm, Niño, fahren wir zusammen nach Bolivien – sieben Kilometer!« Der Junge war begeistert. Er besaß ein Rad mit Ballonreifen. Als er damit beim Alemán erschien, präsentierte er mir stolz sein Gewehr: »Vielleicht sehen wir ein Schwein!« So radelten wir beide los; der eine (ohne Gepäck) zum Wegerkunden, der andere zum Jagen.

Am Kasernenzaun mussten wir das erste Mal schieben. Wieder ein Stückchen fahren, dann erneut aus dem Sattel. Schließlich nur noch schieben. Wir nutzten die Spuren, die die Militärlaster in den Lehm gequetscht hatten. Stand in den Rillen Wasser, so balancierten wir auf dem Wulst. Wir kamen weiter als gedacht – neun, statt sieben Kilometer. Dann ging nichts mehr. Auf dem Rückweg hielten wir Ausschau nach etwas Jagdbarem; aber es zeigte sich kein Tier. »Zu spät!«, meinte Niño, »man muss sehr früh auf Jagd gehen.« Ihm hatte der Ausflug nichts gebracht, ich dagegen wusste jetzt: Es hieß weiter warten.

Die Piste nach Bolivien war unpassierbar.

Allmählich gerät mein Zeitplan durcheinander. Vergeblich hoffe ich auf neuere Informationen über den Zustand der Trans-Chaco. Aus Richtung Bolivien kommt kein einziges Fahrzeug, nicht einmal Militär. Doch noch immer Sonnenschein. Im Lehm zeigen sich bereits die ersten Trockenrisse. Hier im *Alemán* könnte ich sicher weitere Tagebuchseiten mit Geschichten füllen, aber mich lockt etwas: der Silberberg. Und so treffe ich die folgenschwere Entscheidung: »Fahren!«

Bis zur Grenze sind es noch etwa zweihundertfünfzig Kilometer. Im schlimmsten aller Fälle müsste ich das Rad schieben. Dann bräuchte ich für diese Strecke mehr als eine Woche, wenn es hart käme, sogar zwei. Ich belade das Velo mit allem Notwendigen und verabschiede mich von Schoppet Friedhelm. Die guten Wünsche, die er mir mitgibt, wirken hoffentlich.

Wenn sich den Kartografen wenig Greifbares bietet, machen sie aus jeder Kleinigkeit ein »Pünktchen«. So habe ich allen Grund, meiner Chaco-Karte zu misstrauen. Nur zwei Markierungen scheinen mir reell: die Estancia *La Patria* und die Indiosiedlung Nuevo Asunción. Bei der Farm möchte ich nach Westen abbiegen, mit Direktkurs auf die bolivianische Stadt Tarija. Es wäre der kürzeste Weg aus der »Grünen Hölle«. Nur hundert Kilometer sind es von der Weggabelung bis zur Grenze. Dort beginnt eine Schotterpiste; Lehm und Wasser hätten ein Ende. Die Anden, sie liegen dort greifbar nahe.

Bis zu der Stelle, die ich zusammen mit dem Indiojungen erreicht hatte, komme ich ohne größere Schwierigkeiten. Die Sonne hat den Lehm weiter verfestigt. Doch dann beginnt endloses Schieben. Die Lkw-Spuren sind so tief, dass sich die Packtaschen in den Rillen verkeilen. Auch wird das Gelände wieder nasser. Häufig sind die Spuren geflutet. Der Lehm setzt sich an Reifen und Radgabel fest. Immer wieder muss ich zum Freischneiden das Messer einsetzen. In mühevoller Arbeit schaffe ich fünf klebrignasse Kilometer. Gänzlich unvermutet folgt ein langes Stück feste Piste. Sie ist leicht gebuckelt, so konnte das Wasser abfließen. Fast rolle ich wie auf Asphalt. Euphorie keimt. Dreißig Kilometer ohne nennenswerte Probleme, was für ein Geschenk! Plötzlich sind sie da, die Moskitos! Nicht nur zahlreich wie bisher, sondern in ganzen Wolken.

Ich fahre wie mitten in einem Bienenschwarm. Das Zedernöl, obwohl mehrlagig aufgetragen, wirkt kaum. Zudem »verwässert« es wieder durchs Schwitzen. Es gibt keine Chance, den Blutsaugern zu entkommen. Ausreißen? Wohin? Die ganze Landschaft ist

Nur noch die Lkw-Spuren der Militärs ermöglichen ein Vorwärtskommen.

durch die Staunässe zur Brutstätte für diese Pestilenz geworden. Da bleibt nur eins: Blutzoll zahlen.

Ich hatte gehofft, allmählich in den trockenen Chaco, in die Halbwüste zu kommen. Zwar markieren Kakteen und die immer dicker werdenden Stämme der Flaschenbäume einen Landschaftswechsel, aber in diesem Jahr ist alles anders. Immer mehr Wasserflächen werden sichtbar. Der Chaco hat während der vergangenen Monate übermäßig zu trinken bekommen. Jetzt steht ihm das Wasser bis zum Hals. Eine Rodungsfläche mit einigen Hütten taucht auf. Den Kartografen war diese Siedlung entgangen. Ich sehe eine Möglichkeit, den Trinkwasservorrat aufzufüllen, und mache mich durch Rufen bemerkbar. Keine Antwort. Das kleine Dorf scheint verlassen. Weiter geht es – mückenumschwärmt, mückenzerstochen.

Einhundertsieben Kilometer sollen es bis zur *La Patria* sein, eine Riesendistanz für ein bepacktes Rad auf Lehmpiste.

Schon wieder schieben, die beste Passage suchen – eingehüllt von Moskitos. Ein Stückchen fahren, absteigen, Taschen lösen, voraustragen, das Rad nachholen. Was ist das beste Mittel, um solche Bedingungen zu meistern? Selbstverleugnung? Bissiger Humor? Stoische Ruhe? Ich erreiche jene Stelle, an der die Flut die Trans-Chaco durchbrochen hatte. Ein zweites Geschenk fällt mir zu. Was ich erhofft hatte, war eingetroffen. Große Betonröhren waren bereits abgesenkt worden. Noch kann kein Auto passieren, aber was ist mit einem Velo nicht alles möglich! Es gibt eben Situationen, da nützen keine PS. Unter mir rauscht braunes Lehmwasser, als ich über die »Behelfsbrücke« balanciere. Geschafft!

Es bleibt beim Wechsel aus Fahren, Schieben, Tragen. Man verliert auf solchen Strecken das Gefühl für Zeit und Distanz. Die Bewegungen laufen motorisch ab. Kein Nachdenken, nur der Befehl: »Weiter!« Wieder fester Lehm. Das Rad schnurrt. Wenn der Computer nicht lügt, sind es noch siebenunddreißig Kilometer bis zur

La Patria. Wie mag die Farm, die sich »Vaterland« nennt, aussehen? Wie würden die Leute beim Aufkreuzen des Radlers reagieren? Bald wüsste ich es.

Es wird bereits dämmrig, als das Gebäude in Sicht kommt. Weites Weideland hatte es angekündigt. Doch die Farm liegt weitab der Piste. An der Zufahrt ein hohes Tor, verschlossen. Entlang des Besitzes ein gefüllter Wassergraben. Im Chaco klettert man über keine Tore! Hundezähne an der Kehle, gar ein Steckschuss könnten die Folgen sein. Was tun? Rufen ist bei dieser Distanz sinnlos. Als nächstes Pünktchen ist in der Karte eines jener Kriegsrelikte markiert, die Festung *Espinola*. Ein paar alte Schützengräben, ein Erdbunker, oder tatsächlich ein Militärposten? Ich entschließe mich, das kleine Stück weiterzufahren. Notfalls könnte ich umkehren. Zwar wäre es bis dahin gänzlich Nacht, doch auch Dunkelheit hat ihre Vorteile. Es lassen sich mit der Taschenlampe Lichtzeichen geben. Auf der *La Patria* versteht man vielleicht sogar »gemorstes« SOS. Denn wer außerhalb der Zivilisation wohnt, der braucht das Notsignal womöglich selbst. Weiter geht es, jetzt wieder durch Lkw-Spuren. Ich glaube zu träumen, als ich plötzlich Häuser sehe. Vor mir liegt keine »Festung«, sondern ein richtiges Dorf. Ich steuere auf einen Mann zu, der noch in einem Schuppen hantiert: »Señor, wo bin ich hier?« Der Angesprochene kommt vor Erstaunen nicht gleich zum Antworten. Im hinteren Chaco ein Radler? Dann doch die erbetene Auskunft: »Sie sind in La Patria!«

Als ich das höre, glaube ich zunächst an eine Verwechslung. Der Mann klärt mich auf: *La Patria*, die Farm, La Patria, das Dorf. Das allerdings hatte man mir im *Alemán* verschwiegen. »Und wo liegt Fortin Espinola?«, will ich nun wissen. Die Antwort ist ein unbestimmter Fingerzeig: »Weiter nordwestlich!«

Ein Tag voller Geschenke. Zwei lange Stücke feste Piste, Betonröhren in einem Wasserdurchbruch, jetzt auch noch ein Dorf. Die Regierung Paraguays mag dieses La Patria bereits vergessen haben; selbst den Ehrenplatz hat sich die Natur schon zurückgeholt.

Doch es gibt hier ein Geschäft, sogar eine Unterkunft. Damit hatte ich bis nach Bolivien nicht mehr gerechnet. Als ich mich dem Eingang der Herberge nähere, flüchten aus diesem zwei Nandus. Vor Schreck verlieren die Vögel Kotballen. Drinnen heißt es: »Herzlich willkommen!« Ein Bett, Wasser, Seife und Handtuch warten auf den müden Radler, in der Küche Reis, Fleisch und Eier auf seinen hungrigen Bauch. »Lass den Señor erst einmal essen!«, ermahnt der Mann seine Frau, die mich ausfragen möchte. Die beiden umkreisen mein Rad, kommentieren es. Ich bin todmüde und von Mücken zerstochen, als hätte ich einen Hautausschlag. Trotzdem muss ich nach dem Essen erzählen. Wie kommt man mit einem *bici* nach La Patria? Es ist eine lange Geschichte …

In der Nacht weckt mich heftiger Regen. Die dicken Tropfen hämmern auf das Wellblechdach. Von dem Lärm würde ein Toter aufwachen. Die Frage, was jetzt aus der Piste würde, verdränge ich. Nur nicht an morgen denken. Dem neuen Tag könnte ich doch nicht ausweichen.

Über dem Chaco hängt der Himmel wieder durch, nässeschwer. Ich hatte in der Abenddämmerung nicht mehr allzu viel von diesem La Patria gesehen. Der erste Blick nach draußen lässt mich tief durchatmen. Der nächtliche Regen ist geblieben, wo er niederfiel – überall Wasser und Schlamm. Die Menschen hier leben wie in der Verbannung, der »Zaun« ist die Natur selbst. Achtzehn Bewohner soll der Ort haben, das weiß ich vom Wirt. Als ich das Lebensmittelgeschäft erkunde – es befindet sich wie in Mariscal in einer Art Scheune –, will mir der Verkäufer sogleich mein Finnenmesser abhandeln. So etwas Gutes habe er noch nie gesehen, meint er. Sein Angebot: Lebensmittel, ein Armeedolch und zusätzlich fünfzig Dollar. Doch er muss mein Argument akzeptieren, dass man sich von einem »Freund« nicht trennt. Er zeigt auf meinen linken Arm: »Garrapata!« Ich hatte die Zecke nicht bemerkt. Sie sucht noch die passende Zubissstelle. Das Tier ist grün-braun und hat die zehnfache Größe der bei uns bekannten Art. Der Mann zieht seine Hosenbeine hoch: »Hier, Señor! Garrapatas!« Beide Unterschenkel sind blatternarbig. »Jeder Zeckenbiss«, klärt er mich auf, »hinterlässt eine solche Narbe!« Plötzlich greift er zum Gewehr, das am Eingang lehnt und läuft hinaus. Ein Schuss knallt. Es folgt der hohe Schrei eines Tieres. Nur so zum Spaß hatte der Mann einen Greifvogel geschossen.

Als Nächstes versuche ich an Informationen über den Zustand der Piste zu kommen. Überall die gleiche Antwort: »Nach Bolivien? Unmöglich!« Ich treffe wieder den Mann von gestern Abend und frage diesen. Er deutet an: »Mitkommen!« Wir stapfen durch den Dreck bis zur nächsten Ecke; dort zeigt er voraus und lacht dabei: »Nach Bolivien!« Mir ist bei dem Anblick gar nicht zum Lachen. Was ich sehe, ist eine schlammgefüllte Fahrspur, die in der Ferne in einer Wasserfläche verschwindet. Was hatte man mir im *Alemán* prophezeit? »Nimmst du die westliche Route, dann kannst du nur noch beten!« – »... oder nach Bolivien schwimmen!«, möchte ich nun bitter ergänzen. Es wird deutlich, die »Grüne Hölle« kreist mich ein; mir ist, als spürte ich bereits »die Schlinge« um den Hals. Doch da ist noch die Nordroute! Leider brächte sie mich weit vom Ziel ab. Hinter der Grenze müsste ich mehrere hundert Kilometer zurück nach Süden. Außerdem: Die Prognose der Farmer klang auch für diese Strecke wenig ermutigend. »In die Scheiße« käme ich; das waren ihre Worte. Aber mein Würfel kennt jetzt nur noch eine »Zahl«: Nordroute.

Am nächsten Tag verlasse ich La Patria. Ich weiß, dass nach etwa dreißig Kilometern ein Kontrollposten kommt, nach etwa einhundert folgt die Indianersiedlung Nuevo Asunción und auf den letzten fünfzig Kilometern bis zur Grenze noch einmal Militär. Ich steige erst gar nicht aufs Rad, sondern schiebe vom ersten Schritt an. Es ist wohl nur verbissener Stolz, der mich vorwärts bringt. Mehrere tausend Kilometer Südamerika liegen bereits hinter mir, da werde ich doch nicht bei dem Häuserhäuflein La Patria aufgeben!

In Trockenzeiten besteht die Erde des hinteren Chaco aus Sand und Staub. Letzterer ist pulverisierter Lehm. Da fehlt nur noch Wasser, um daraus das richtige »Gemisch« zu machen. Ich sehe mich einer Masse gegenüber, aus der man Ziegel formen könnte. Ohne Messer, mit dem ich immer häufiger die Räder freischneiden muss, wäre ich chancenlos. Der Tag vergeht. Es sind zähe Kilometer bis zu dem Kontrollposten; und trotz des frühen Aufbruchs erreiche ich ihn erst in der Abenddämmerung. Im Chaco schiebt man keine Rekorde.

Eigentlich hatte ich hier auf eine Möglichkeit gehofft, mein Zelt aufzustellen. Auch Trinkwasser wäre willkommen, zumal Grabenwasser, selbst wenn entkeimt, immer bedenklich bleibt. Doch was für eine Enttäuschung! Ein Wachhund hatte meine Annäherung bemerkt. Nur einmal bellte er, dann hetzte er los – in langen, tief gebückten Sprüngen. Ich blieb stehen, nutzte das Rad als Schutzschild und zog das Messer. Gerade noch rechtzeitig erschien in der Tür eine Uniform. Der Hund reagierte zwar auf den Ruf, aber widerwillig. Er war eher zum Beißen abgerichtet. Mit einer Hand griff sich der Soldat das Tier, mit der anderen deutete er an: »Los, weiter!« Als ich zurückgestikulierte, wurden seine Bewegungen unwirsch: »Weiter! Weiter!« Der Posten nennt sich Fortin Tte. Agripino Enciso. Er bleibt mir in unschöner Erinnerung.

Nun müsste ich mein Zelt wohl irgendwo am Rand der Piste aufschlagen – buchstäblich im Dreck. Während ich das Rad weiterschiebe, schätze ich das Gelände ab. Meine Bedenken sind, dass womöglich zu nächtlicher Stunde doch ein Militärlaster vorbeikommt und der Fahrer wegen der verdreckten Scheinwerfer mein Zelt übersieht. »Unter die Räder zu kommen«, das fehlte mir noch. Die Piste wird immer miserabler. Die Wasserlachen mehren sich, fließen zu Teichen zusammen. Ich drücke mich am Rand vorbei und hoffe, dass die Trasse irgendwann ein wenig buckelt. Auf einem solchen »Hügel« würde ich mein Zelt aufbauen, eine andere Möglichkeit gibt es nicht. Das Gelände zu beiden Seiten besteht aus Dornenbusch, durchsetzt von Wasserflächen. Aufgewühlter Lehm und die Reste eines Lagerfeuers mitten auf der Trasse zeugen von der Szene, die sich hier – wohl schon vor einigen Tagen – abgespielt hatte. Ein Fahrer musste an dieser Stelle nächtigen, um auf Hilfe zu warten. Das Spurengewirr zeigt die Freischleppaktion.

Schieben, Drücken, Anheben. Alle Spielarten des Vorwärtskommens auf elender Lehmpiste. Unter diesen Bedingungen würde ich Tage, vielleicht sogar eine Woche bis in die Indianersiedlung brauchen. Ich müsste – so gut es ging – den mitgeführten Proviant strecken. Wahrscheinlich käme ich in jenem Nuevo Asunción hungrig wie ein Chaco-Wolf an. Ich bin mit meinen Gedanken »irgendwo«, als plötzlich Hunde anschlagen. Der Busch lichtet sich. Mehrere Lastwagen werden sichtbar, die Umrisse von zwei Häusern. Was für eine Überraschung! Niemand hatte mir davon erzählt. Durch die letzte Begegnung vorgewarnt, bleibe ich stehen. Eine Männerstimme ruft: »Näherkommen! Die Hunde sind nicht gefährlich!« – »Wo bin ich?« Wieder muss ich diese Frage stellen. Doch das *Wo* ist zunächst egal. Ein Häuflein Mensch im hintersten Winkel des Chaco – so jemandem hilft man. Das ist ungeschriebenes Gesetz. Später erfahre ich, mein Gastgeber heißt Julius Cesar Centurion Rochas, Beruf: Fernfahrerboss, Postanschrift im über siebenhundert Kilometer entfernten Asunción: Calle Prof. Sergio Conradi, im Chaco kurz: »Cesar«, Radio 8.620.0. Zwei weitere Männer sind anwesend, beides Fernfahrer. Ihre Lastwagen stehen abfahrbereit nach Bolivien – seit Wochen. Auf der anderen Seite der Grenze wartet man ebenfalls. Verständigung durch Funk. Doch nichts geht mehr. Ein Laster aus Chile hatte Kühlaggregate für eine Estancia geladen. Sie werden dringend benötigt. Jetzt fährt der Wagen zurück – über Argentinien, Asunción, von Süden her in den Chaco, ein Umweg von der Länge Europas. Mit wenigen Sätzen hat man mir die Situation erklärt.

Darauf erst einmal einen Mate! Becher und Bombilla werden mir gereicht. Alles spielt sich unter dem Vordach ab. Neben der offenen Feuerstelle steht ein großer Aluminiumtopf. Er wird wieder aufgesetzt. Blechteller, Löffel, Brotstücke – hart wie Schiffszwieback: Cesar bedient mich: »Die Suppe kommt gleich!« Mit der Kelle beginnt er im Topf zu fischen. Ein großer Klumpen landet auf meinem Teller. Er ballt die andere Hand zur Faust und schlägt sich damit auf die Brust, dorthin, wo das Herz sitzt: »Corazón!« Für ein Rinderherz ist es zu klein, vielleicht das eines Schafes. Ich greife es mir und esse es wie einen Apfel. Dazu stippe ich Brot. Bis zum nächsten Fünfsternerestaurant ist es weit. Ich vermisse es nicht, auch nicht das Bett eines *Sheraton* oder *Hilton*. Cesar hatte mir gezeigt, wo ich schlafen könnte – auf einer Fernfahrerpritsche. Lange war sie nicht mehr benutzt worden; er muss sie erst entrümpeln. Keine großen Worte: »Buenas noches, Christian!« – »Buenas noches, Cesar – y gracias!« Die Etikette im Chaco ist einfach, dafür ehrlich. Ich schlafe mit einem Fragezeichen im Kopf ein: Nur noch lächerliche hundert Kilometer bis nach Bolivien, dann hätte ich wieder Schotter unter den Rädern. Doch es wären hundert Kilometer Ungewissheit.

Ein neuer Tag, neue Gastfreundschaft. Über dem Chaco wölbt sich wieder ein wolkenschwerer Himmel. Es sieht nach Regen aus. Cesar sitzt am Funkgerät: »Hola! Hola …!« Er nennt seine Frequenz. Rauschen im Lautsprecher. Keine Antwort. »Es liegt am Wetter!«, meint er. Cesar scheint meine Gedanken zu erraten: »Wie soll es weitergehn?« – »Drei Tage ohne Regen«, meint er, »dann fahren wir. Auf einem der Laster ist noch Platz für dich.« Als ich das Angebot höre, ist mir nach »Luftsprung« zu Mute. Doch dann verbessert er sich: »Wir warten, bis der erste Laster aus Bolivien durchkommt, dann fahren auch wir.«

Etwas Ausruhen tut dem Körper gut. Die Piste von Mariscal bis hierher war in die Knochen gegangen; und hätte ich den Chaco erst einmal hinter mir, würde ich vor den Anden stehen – die nächste Herausforderung. Dreitausend Meter der erste Pass, viertausend der zweite. Dann weitere Pässe wie die Hürden beim Hindernislauf. Schon jetzt ahne ich: Es wird wohl mein Rekord im Fahrradschieben werden. Bei Cesar kann ich mich nicht nützlich machen. So skizziere ich, zum Warten verurteilt, bereits dieses Buch. Als Schriftsteller bei Fernfahrern im Chaco! Das hätte ich mir nicht träumen lassen. Mit Cesars Hunden pflege ich längst dicke Freundschaft. Immer wieder kommen sie, um sich ihre Streicheleinheit abzuholen. Endlich die Entscheidung! Morgen früh soll es losgehen. »Wenn die Fahrer in Bolivien es nicht wagen«, meint Cesar, »dann eben wir!« Die Lastwagen werden noch einmal kontrolliert. Probelauf der Motoren. Die Männer kriechen unter die Fahrzeuge. Rundum-Check. Eine lose Schraube darf man sich auf der Trans-Chaco nicht erlauben. Nun steht es fest. Morgen würde ich das Rad auf den ersten Lkw hieven und Beifahrer spielen. Bolivien rückt in greifbare Nähe.

Morgengrauen. Ich möchte bei Cesar meine Schuld begleichen. Unmöglich, sich hier tagelang durchzuessen und sich dann nur mit einem »Gracias!« zu bedanken. Doch Cesar reagiert ungehalten: »Gastfreundschaft bezahlt man nicht!« Er wünscht sich eine Grußkarte aus Alemania – adressiert an seine Postanschrift in Asunción – mehr nicht. »Basta!« Noch einmal geht er zum Funkgerät. Als er aus dem Nebengebäude zurückkommt, sehe ich an seinem Gesicht, dass er schlechte Nachricht bringt. Und schon kommt der folgenschwere Satz. »Wir fahren nicht!« Man hat ihm abgeraten. Seit gestern regnet es in Bolivien. Von den Anden strömt zusätzlich Wasser in den Chaco. Den Fahrern droht ein Fiasko. Für sie heißt es nun, weiter warten; doch was macht man mit dem Radler?

Nach mehr als vierzig Jahren im Velosattel weiß ich Autofahrerauskünfte zu werten. Sie besagen wenig. Wer gewohnt ist, am Lenkrad zu sitzen, der »misst« Entfernungen mit dem Fußballen. Gaspedalerfahrung. Fragt man Motorisierte nach einer Distanz, heißt es: »Nur ein Stückchen!« Doch für einen Radler wird daraus womöglich ein halber Tag. Bezeichnet ein Fahrer eine Piste als »äußerst übel«, hat er nur die Schlaglöcher im Blick. Dabei genügt für ein Velo der feste Randstreifen, denn zwanzig Zentimeter reichen zum mühelosen Vorwärtskommen. Oder das Gegenteil: Eine Schotterpiste ist angeblich »top«, doch eben nur für grobstollige Reifen. Einen Radler bringt das lose Gemisch zur Verzweiflung. Kein Wunder, dass ich kritisch zuhöre, als mir Cesar nun einen Vorschlag macht. Die Piste zur Grenze sei zwar sehr ausgefahren und nach dem vielen Regen eher eine Wasserrinne; doch es gebe eine Lösung: die erhöhten Ränder. Das Rad im Wasser führen, unter den Füßen die Trassenkante, im Rücken den Busch: So würde ich es schaffen.

Für heute ist es bereits zu spät. Am nächsten Morgen, beim ersten Lichtschimmer, breche ich auf. Drei Daumen zeigen »Sieg!«. Einer der Fahrer warnt mich noch vor den Schlangen – keine Angstmache, nur gut gemeinter Rat. Er hatte mir vom Tod seines Pferdes erzählt. Nach dem Biss einer Yarara schaffte es noch ganze zwanzig Meter. Ich verspreche den Männern, vorsichtig zu sein. Nur hundert Meter sind es zurück bis zur Piste, hundert Meter bis zum nächsten Chaco-Erlebnis.

Es wird ein Tag schöner und schlimmer Erinnerungen. Bald sollte ich erfahren, wie nahe Paradies und Hölle beieinander liegen können. Von Nuevo Asunción hatte man mir im *Alemán* erzählt, dass Alfredo Stroessner einem seiner verdienten Generäle ein riesiges Stück Chaco geschenkt hatte (es sollen mehrere Millionen Hektar sein). Der Diktator fühlte durchaus Verantwortung für sein Land. So gebot er dem General, sich um die Indios zu kümmern, die in dem Gebiet lebten. Deshalb die Gründung jenes »Neu-Asunción«. Ich bin gespannt, was mich dort erwartet, da doch bereits das vor Tagen passierte La Patria hinter dem Zaun lag, wo sich die Chaco-Füchse »Gute Nacht!« sagen. In ein paar Tagen wüsste ich es.

Die Sonne findet ein Wolkenloch. Das hindurchflutende Licht verwandelt den Chaco. Zwar bleibt das Übel: Schieben und Räder freischneiden, doch die Natur scheint plötzlich wie verwandelt. Als hätten die Sonnenstrahlen sie im Busch aufgescheucht, ist die Luft auf einmal voller Schmetterlinge. Zu tausenden kommen sie zur Piste, um aus den Wasserlachen zu trinken. Vor dem Rad hebt sich eine Wolke weißer, gelber, orangeroter Flügel. Ein einziges Flimmern. Die Schmetterlinge landen auch auf mir und dem Gepäck und lassen sich ein Stück mittragen. Bald folgen andere Tiere. Ich treffe auf handlange, bunte Heuschrecken. Sie fliehen nicht, sondern heben, halb Gruß, halb Abwehr, die Hinterbeine. Ich erschrecke, als vor mir ein Fuchs aufspringt. Er hatte geschlafen. Von links schnüffelt ein Gürteltier heran. Trotz Futtersuche musste es geträumt haben. Es läuft mir fast über die Füße. Als ich mich bücke und mit dem Finger auf seinen Panzer klopfe, erschrickt es so sehr, dass es umfällt. Zusammengerollt wie ein Igel liegt es nun neben dem Vorderrad. Ich wähne mich wirklich wie im Paradies. Fast könnte ich darüber diese elende Piste vergessen. Sie vollführt nun Schlangenbewegungen: wegsinken, auftauchen, wegsinken … Cesar hatte Recht gehabt: Das Rad als Stütze nutzend, kann ich auf der äußersten Kante balancieren. Der hochliegende Rand der Trasse ist *die* Lösung. Ein Stück voraus, an einem dieser »Teiche«, steht ein mir unbekannter Vogel. Ich rechne damit, dass er bei meiner Annäherung auffliegt. Noch zehn Meter, noch fünf …, noch drei. Der Vogel lässt sich nicht stören. Er stochert mit dem Schnabel im Schlamm. Ein Meter! Ich stelle das Rad ab, greife zur Kamera. Noch fünfzig Zentimeter, noch dreißig! Das Tier scheint mich gar nicht wahrzunehmen. Jetzt!

Schade! Die Szene würde nur gefilmt wirken. Keine Flucht, nicht einmal ein erschreckter Flügelschlag, dafür ein hoher Sprung. Noch in der Luft erstarrt der Vogel. Nun steht er vor mir – senkrecht, den Hals gestreckt, den Schnabel himmelwärts gerichtet. Vorsichtig berühre ich sein Brustgefieder. Noch immer tot spielend, krümmt der Vogel die Krallen in den Lehm – eine Reaktion der Angst. Ich trete ein paar Schritte zurück und beobachte das Tier. Es braucht Minuten, um die Starre zu überwinden. Nun eine weitere Überraschung: wieder keine Flucht, ein kurzes Federschütteln, dann Futtersuche, als wäre nichts geschehen. Dem Vogel ist nur der erste Mensch begegnet.

Ich weiß, dass man mir zu Hause solche Geschichten kaum glauben würde, deshalb banne ich alles auf Film: die Schmetterlingswolken, das vor mir auf dem Rücken liegende Gürteltier, den »erstarrten« Vogel. »Beweise« aus dem Paradies sind eben selten.

Die Piste verändert sich. Sie wird schmaler, das Wasser tiefer. Der Dornenbusch drängt näher heran. Zweige hängen über. Bei dem Versuch, das Rad gegen die Stacheln als Puffer zu nutzen, falle ich fast ins Wasser. Der Trassenrand ist zu schmal. Als ich das Messer einsetze, versagt es kläglich. Jeder Busch scheint ein Verwandter des *Guayacán*. Nicht umsonst nannten ihn die ersten deutschen Siedler »Eisenbaum«. Stoff reißt, als ich es mit Körperdruck versuche. Was für eine Festung! Jetzt geht gar nichts mehr. Ich muss zurück – bis zu einer Stelle, wo ich die Seite wechseln kann. Doch drüben erweist sich die Auskolkung als noch tiefer, der Trassenrand fällt steil ab. In Schräglage stütze ich mich aufs Rad. Durch mein Gewicht sinkt es immer tiefer ein, bis es im Bodenschlamm festsitzt. Es geht nicht anders, ich muss aus den Schuhen. Das Rad wieder freizubekommen kostet Mühe. Kilogrammschwer klebt die braune Masse an Rahmen und Gepäck. Jetzt spüre ich sie deutlich, die »Schlinge« der Natur; nun zeigt mir der Chaco sein anderes Gesicht.

Sechs Stunden bin ich inzwischen unterwegs. Der Blick auf den Radcomputer lohnt nicht mehr. Längst verschwimmt die zurückgelegte Distanz. Das ewige Kreuzen, das Umkehren, Suchen nach einer besseren Passage gaukelt mir eine weitaus größere Entfernung vor, als ich sie in direkter Linie zurückgelegt habe. Dass ich noch Luft in den Schläuchen habe, grenzt an ein Wunder. Die

Lkw, die hier sonst fahren, reißen mit ihren Stoßstangen und den Aufbauten Buschwerk ab und mahlen es in den Untergrund. Dort warten die Stacheln nur darauf, in Schwächeres stechen zu können. Vielleicht wäre es einfacher für mich, die Wanderstiefel auszuziehen und barfuß zu gehen, doch Schoppet Friedhelm hatte mich gewarnt: »Pass auf die Stacheln auf! Es gibt eine Art, wenn du in die trittst, dann bekommst du den Fuß eines Elefanten. Gift! Eine Woche lang kannst du vor Schmerzen nicht stehen!« So wage ich es nicht.

Schon zweimal hatte mich der Busch getäuscht. Was nach einer Lichtung aussah, die parallel zur Piste verlief und ein leichteres Vorwärtskommen versprach, entpuppte sich als Sackgasse. Am Ende Stachelfestung an drei Seiten; ich musste zurück.

Eben falle ich wieder herein. Rechts lockt eine Grasfläche. Doch schon nach wenigen Schritten stehe ich im Wasser. Das Gras, so dicht wie eine Bürste, »schwimmt«. Zurück! Auf einem Lehmbuckel stehend blicke ich die Piste entlang. Das ist sie also, die Trans-Chaco, der Hauptverkehrsweg zwischen Paraguay und Bolivien. Jedem Geländewagenfahrer stünden die Haare zu Berge. Wie Recht die Männer in Mariscal hatten, als sie mir »Scheiße« versprachen. Mir fällt wirklich kein edleres Prädikat ein. Aber alles Lästern hilft nicht, ich muss weiter!

Bei dem steten Blick auf den Boden sind mir die vielen Tierspuren nicht entgangen. Der Lehm gibt sie plastisch wieder. Einige habe ich bereits ins Tagebuch gezeichnet. Ich bin unsicher. Jene, etwa handflächengroße, zeigt vor den Zehenballen deutliche Krallenabdrücke. Das ist nicht die Fährte einer Raubkatze. Es gibt hier den Mähnenwolf. Der Name mag gefährlich klingen, doch das Tier ist ein harmloser Buschgänger. Vielleicht ist die Spur ihm zuzuordnen. Eine andere Beobachtung dagegen kratzt an den Nerven. Die Abdrücke sind viel größer, und Krallenspuren fehlen. Kein Farmer im Chaco möchte ohne Waffe einem Puma oder Jaguar begegnen. Nicht, dass ich nun hinter jedem Busch eine dieser Raubkatzen vermute, aber in meinem Kopf ist der Begriff »Gefahr« gespeichert. Ich hätte nur lächerliche »Waffen« zu bieten: ein Fahrtenmesser, eine Trillerpfeife, bei Dunkelheit den Lichtkegel meiner Taschenlampe. Wieder sitze ich fest. Ich versuche es gebückt. Das Rad ist keine Stütze mehr, sondern nur noch Ballast. Jeder Meter wird zum Gewinn. Die Freude, die Stelle passiert zu haben, währt nicht lange. Vor mir wartet das nächste Wasser. Zu beiden Seiten überhängender Busch, die Trasse von den Lkw-Reifen ausgekolkt. Mit dem Stativ versuche ich die Wassertiefe auszuloten. Scheinbar endlos könnte ich die Teleskopbeine nachschieben. Ich gehe ein Stück zurück, versuche es auf Umwegen – durch Lücken im Busch. Vergeblich, nirgendwo ein Durchkommen. Wie ein Tier, das einen Durchschlupf sucht, wechsle ich die Seiten. Ein letzter Versuch: unter den Büschen hindurchkriechen – rückwärts. Mit einer Hand ziehe ich das Rad nach. Auf den Packtaschen rutscht es zwar, doch mit dem Lenker »pflügt« es eine tiefe Furche. Ein stechender Schmerz im Nacken. Blut fließt. Noch flacher machen! Endlich bin ich draußen. Wieder habe ich mir ein paar Meter erkämpft.

Ich kenne meinen Körper und weiß um seine »Alarmlampen«: Abrutschen vom Lenker, Stolpern, wo es nichts zu stolpern gibt. Auch jetzt signalisiert der Körper: »Genug! Es reicht!« Ich blute an beiden Armen und im Nacken. Fliegen finden die Wunden, tummeln sich daran wie an einer Tränke. In mir vibriert es. Diese Piste ist zu viel. Das Rad durch Wasser und zähen Lehm zu schieben, ist schon Masochismus. Doch jetzt auch noch kriechen! Wie viel Kilometer sind es noch bis Nuevo Asunción? Zwanzig? Dreißig? So weit ich die Piste einsehen kann, mehr Wasser als Land. Ich befinde mich in einer der miserabelsten Situationen all meiner Reisen. Im Kopf läuft ein Notplan ab: Nur das Wichtigste mitnehmen, Papiere, Fotoausrüstung, Medikamente, Trinkwasser, Taschenlampe mit Ersatzbatterien – dazu eine Jacke für die Nachtkühle. Schlafen könnte ich in der Hocke auf der Piste, eingewickelt in die Rettungsfolie aus Aluminium. Ihr Reflexionsvermögen mag sogar einen Puma irritieren. Packtaschen zu tragen, das konnte ich dem überstrapazierten Körper nicht zumuten. Also hieße es alles andere zurücklassen: Rad, Zeltausrüstung, Schlafsack, Bekleidung… Das Rad würde ich gut sichtbar abstellen, mit einem wasserdichten Folienbeutel am Lenker. Darin auf einem Zettel die wichtigsten Informationen: Name, Nationalität, Passnummer, Datum, Uhrzeit, der Hinweis, dass ich zu Fuß in die Siedlung Nuevo Asunción unterwegs bin. Schließlich die Bitte: Sollte doch von Süden her ein Auto vorbeikommen, möchte der Fahrer Rad und Gepäck mitbringen. Es ist kein Notplan aus dem Lehrbuch, denn solche Situationen sind auf Reisen nicht vorgesehen. Der Plan ist nur »verstandgesteuert«. Doch schon verwerfe ich ihn wieder. Zu viel spricht dagegen. Es wäre unmöglich, eine solche Distanz zu Fuß zurückzulegen. Meine erstklassigen »Boots« nützten mir gar nichts. Sie würden mit Wasser und Schlamm voll laufen, und schon nach wenigen Kilometern fiele mir die Haut von den Füßen. Und wegen der Sta-

Kein Grund zum Lächeln. Bolivien liegt bereits greifbar nahe, doch eine widrige Natur zwingt mich zur Umkehr.

chelgefahr wäre jeder Schritt barfuß ein Risiko. Ganz zu schweigen von der Piste selbst. Vielleicht endete sie wie die westliche Route gänzlich in einer Wasserfläche. War das, was ich vor mir sah, nicht Warnung genug? Auch könnte ich wohl Rad und Ausrüstung abschreiben, da völlig ungewiss war, wann hier das nächste Fahrzeug vorbeikam. So treffe ich eine Entscheidung, die zu den schwersten zählt, die man auf einer solchen Tour fällen kann: »Zurück!«

Nur noch etwa siebzig Kilometer mögen es bis zur bolivianischen Grenze sein. Dort wartet eine solide Schotterpiste. Doch selbst so eine kleine Restdistanz ist manchmal unüberwindbar. Enttäuscht, aber nicht unbedingt verbittert, mache ich kehrt. Die Natur hat mir die »rote Karte« gezeigt. Den Stärkeren gilt es zu akzeptieren. Mit Willen und Muskelkraft allein kann man ein solches »Gesetz« nicht aushebeln.

Der Weg zurück ist zwar hart, doch etwas leichter als bisher. Ich sehe meine eigene Spur, sehe, wo ich stecken geblieben war, welche Seite ich als die bessere genutzt hatte. Jetzt helfen mir meine eigenen Fehler. Und für die Psyche das Wichtigste: Ich weiß, am Ende dieses Tunnels ist Licht, Cesar.

Es ist bereits dunkel, als ich die Fernfahrerstation erreiche. Die Hunde schlagen an, erkennen aber sofort meine Stimme.

Der Lichtstrahl einer Taschenlampe trifft mich. Cesar! Wie ein Wachposten hatte er unter dem Vordach gesessen und seinen Mate geschlürft. Völlig überrascht scheint er nicht. Es hätte klappen können. Ein Fragezeichen war wohl auch bei ihm geblieben. Einen heißen Tee, einen Wasserstrahl aus einem Schlauch, dann auf die Liege, die ich schon kenne. Es wird ein Erschöpfungsschlaf. Nicht einmal die Nachtgewitter wecken mich. Am nächsten Morgen zeigt Cesar nach Nordwesten: »Jetzt geht gar nichts mehr!« Ich begreife: Durch die Umkehr war ich womöglich einer Katastrophe entgangen.

Beim Frühstück berichte ich den Männern. Sie begreifen. Der Blick aus dem Führerhaus eines Lkw ist ein anderer als der von einem Fahrradsattel. Auch Cesar hatte einiges übersehen: die enorme Schräge des Pistenrandes, von der man jetzt wie auf Seife ins Wasser rutscht, den Dornenbusch, der so weit überhängt, dass es kein Vorbei, nur noch ein Drunterdurch gibt. Am Ende beifälliges Nicken: »Der Alemán hat Recht! Doch was nun, Ciclista?« Die Frage ist gerechtfertigt; die Antwort darauf bitter. Gestern ging es mir nur darum, heil herauszukommen. Die volle Konsequenz hatte ich noch gar nicht richtig durchdacht. Nur ein Hubschrauber könnte mich hier aufpicken und in Bolivien wieder absetzen. Es ist eine hypothetische Möglichkeit, eine Traumversion. Der Befehl: »Zurück!«, gilt weiter – bis an den Beginn des Chacos, bis zu Kilometer null dieser verdammten »Grünen Hölle«, die, wenn sie will, auch ein Paradies sein kann.

Luftsprung an den Fuß der Anden

Abschied von Cesar und seiner Crew. »Suerte! Suerte! Suerte!« Dreimal »Glück!«. Was fühlt man nach einem solchen Erlebnis mit Menschen? Da ist nicht nur Dankbarkeit, da ist auch Beschämung. Da ist Erstaunen, dass es so etwas noch gibt. Nun der harte Weg zurück. Alles wie gehabt. Balancieren, schieben, mit dem Messer die Räder freischneiden. Fortin Enciso passiere ich, ohne dass dieses Mal der Wachhund auf mich zuhetzt. Jetzt sehen mich alle wieder: der Wirt, seine Frau und die Leute in La Patria. »Der Señor ciclista ist zurück! Ihm ist nichts passiert!« Das Bett scheint auf mich gewartet zu haben. Einen Tag später: das *Alemán*. Schoppet Friedhelm ist unterwegs. Die beiden Indiomädchen, die das Haus versorgen, lächeln verwundert: »Señor ciclista, cómo está?« Ja, wie geht's? Wie ging es Napoleon auf dem Rückzug aus Russland? Wie geht es einem Radler, der den Chaco fast durchquert hat und dann umkehren muss? Mir ist zum Lästern. Drei Tage nach dem »Zurück!« erreiche ich wieder die Mennonitenkolonie Filadelfia. Auch dort Wiedererkennen. Hartmut Wohlgemuth hatte es geahnt. Er schreibt es dem Herrn zu, dass ich da überhaupt wieder herausgekommen bin.

Gastfreundschaft kann zur Routine werden. Ein Telefonanruf: Um zwanzig Uhr fährt der Mennonitenbus nach Asunción, Ankunft gegen drei Uhr morgens. Schon ist ein Platz für mich reserviert. Das Rad sei kein Problem, meint Hartmut, im Bauch des Busses sei genug Platz dafür. Und noch etwas regelt er. In der Hauptstadt wartet ein Bett auf mich – im Mennonitenheim.

Eine geisterhafte Nachtfahrt. Scheinwerferkegel tasten den Bus ab, Militärkontrollen. Einmal auftanken. Irgendwann ein Irrlicht in der Dunkelheit, der Parador *Chaco Sur.* Hier stand mein Zelt, hier plagten mich die Polvorinos, hier saßen die Reiher als Mondgeister in den Bäumen. Der hohle Ton der Räder signalisiert: Wir rollen über eine Brücke. Unter uns der Rio Paraguay. Für die Strecke, die der Bus in wenigen Stunden abspult, hatte ich – in anderer Richtung – eine Woche gebraucht. Häuser, spärliche Beleuchtung: Asunción! Nie hätte ich geglaubt, diese Stadt jemals wiederzusehen. Jede Wette darauf hätte ich angenommen! Der Bus winkelt durch die Straßen. Kein Mensch ist zu sehen, kein Fahrzeug. Die Stadt scheint tot. Irgendwo hält der Bus. »Der Herr kann aussteigen«, sagt der Fahrer, »ich hole das Rad.« Eine Tür, eher ein Tor, öffnet sich. Ich werde erwartet. »Guten Morgen, der Herr! Hier ist Ihr Schlüssel. Dort drüben die Tür, dann die Treppe hinauf – rechts. Das Frühstück gibt es dort!« Der Mennonit zeigt auf ein anderes Gebäude. »Das Fahrrad können Sie im Hof stehen lassen. Hier passiert nichts. Gute Nacht, der Herr!« Ich muss das alles erst begreifen.

Eben noch im Chaco, jetzt im Mennonitenheim in Asunción. Es würde mich nicht wundern, hätte ich heute Nacht wirre Träume.

»Asunción, ich mag dich nicht! Trotzdem: Guten Morgen!« Ich muss mich erst orientieren. Frühstück – dort drüben. Der Raum ist halb gefüllt. Nur leises Murmeln ist zu hören. Man winkt mich an einen Tisch: »Setzen Sie sich doch!« Ich staune, der Mennonit hat Englisch gesprochen. Eine Frau kommt hinzu, nimmt stumm neben uns Platz und beginnt zu beten. Auf dem Tisch steht alles für ein rundum gutes Frühstück. Selbstbedienung. Erneut Beten. Nicht, dass ich verlegen bin, aber in eine solche Situation kommt man nicht alle Tage. Wieder der Mennonit: »Gehören Sie zu uns?« Er deutet auf das Kreuz an meinem Hals. Ich antworte wahrheitsgemäß: »Nein, ich bin nur Gast!« Mein Gegenüber sucht offensichtlich das Gespräch: »Sie fahren wohl viel mit dem Rad? Ich sehe das an Ihren Händen.« – »Gut beobachtet«, denke ich, denn

Radlerhandschuhe hinterlassen ein typisches Bräunungsmuster. Die Frau neben uns hat nur am Kaffee genippt und schweigt vor sich hin. Jetzt spricht der Mann sie an: »Möchtest du lieber aufs Zimmer gehen? Hier ist der Schlüssel!« Er schiebt ihn ihr zu. Die Frau steht wortlos auf und geht – den Blick auf den Fußboden geheftet. Als sie den Raum verlassen hat, wendet er sich wieder an mich: »Entschuldigen Sie! Es ist meine zweite Frau, die erste ist verstorben. Sie spricht nur selten und ist sehr strenggläubig. Wir sind aus Vancouver hier – mit einer Gruppe. Wie lange bleiben Sie ...?« Es ist der Anfang eines intensiven Gesprächs, und wir setzen es später im Hof fort. Der Mennonit begutachtet mein Rad und kommt zu dem Schluss, dass eine solche Reise nur unter dem »Schutz des Herrn« möglich ist. Er entschuldigt sich für einen Augenblick. Nach wenigen Minuten kommt er mit einer kleinen grauen Tasche in der Hand zurück: »Das ist für Sie! Ich brauche es nicht mehr.« Was er mir mit diesen Worten reicht, ist eine Art Erste-Hilfe-Set. Er erklärt mir den Inhalt: »Vitamintabletten, etwas gegen Schmerzen ...« Sogar ein Rheumamittel ist dabei. »Hier noch etwas!« Er drückt mir eine Münze in die Hand: »Es ist das neue kanadische Geld, gerade geprägt. Sie soll Ihnen Glück bringen. Beschützen tut Sie ja das Kreuz. Es beschützt jeden, der es trägt. Ich war auf zwei Schiffen, beide gingen unter, ich saß in einem Flugzeug, dem flog im Flug der Propeller weg. Es ist gut, wenn man glaubt!« Nachdenklich betrachte ich das Geldstück. Auf der Vorderseite ist ein Bär eingeprägt, auf dem Revers lächelt Königin Elisabeth II. Das Zweidollarstück hat keinen großen materiellen Wert, doch es gibt Geschenke, die haben ideelles Gewicht. Die Münze des kanadischen Mennoniten gehört dazu.

Wie soll diese Tour nun weitergehen? Tausend Kilometer Trans-Chaco hatte ich zurückgelegt, davon vierhundert auf übler Lehmpiste. Nach der Distanz wäre ich längst im bolivianischen Tarija. Stattdessen sitze ich in Asunción, als hätte die Chaco-Etappe nie begonnen. Gegenüber dem Heim liegt das Reisebüro der Mennoniten, ein Zeichen, wie modern diese Glaubensgemeinschaft inzwischen denkt. Gab es doch Zeiten, da lehnte man alles Moderne ab: Telefon, Traktoren, Autos, Flugzeuge… Ich werde in dem Büro vorstellig. Prompt geht es weiter mit der Hilfsbereitschaft. Man telefoniert: Wie sieht es mit den Grenzen aus? (Mir war durch das Chaco-Abenteuer ganz entfallen, dass die Grenzen wegen der Suche nach den Mördern des Vizepräsidenten geschlossen worden waren.) Wann fährt ein Bus nach Bolivien? Welcher Flug wäre eine Alternative? Die Auskunft ist eindeutig: »Grenzen wieder offen, auf absehbare Zeit kein Bus, da die Trans-Chaco unpassierbar, ein Flug nach Tarija nur auf dem Umweg über Santa Cruz und Cochabamba.«

Da ist sie wieder, die letzte verbliebene »Würfelzahl«, dieses Mal ein »Luftsprung«.

Das Reisebüro hat alles telefonisch erledigt. Auch der Radtransport ist gesichert. Nun ordnet man mir einen Jungen zu, Mennonitennachwuchs: »Bring den Herrn zur *Aero Lloyd Boliviano*!« Wir fahren gemeinsam mit einem der Stadtbusse. Der Rest ist Fußweg. Der Kleine kennt sich aus. Er führt mich in dem Bürohaus von Tür zu Tür: »Hier den Ausweis abgeben, der Herr! Dort bezahlen, der Herr! Den Flugschein…«

»Jawohl, kleiner Mennonit!« Nach einer Viertelstunde habe ich mein Ticket in der Tasche. Ein Problem ist gelöst. »Asunción, ich mag dich wirklich nicht! Aber du hast vielleicht noch etwas für mich!« Auf dem Postamt liegt möglicherweise noch der Brief meiner Frau. Jetzt führe ich den Jungen: »Komm, ich möchte einen Brief abholen!« Die Fenster des Amtes sind noch immer zerschossen. Polizei bewacht die Tür. »Qué quere Usted?« Die Frage, was ich möchte, klingt dienstlich-schroff. Ich antworte ähnlich knapp: »Lista de correos!« – »Pasaporte!« Das klingt schon wie ein Befehl. Gesichtskontrolle, dann ein kurzes: »Pase!« Der kleine Mennonit muss draußen warten.

Das Postamt hat mehr als ein Dutzend Schalter, doch nur einer ist geöffnet. Notdienst. Die Stadt hat noch immer nicht zur Normalität zurückgefunden. Der Akt der Briefausgabe dauert eine Stunde – mit Anstellen, irgendwo Unterschreiben, irgendwo Bezahlen, wieder Anstellen. Endlich habe ich ihn. »Liebe Grüße und viel mehr!« Schön, so etwas am anderen Ende der Welt zu bekommen.

Es ist viele Jahre her, da erhielt ich in einem Reservat der Navajo die Erlaubnis, in der Kirche zu schlafen. Im Innern entdeckte ich an der Wand ein Papier mit den »Lebensregeln« der Indianer. Sie beeindruckten mich so sehr, dass ich sie abschrieb. Wieder im Mennonitenheim, stöbere ich in der Literatur, die auf meinem Zimmer liegt, und entdecke Ähnliches. Es gibt Worte, die sind es wert, dass man sie sich notiert.

Lebensregeln der Mennoniten:

»Verantwortung ohne Liebe macht rücksichtslos,
Gerechtigkeit ohne Liebe macht hart,
Weisheit ohne Liebe macht überheblich,
Wahrheit ohne Liebe macht rechthaberisch,
Hingabe ohne Liebe macht egoistisch …«

Es ist eine lange Liste. Wie die Lebensregeln der Navajo, so wären auch diese es wert, dass man sie von deutschen Kirchenkanzeln verkündet, besser noch, in den Lehrplan der Schulen aufnimmt.

Noch eine weitere Nacht im Mennonitenheim, dann radle ich durch Straßen, die ich bereits kenne – unter anderen Vorzeichen: Panzerwagen, Uniformen, Gewehrläufe. Mein Ziel ist der Flughafen. Alles klappt problemlos. Das Fahrrad wird angenommen, als hätte man geradezu darauf gewartet. Eigentlich sollte der Lufttransport hundert Dollar kosten, doch man winkt es durch. Während ich auf den Abflug warte, fällt mir eine liegen gebliebene Zeitschrift in die Hand. In einem Artikel darin geht es um den Zustand des Landes. Journalisten berichten von einem Flug über das östliche Paraguay: »Schon hinter der Stadtgrenze von Asunción beginnt das verwilderte Land. Entwaldung, Brandrodung, Verödung. Bis zur brasilianischen Grenze hört das nicht mehr auf. Dagegen wuchern die städtischen Siedlungen – genährt vom Zustrom frustrierter Kleinbauern, die den Pflug weggeworfen haben.« Die Journalisten nehmen kein Blatt vor den Mund. Sie werfen den Verantwortlichen »totales Versagen« vor. »Schade, Paraguay, schade wegen deiner Menschen, dass man dich so vor die Hunde gehen lässt!«

Der Flug *Aero Lloyd Boliviano 842* wird ausgerufen. Wenig später der Blick aus dem Flugzeugfenster. Unter uns der Rio Paraguay. Vom Chaco selbst ist nichts zu sehen. Dichte Wolken haben die »Grüne Hölle« zugedeckt. Der Himmel hält noch mehr Wasser für sie bereit. Die Boeing kreuzt das Gebiet fast entlang meiner Fahrradroute. Auch das hätte ich mir nicht träumen lassen: zum dritten Mal auf einer Art »Trans-Chaco«! Der Flug gleicht eher einem Irrflug; erst die dritte Stadt ist mein Ziel. Endlich Tarija! Ich begrüße das fünfte Land auf meiner Tour: »Buenos dias, Bolivia!« Am liebsten möchte ich hinzufügen: »Bitte spare dir böse Überraschungen! Meine Reise ist schon zu voll davon.«

Der lange Marsch

Die anderen Passagiere haben bereits ihr Gepäck; ich warte noch immer. Nicht selten wird so etwas wie ein sperriges Fahrrad zum Schluss ausgehändigt. Die beiden Männer in den blauen Monturen klatschen in die Hände: »Finito!« Alarm! Mein Gepäck fehlt. Alles. Die Taschen, die Rolle mit den Schlafutensilien, das Rad. Doch was nützt in einer solchen Situation protestieren! Wunder geschehen nicht durch Worte. Im Büro der Fluggesellschaft wird man tätig. Auslandsgespräch nach Paraguay. Von dort kommt die Bestätigung: »Alles eingeladen!« Schulterzucken: »Sorry, Señor! Bitte, kommen Sie morgen früh noch einmal wieder. Wir werden nachforschen.« Da stehe ich – zwar mit einer prallen Kameratasche, doch nicht einmal mit einer Zahnbürste. »Bolivien, solltest du mich nicht mit bösen Überraschungen verschonen?«

Noch ist es nicht nötig, wieder so etwas wie einen Notplan zu entwerfen. Irgendwo würde man Gepäck und Rad schon entdecken. In Cochabamba hatte ich die Maschine wechseln müssen, vielleicht war es dort liegen geblieben, vielleicht hatte man alles ins falsche Flugzeug umgeladen. Schlimmstenfalls war meine Ausrüstung auf dem Weg zurück nach Asunción. Eine Übernachtung hatte ich in Tarija sowieso eingeplant. Also sehen wir morgen weiter.

Wie bestellt am Flughafen, erhalte ich eine erfreuliche Nachricht: Der Zoll in Cochabamba hatte sich meiner Habe angenommen. Wenn es keine Beanstandungen gibt, kommen Gepäck und Rad mit der nächsten Maschine. Man verlangt die Telefonnummer meines Hotels, zwecks Benachrichtigung. Ach ja, ich kenne das von vielen Reisen. An Diplomatenköfferchen hängt ein Heiligenschein. Eher schmuddeligen Fahrradtaschen dagegen haftet der Geruch des Verdächtigen an. Doch ich bin zuversichtlich. Die Zollbeamten könnten in die Schläuche kriechen, sie würden nichts finden. Ihr Misstrauen hatte ich ja bereits kennen gelernt. Als ich die Maschine wechselte, nahmen sich zwei von ihnen meiner Kameratasche an. Sie leerten sie vollständig. Als sie dann noch begannen, die einzelnen Filmdöschen zu öffnen, wurde es mir zu bunt. Ich zog eines jener Dokumente, die ich eben für solche Fälle parathielt: »... Alle Autoritäten des Landes werden gebeten, Señor Hannig bei seiner Arbeit... gezeichnet: Hortensia Rocabado de Viets, Consul General Honorario de Bolivia.« Die Wirkung war durchschlagend. Die Beamten traten einen Schritt zurück: »Perdone, Señor ...!« Es fehlte nur noch, dass sie salutierten.

Es wird Nachmittag, es wird Abend. Kein Anruf kommt. Besorgt geworden, gehe ich zum Flughafen. Dort glaube ich meinen Augen nicht zu trauen. Die Gepäckausgabe erfolgt in Tarija außerhalb des Gebäudes, unter freiem Himmel, auf einer Art Tresen. Und weithin sichtbar liegt dort – wohl schon seit Stunden – mein Rad samt Taschen. Der Flughafen hat bereits geschlossen. Die letzte Maschine ist durch. Soll ich schimpfen, weil man die Benachrichtigung vergessen hat, oder soll ich das Land loben? Wo sonst in Lateinamerika könnte man Gepäck so unbeaufsichtigt ablegen, ohne dass es gestohlen würde? Also doch: »Kompliment, Bolivia!«

Obwohl mich das Chaco-Erlebnis im Zeitplan um mehr als eine Woche zurückgeworfen hat, verschiebe ich den Aufbruch um einen weiteren Tag. Auch wenn das neue Abenteuer, die Anden, mächtig lockt. Erst einmal eine richtige Stadt genießen, die erste seit Asunción!

Mehr als zwei Drittel der Bevölkerung Boliviens sind Indigenas. Das sieht man auch in Tarija. Es geht bunt zu, bunt, aber nicht laut, geschäftig zwar, aber ohne Eile. Indios hetzen nicht durchs Leben. Die Ruhe der Inka scheint ihnen noch im Blut zu stecken. Diese schliffen in mühevoller Arbeit tonnenschwere Felsen für fugenlose Mauern passend, und schaffte man die Vollendung nicht in seinem Leben, überließ man sie der nächsten Generation. Was war für sie schon der Begriff »Zeit«! Indiopsyche, so schrieb jemand, hat etwas von der Ruhe fernöstlicher Weisheit. Hektiker werden sich also hier nicht wohl fühlen. Schicken wir sie deshalb aufs Börsenparkett und bummeln durch Tarija.

Ich hatte mir *panqueques* gekauft, eine Art Crêpes. Sie kosten nur Pfennige. Auch Obst gibt es »halb geschenkt«. Nun streife ich zufrieden durch die Straßen. Die Tür eines Geigenbauers steht offen. Ich werfe einen Blick hinein: Da lohnt ein Foto. »Buenos dias, Señor! Darf ich…?« Die Antwort ist ein freundliches »Claro!«. Der Mann steht auf und tritt zur Seite, damit er aus dem Blickfeld der Kamera kommt. Indioart. Sie mögen es nicht, wenn man sie ablichtet. Nur sehr selten erhält man die Erlaubnis für ein Porträt. Um die Ecke öffnet gerade eine Tienda.[14] Die Frau schreibt das heutige Angebot auf eine kleine Schultafel an der Tür: Milch! Butter! Karpil! Sie scheint meinen Blick gespürt zu haben und dreht sich nach mir um: »Ja, Señor, was möchten Sie?« Ich antworte. »Was bitte ist ›Karpil‹?« Ein Fingerzeig: »Einen Moment bitte!« Aus dem dunklen Hintergrund zurück, überreicht sie mir einen kleinen Tetrapack mit ebendieser Aufschrift: »Für Sie, Señor! Zum Probieren!« Sie lacht mir dabei ins Gesicht, aus purer Freude darüber, dass sie den Fremden mit dem kleinen Geschenk verblüfft hat. Karpil, lese ich auf der Verpackung, ist entrahmte Milch mit Fruchtgeschmack. »Danke für die Geste!«

Einer der zahllosen Straßenmärkte: Unter den viel zu kleinen Hüten der Frauen quillt schwarze Haarfülle hervor. Bunter Stoff liegt um runde Hüften. Hände stricken mit schlafwandlerischer Sicherheit. Ein kleiner Schuhputzer wieselt herum. Er ist der Einzige, der hetzt. Sein Blick zielt nur knieabwärts. Jeder Turnschuh-

Graziös angeboten: Blumen für Kirchgänger.

träger ist eine Enttäuschung für ihn. Da gibt es nichts zu putzen. Mich versucht der Knirps zu überreden: »Señor …?« Als ich ablehne: »Nicht nötig!«, macht er meine Schuhe »mit Worten« schmutzig. »Sehen Sie doch, Señor …« Da ein zweites »No!« nicht hilft – der Kleine wird zur Klette –, sage ich gespielt barsch: »Rede ich Spanisch oder Chinesisch?« Er reißt den Mund auf. Jetzt fehlen ihm die Worte. Ein besonderer Stand zieht mich an. Der Indio verkauft Heil- und Glückbringendes: getrocknete Föten von Lamas und Schweinen, dazu kleine Enten – ebenfalls mumifiziert. Lamaföten sind die wirkungsvollsten Beschützer, die von Schweinen helfen gegen Krankheiten, die getrockneten Entenküken versprechen Glück im Arbeitsleben. Fotos sind strikt verboten, versteht sich. Sie rauben den »Amuletten« die Wirkung.

Ein Stück weiter: Der rabiate Ton aus einer Trillerpfeife bringt einen Autofahrer zur Räson. Er hatte es mit dem Rechtsfahren nicht so genau genommen. Auch die Polizistin ist eine Indigena. Ihre Uniform klemmt eine Menge Weiblichkeit ein. Sie scheint sich dessen bewusst, »schimpft« mit dem Zeigefinger, drückt Lässigkeit mit dem Handrücken aus und zeigt Fahrern mit dem Daumen, wo's lang geht. »Respekt, Señorita!« Doch es scheint etwas zu geben, was diese Autorität aussticht: Kirchenglocken! Das gilt nicht nur für diese Stadt, eher für ganz Lateinamerika. Jetzt läuten sie im Hintergrund. Kirchen spiegeln die »Sozialskala« eines Landes wider. Sind sie gähnend leer, besteht das Volk nicht etwa aus Atheisten, sondern ist nur zu reich zum Kirchgang. Um was müsste man noch bitten im Gebet? Quellen die Gotteshäuser über vor Gläubigen, hat man es mit Armut zu tun. Glaube ist »Manna« für die Hungrigen, Hilfe für die Kranken, Trost für die Trauernden. So erstaunt es mich nicht, dass die Menschen der Stadt dem Ruf der Glocken in Scharen folgen. Das bunte Treiben in den Straßen, das Warenangebot – sie können nicht darüber hinwegtäuschen, dass Bolivien ein armes Land ist und folglich ein gläubiges.

Auf dem Rückweg treffe ich noch einmal den kleinen Schuhputzer. Ein etwa gleichaltriger Bonbonverkäufer hat ihn angesprochen. Mit dem süßen Inhalt seines Kartons entlockt er ihm die Centavos, die der andere eingenommen hat. Wie gewonnen, so zerronnen. Weg ist das Geld.

Ich habe nur einen kleinen Spaziergang durch Tarija gemacht und freilich darüber die Börsendaten verpasst. Doch »Erleben« schien mir der bessere Kurs.

Es ist soweit! Auf Asphalt rolle ich aus der Stadt. Etwa vierhundert Kilometer sind es bis nach Potosi. Dort stünde ich am Fuß des Silberbergs. Eine Reise wäre zu Ende, deren Beginn schon Erinnerung ist. Gehen wir sie an, die kleine Restdistanz.

Der Herausgeber meiner Straßenkarte ist das *Ministerio de Transportes y Comunicaciones*. Sie ist zwangsläufig für Autofahrer gedacht; denn wer radelt schon durch die Anden! So werde ich mich mit Ungenauigkeiten abfinden müssen. Habe ich »radeln« gesagt? Ich stehe am Ende der Asphaltstraße. Die Steigung vor mir wäre vielleicht mit dem höchsten Berggang zu schaffen, zumindest bei einem leeren Rad. Was es mich gar nicht erst versuchen lässt, sind die Steine auf der Piste. Wann hatte ich das Velo zum letzten Mal geschoben? Auch das ist schon Erinnerung.

Wie viel Stunden drücke ich das Rad nun schon bergan? Egal. Ich lebe zeitlos wie ein Inka-Steinmetz. Jeder Schritt ein kleiner Gewinn. Sollte ich ausrutschen und ins Tal zurückkullern, dann müsste ich eben von neuem beginnen. Geduld. Die Gehstrecken zwischen den Verschnaufpausen werden immer kürzer. Ich habe ja nicht die Absicht, gleich am ersten Tag den »Zugspitzgipfel« zu erklimmen. Doch was sind in den Anden schon dreitausend Meter? Kein Wunder, dass die Luft für die Lunge knapp wird. Mein Puls verlagert sich vom Handgelenk an den Hals. Ich lästere über mich: »Da hast du tausende Kilometer Übung in den Muskeln, und du schiebst das Rad, als seist du nach langer Krankheit eben erst aus dem Bett gekommen!« Wie zur Bestätigung werden meine Schritte noch ein Stückchen kleiner, die nächste Pause noch länger.

Je höher ich hinaufkomme, desto weiter reicht der Blick. Das Wolkenmeer über dem Chaco, ich hatte es schon aus dem Flug-

Ein Bergbauer hat dem steinigen Hang ein Feld abgerungen.

zeug gesehen, reicht bis zu den Anden. Im Osten regnet es. Wie Eisschollen im Wasser treiben einzelne Wolkenfelder heran. Wenn sie sich hier stauten, würde auch ich nass.

Ein paar Hütten. Lehmziegel, Wellblech. Die Menschen, die hier oben wohnen, leben von Kleinvieh. Nur selten lässt ein Plateau Feldwirtschaft zu. »Viel Steine gab's und wenig Brot.« Der alte Spruch könnte von den Andenbauern stammen. Eine Gruppe Frauen hockt am Pistenrand, selbst bunt wie die Bündel, die sie abgelegt haben. Man wartet auf eine Mitfahrgelegenheit. Meinen Gruß beantworten sie durch Handheben. Keine Fragen an den Fremden, nur unausgesprochene.

Noch immer Schritt für Schritt. Inzwischen stecke ich in den Wolken. Es wird bitterkalt. Die Feuchtigkeit zwingt mich in den Regenanzug. »Der weite Himmel über den Anden«, heißt ein Buchtitel von Carmen Rohrbach. »Komm, Carmen!«, möchte ich bei der Sicht um null sagen, »zeig mir, wovon du so geschwärmt hast!«

Wolkennebel. Nieselregen. Kreuze am Pistenrand zeigen, wo

In Höhen, in denen bei uns in Europa dauerhaft Schnee liegt, beginnt in den Anden das Reich der Kakteen.

Menschen beim Sturz in die Tiefe ihr Leben ließen. An einer Stelle wirken die Felswände als Düse. Der Wind, bisher kaum spürbar, faucht durch diese Enge. Für einen Augenblick zerreißt das Grau. Mein Gott! Erschrocken trete ich einen Schritt zurück. Kein Hindernis, keine Absperrung vor dem »freien Fall«! Die Wolken schließen sich wieder. Es wirkt, als habe sich der Tod, der in der Tiefe lauert, zur Tarnung eine Decke umgehängt. Wie die Augen eines Raubtieres leuchten vor mir die Scheinwerfer eines Lkw aus dem Nebel. Das dumpfe Motorgeräusch war schon lange zu hören. Es klang wattegedämpft. Erschrecktes Hupen, als mich der Fahrer wahrnimmt. Mit einer solchen Begegnung hat er hier wohl nicht gerechnet.

Noch immer gegen den Berg antreten. Endlich flacht die Steigung ab – Entlastung für Muskeln und Lunge. Auch die Sicht wird wieder besser. Einige Felder tauchen auf, Lehmhütten. Man sieht, hier wohnt nicht der Reichtum, sicher aber tiefer Glaube.

Die Piste führt hinüber ins Tal des Rio San Juan. Dem Fluss werde ich nach Norden folgen. Doch was ein Andenpass für einen Radler bedeutet, da hatte ich mich gründlich verschätzt. Es wird dunkel, und ich stecke »irgendwo«. Mein Zeltlager ist eher ein Notlager. Zwei Quadratmeter ebene Erde bleiben in dieser Bergwelt ein frommer Wunsch.

Am nächsten Morgen noch immer aufliegende Wolken. Das Motorengeräusch eines Konvois hatte mich geweckt. Es schien von allen Seiten gleichzeitig zu kommen. »Sternfahrt« einer Gruppe Laster direkt auf mein Zelt zu? Die Stoßstangen würden sich über mir treffen. Doch war alles nur akustische Täuschung. Bergwände haben den Schall reflektiert.

Gestern hatte ich mich wie ein Rekonvaleszent gefühlt, heute geht es mir wie jemandem, der bereits einige Festmeter Kaminholz gespalten hat; so sehr fährt mir der Berg in die Knochen. Jetzt sehe ich die ersten Kakteen. Eine Art gleicht kleinen Saguaros, andere sind kugelköpfig. Der Anblick führt zu einer Assoziation: Die auf-

Rast in stacheliger Gesellschaft.

recht stehenden Säulen sind die »Enthaupteten«, die Kugeln zwischen den Steinen die »abgeschlagenen Köpfe«. Als Frostschutz ließ die Evolution auf dem ganzen Körper dichtes Haar wachsen.

Endlich die Abfahrt – aber was für eine! Da hattest du dich darauf gefreut, und nun das: Sand, Staub, Steine. Der Unterschied zu bisher: Bergauf durfte ich das Rad schieben, jetzt ins Tal hinabführen. Immerhin, Carmens »weiter Himmel« hat sich eingefunden. Andenblau, ein mageres Zuckerbrot als Ausgleich für die »Peitsche«.

Bereits gestern war mir bewusst geworden, dass ich die Berge zu forsch angegangen hatte. Wie ein Sportler auf der Zielgeraden, glaubte ich Restenergie zeigen zu müssen. Es war ein Fehler. Unten im Tal liegt das Pueblo Iscayachi. Dort werde ich mich ausruhen und die Sache morgen etwas langsamer angehen: Inka spielen, in der Erkenntnis der »Relativität der Zeit«.

Das Dorf besteht hauptsächlich aus Verkaufsbuden und kleinen Restaurants, landestypischen. Wenn sich, wie hier, in den Anden zwei Straßen treffen, entsteht schnell ein »Knotenpunkt«, denn

Kundschaft ist gesichert. Ich habe keine Bedenken, mein Zelt ganz in der Nähe aufzustellen. In Bolivien schreibt man das Wort »Kriminalität« noch klein. Doch der Wirt, bei dem ich esse, macht mir ein Angebot: »Im Zelt? Nicht notwendig. Hier ist Platz genug.« Er zeigt auf den Fußboden. So einfach ist das mit der Gastfreundschaft. Die Beine etwas vertreten, Motivsuche mit der Kamera, Tagebuch schreiben. Dann der Blick auf Tischplatten von unten. »Buenas noches!« Mein Nachtlager am Berg war steiniger.

Der Wirt weiß von mir nur, dass ich Deutscher bin. Er stellt keine weiteren Fragen. Indigene Zurückhaltung nenne ich das. Das Frühstück ist typisch bolivianisch. Es besteht aus einer Tasse schwarzen Kaffees und einem trockenen Brötchen, kaum handtellergroß und platt, als sei es unter die Räder eines Lkw geraten. Da steigt man schon geschwächt in den Sattel. Trotzdem: »Danke, Iscayachi, für deine Gastfreundschaft!«

Ich bin wieder auf Strecke. Gewonnen habe ich durch den gestrigen Pass keinen einzigen Höhenmeter. Die mühsam ertretenen musste ich hinunter zum Rio San Juan alle wieder hergeben. Bis ins nächste Pueblo sind es sechsundfünfzig Kilometer. Es nennt sich El Puente. Auf einer Tour von dieser Gesamtlänge könnte man so ein Wegstückchen fast übersehen; doch ich beginne, was Entfernungen betrifft, neu zu zählen. In den beiden letzten Tagen hatte ich das Rad – grob geschätzt – dreißig Kilometer geschoben. Jetzt marschiere ich schon wieder »Hand in Hand« mit ihm. Was ich bereits in Paraguay geahnt hatte, scheint sich hier zu bewahrheiten. Auf dem Weg nach Potosi würden meine Schuhsohlen hauchdünn werden. Nun bleibe ich ganz stecken. Die Nebenflüsse des San Juan führen um diese Jahreszeit kein Wasser, nur Sand, und Brücken scheint es nicht zu geben. Ein mühevolles Schieben und Zerren beginnt, um durchzukommen. Als ich am Abend El Puente erreiche – ich hatte damit schon nicht mehr gerechnet –, sind die ersten fünfzig Kilometer Fußmarsch längst voll.

Wo schläft man in dem Dorf namens »Die Brücke«? Auf dem

Ein kleiner Wasserholer am Dorfplatz.

Fußboden natürlich. Das Angebot vom Vortag wiederholt sich. Der Wirt, der es mir macht, zeigt auf einen überdachten Essplatz: »Dort, Señor!« Der Boden ist aus Beton, glatt, eben. Kein Steinchen würde drücken. Isomatte und Schlafsack hielten Härte und Kälte fern. Was wollte ich mehr? Das Essen, das man mir bringt, sieht zwar suspekt aus; doch auch Wölfe werden zu Allesfressern, wenn sie hungrig sind. Dann großes Erstaunen: Die Frau kommt noch einmal, wünscht mir »Gute Nacht!« und stellt ein Gläschen Wein auf den Tisch. Die Kartoffel-Schwarten-Suppe wird damit im Nachhinein »verfeinert«.

Frühstück wie gehabt: schwarzer Kaffee, trockenes Brot. Ich frage nach einer Zugabe. Man hat noch einen gekochten Hühnerschenkel vorrätig – wenigstens etwas. Einkaufen in der Tienda. Dann weiter Kilometer zählen – mit Schritten. Ein festes Ziel nehme ich mir heute nicht vor. Die Natur wird Tempo und Distanz bestimmen.

Las Carreras, ein verlorenes Pueblo. Etwas Farbe, viel Lehm, viel Wellblech. Laut quiekend jagen Schweine durchs Dorf. Ein kleiner

Junge malt mit dem Pinkelstrahl Linien in den Staub; andere bestaunen mich, ohne dabei das Nasebohren zu unterbrechen. Schon bin ich beim letzten Haus.

Die Natur wird rau – und schön, wüstenartig, mit buntem Fels. Salzausblühungen in roter Erde sorgen für zusätzliche Farbe. Gipskristalle blinken in der Sonne. Kakteen drängen sich zu Gruppen. Noch hält sich das Schieben in Grenzen. Heute ist das Hauptproblem der Staub. Zwar tröpfelt der Verkehr, doch jeder Lkw zieht eine kilometerlange Staubfahne hinter sich her. Ich habe bereits das «Make-up« eines Zementarbeiters – nur rötlich statt grau. Schon wieder ein Dorf, Villa Abecia. Es ist der Fluss, der die recht dichte Besiedlung des Bergtales erlaubt. Als ich Rast mache, steht das ganze Pueblo um mich herum und diskutiert. Die Leute geben sich selbst die Antworten. Dem Fremden gegenüber sind sie erstaunlich zurückhaltend. Ein Mann tritt vor, fragt mich nach meiner Nationalität. Die Antwort überbringt er den anderen. Es ist mir durchaus recht, dass ich nicht erzählen muss. Stummes Zuwinken, als ich weiterfahre.

Palca Grande, später San Pedro. Nackthalsige Hühner fliehen. Der fremde Radler reißt hungrige Hunde aus dem Halbschlaf. Sie wittern Beute. Steige ich zur Abwehr vom Rad, ziehen sie den Schwanz ein und trollen sich. Indianerhunde sind keine Helden. Irgendwie scheinen die Dörfer alle »Brüder«, eine einzige große Familie aus Gras, Lehm und Wellblech. Nun darf ich wieder schieben.

Unbeirrbar sucht die Piste ihren Weg in die Berge. Die Natur ist immer mehr Wüste als Wirklichkeit. Nicht jeder fühlt sich von so etwas angezogen. Ich staune selbst, dass ich trotz widriger Bedingungen noch vor Sonnenuntergang den Ort Camargo erreiche. Es ist das erste richtige Dorf auf dieser Strecke. Polizei, Bank, eine Plaza mit Geschäften. Sogar ein kleines Hotel gibt es. Es liegt so versteckt, dass man es nur findet, wenn man geführt wird. Ein Junge ist so nett und zeigt mir den Weg.

Ich weiß nicht, wovon der Besitzer lebt. Wäre er auf die Einnahmen durch Gäste angewiesen, könnten er und seine Familie nur verhungern. Große Aufregung, als der Fremde auftaucht. Der Wirt wischt sich die Hände am Handtuch ab, ruft nach der Frau: »Ein Gast!« Das Zimmer kostet umgerechnet fünf Mark. Klo und Dusche im Hof, Hunde- und Katzengesellschaft gratis. Die Küche hat keine Tür. Das »schwarze Loch« erlaubt einen Blick ins Innere: gemauerte Feuerstelle, rußige Kessel und Pfannen. Bei uns wäre so etwas ein Heimatmuseum, stünde gar unter Denkmalschutz. Nur eine Frage stellt man dem Fremden wieder: »Aus welchem Land ist der Señor?« Inzwischen sehe ich, wovon der Wirt lebt. Er verkauft Bier über die Straße. *Dieses* Geschäft floriert.

»Adios, Camargo!« Weiter geht es mit Nordkurs. Auf Reisen wie dieser, wo man nie weiß, ob ein Brief jemals den Ort verlassen wird, in dem man ihn abgibt, wo Überseegespräche schon bei der Vermittlung »ertrinken«, treffe ich eine Vereinbarung mit der deutschen Botschaft des Landes. In möglichst regelmäßigen Abständen melde ich mich bei ihr, gebe meinen Standort und das nächste Ziel durch. Meine Frau ruft dann die Informationen von

Eine malerische und museumsverdächtige »Hotelküche«.

Deutschland aus ab. Der Nachrichtenaustausch über diese »Relaisstation« klappt reibungslos, vorausgesetzt, es gibt ein funktionierendes Telefon. Auf meinem Weg durch die Berge ist das nicht immer der Fall. Meist fehlt in den Pueblos das kleine, blaue Schild TELÉFONO. Ich muss mich dann länger als beabsichtigt ausschweigen. Einmal versuche ich es in der Schule. Die Lehrerin bedauert: »Leider nein!« Ein anderes Mal scheint es zu klappen. Schon von weitem leuchtet das besagte Schild. Das Telefon steht auf einer Art Küchentisch. Ich äußere meinen Wunsch: ein Gespräch mit der deutschen Botschaft in La Paz. Der Mann zieht aus der Schublade eine Stoppuhr, stellt sich damit neben mich und gibt mir ein Zeichen: »Jetzt!« Zeitnahme wie im Sport. Das Wählen scheint schon mitzuzählen. Am anderen Ende meldet sich eine Frauenstimme: »Embajada…« Die Stimme klingt schwindsüchtig; und noch bevor ich antworten kann, ist die Leitung tot. Ich zeige auf den stummen Hörer: »Es funktioniert nicht!« Der Mann lauscht selbst. Die Antwort, die er mir gibt, klingt wie ein Scherz: »Die Batterie ist leer!« Warten auf das nächste *Teléfono*.

Es sind solche Erlebnisse, die deutlich machen, dass ich mich von dem, was wir unter »Zivilisation« verstehen, immer mehr entferne. Jetzt, wo sich ihre Maschen weiten, verändert sich auch das Verhalten der Menschen dem Fremden gegenüber. Sie werden neugierig oder reagieren ängstlich, je nach Situation. Eben eilt ein Mann auf mich zu – mit ausgestreckter Hand. Er will mich nur begrüßen, den ersten Fremden hier, wie er mir bestätigt. Ein anderer unterbricht die Arbeit mit der Feldhacke. Ich staune: Ihn interessiert das Gewicht meines Fahrrades. Er möchte es einmal anheben – und scheitert daran. »Fuerte! Fuerte!«, lobt er meine Muskeln. Nun ja, ohne Kraft brächte man so ein bepacktes Rad nicht durch die Anden.

Inzwischen weit im touristischen Abseits, notiere ich all die Begegnungen. Sie geben einer solchen Reise »Inhalt«. Eine Gruppe Lehmhütten, dazwischen Frauen beim Plausch. Beim Anblick des

Beim ersten Fremden im Dorf interessiert sogar, wie er isst.

Fremden rücken sie noch näher zusammen und kichern hinter vorgehaltener Hand. Männer mit Bart sind hier unbekannt. Wieder anders das Verhalten der Kinder. Mal flüchten sie vor dem »wilden« Gesicht, mal bin ich der Magnet, der sie wie Eisenspäne anzieht. Zwei solcher konträren Szenen: irgendein Pueblo. Ein handgeschriebener Hinweis lockt: »Heute Mittagessen!« Das »Restaurante« steht für schon ähnlich Erlebtes: ein Inventar mit Altersjahresringen, das Geschirr wie aus verschiedenen Haushalten zusammengesucht. Von der Wand blickt Jesus auf die Gäste herab. Irgendwie scheint er gleichzeitig wegzuschauen; denn neben ihm hängt eine Bierreklame. Auf dem Poster räkelt sich eine leicht geschürzte Señorita. Es gibt Kartoffeln, Reis, Fleisch – als Beilage gekochte Maiskörner. Für einen hungrigen Magen allemal ein »Menü«. Ganz in der Nähe liegt die Dorfschule. Das Auftauchen des Fremden lässt den Unterricht platzen. Jetzt stehen die Schüler vor der offenen Tür des Restaurants und schauen zu, wie der Bärtige isst. »Gibt's einen Unterschied zu euch?«, möchte ich sie fragen und schieße im Sitzen ein Foto nach draußen – leider eine Sekunde zu früh; denn jetzt lugt die Lehrerin am Türrahmen vorbei. Als ich sie grüße. »Buenos dias, Señora!«, fühlt sie sich ertappt und zieht schnell den Kopf zurück. Ein anderes Mal begegnen mir die Kinder eines Pueblo auf dem Weg zur Schule ins Nachbardorf. Keines von ihnen trägt einen Ranzen oder eine Tasche. Das unter den Arm geklemmte Heft genügt. Die Jungen und Mädchen müssen etliche Kilometer laufen. Schon von weitem hat man mich entdeckt. Rufe werden laut. Alle verlassen die Piste und weichen dem Fremden in weitem Bogen aus. Eines der Mädchen hat sich hinter einem niedrigen Busch versteckt. Als ich auf seiner Höhe anhalte – ich möchte nur fragen, warum man solche Angst vor mir hat –, schreit es auf und stürzt so panikartig davon, dass ihr die Zöpfe ins Gesicht schlagen. Andenerfahrung abseits aller Reiseführer.

Wo bin ich eigentlich? Tocaquira, Muyuquiri, Padcoyo – alles klangvolle Namen zwischen den »Maschen« der Zivilisation.

Der Zuruf einer Frau von erhöhter Warte: »Señor! Einen Moment!« Sie kommt die Steinstufen zur Piste herab: »Für Sie! Für die harte Reise!« Mit diesen Worten übergibt sie mir ein paar Pfirsiche – klein, grün und doch überaus saftig. Diese Menschen, selbst arm, haben noch immer etwas zu verschenken. Vor dem Weitergehen noch ein »Suerte!« für den Fremden. Ich werde auf meinem Weg in die Berge diesen Wunsch für »Glück« noch häufig zu hören bekommen.

Ein paar Kilometer weiter habe ich Gelegenheit, mich für das Pfirsichgeschenk zu revanchieren. Während ich das Rad bergandrücke, kommt mir ein Mann mit einem Bündel auf dem Rücken entgegen – barfuß. Als er mich sieht, bleibt er stehen und setzt seine Last ab. Es scheint, als warte er auf mich. Bei meiner Annäherung macht er mit dem Daumen das Zeichen: »Trinken!« Ich hatte für die Strecke vorgesorgt und führe zusätzlich Wasser in Plastikflaschen mit. Davon reiche ich ihm eine. Der Mann deutet das »Danke!« mit mehreren Verbeugungen an. Bedächtig trinkt er.

Als er mir die Flasche zurückreichen will, winke ich ab – doch nicht nur aus Mitgefühl. Mundwinkel und Teile seines Gesichtes sind mit Schorf bedeckt. Was er zu dem »Geschenk« sagt, verstehe ich nicht. Es war kein Spanisch, vielleicht Quechua. Doch wie das Leben so spielt: Kaum eine Stunde später bekomme ich das Geschenk sozusagen zurück. Ein Lkw hält. Aus dem Führerhaus senkt sich ein Arm mit einer Literflasche Limonade herab: »Für den schlechten Weg!«, meint der Fahrer. Dann die Frage, ob ich nicht lieber aufsteigen möchte. Aber seit wann erlebt man ein Land von der Pritsche eines Lastwagens aus? »Muchas gracias!« für das Getränk, doch ein Kopfschütteln für das Mitnahmeangebot.

Abschiedshupen. Beim Wiederanfahren werde ich wie zur Strafe für den Stolz eingenebelt, von schwarzem und stinkigem Rauch.

Längst habe ich mich an das Marschieren gewöhnt. Einen Versuch, doch im Sattel zu bleiben, hatte ich bereits mit einem üblen Einschlag in der vorderen Felge bezahlt. Das fehlte mir noch, auf dieser Strecke ein technischer K. O.! Hilfe wäre weit. Wieder ein Dorf. Dieses Mal werde ich »verfolgt«. Doch die Gruppe aus Jugendlichen und einigen Männern bleibt auf Distanz. Bald sollte ich den Grund für dieses Nachgehen erkennen: Ein Fluss kreuzt die Piste. Die Dorfbewohner möchten wohl nur sehen, wie der Fremde mit dem Fahrrad durchs Wasser kommt. Die Furt ist von den Lastwagen tief ausgefahren. Ich muss mir eine flachere Stelle suchen. Eine alte Volksweisheit sagt: »Stille Wasser gründen tief!« (im doppelten Sinne).

Für eine Flussquerung heißt das: Man versucht es besser dort, wo sich das Wasser kräuselt; dann ist der Grund nicht weit. Die Wanderstiefel ausgezogen und an den Schnürbändern zusammengeknotet um den Hals gelegt, ist schon Routine. Ich hole zuerst einen Teil der Taschen, dann das geleichterte Rad nach. Die Indios scheinen zufrieden, der Fremde weiß, wie man es macht. Sie gehen ins Dorf zurück.

Andenpisten haben nicht nur vertikales, sondern auch waagerechtes »Profil«.

Mit den Angeboten von Wirten: »Señor, Sie können hier auf dem Fußboden schlafen!«, ist längst nicht mehr zu rechnen. In den Nächten ist jetzt meine Stoffhütte unentbehrlich. Doch für heute sollte noch eine Überraschung auf mich warten. Ich sondiere bereits das Gelände, als wieder ein Lastwagen stoppt. Der Fahrer gibt mir den Tipp: »Señor, dort vorn kommt ein Pueblo mit einem Hotel!« Was für ein Geschenk, nach Tagen mal wieder ein richtiges Bett! Die Vorfreude darauf macht mir das Weiterschieben leichter.

Längst ist die Sonne untergegangen, aber von einem Dorf keine Spur. Der Fahrer hat mich wohl auf den Arm genommen. Es wird Nacht, ich möchte schon aufgeben, als ich vor dunklem Himmel noch schwärzere Schatten bemerke: die Umrisse von Häusern. Nirgendwo ist ein Licht zu sehen. In dem Pueblo gibt es – wie üblich – keinen elektrischen Strom. Nicht einmal ein Hund bellt, als ich die ersten Häuser passiere.

Dann doch Licht, gleich zweimal. Rechts in einem Fenster die Flamme einer Kerze, links der Schein einer Gaslampe. Ich steuere auf das hellere zu, klopfe an die Tür. Sogleich wird mir geöffnet, als habe man nur auf mich gewartet. Eine kleine, dicke Frau steht vor mir. Ihr »Señor!« klingt nicht nach Frage, eher nach Begrüßung. Ob der Fahrer des Lkw mich im Dorf angekündigt hat? Hinterfragen kann ich die Vermutung nicht, denn das »Señor« ist das einzige Wort Spanisch, das die Frau spricht. Se habla Quechua, posiblemente Aymará. Da muss ich passen. *Yaku* für Wasser, *mihuy* für essen, *punuy* für schlafen. Fast bin ich mit meinen Sprachkenntnissen schon am Ende. Ob die Frau meine Frage nach dem Hotel verstanden hat? An ihrem Gesicht sehe ich: ein Esel, der hier nach einem »Hotel« fragt. Der Fahrer, gleich sollte ich es wissen, hatte mächtig übertrieben. Zufällig war aber die Tür, an die ich geklopft hatte, die richtige. Ein Fingerzeig der Frau: »Außen entlang!« Ich umrunde das Haus. Eine hohe Lehmmauer schützt das ganze Anwesen. Das laute Rasseln einer Tür ertönt. Sie besteht aus Wellblechstücken; jedes schwingt beim Öffnen in eine andere Richtung. Ich habe mir die Taschenlampe in die Schlaufe des Stirnbandes geschoben, damit ich mich zurechtfinde. Vor mir ein langer Gang, wieder Lehm. Die Wände stehen so eng, dass ich hinter dem Rad gehen und beim Schieben den Lenker ausrichten muss. Wieder ein Fingerzeig: »Hier hinein! Ohne Rad!« Der Lichtschein der Taschenlampe erhellt einen leeren Raum. Das heißt, ganz leer ist er nicht, in einer Ecke liegen ein Stapel Strohsäcke und einige Schlafdecken; in einer Wandnische klebt ein Kerzenstummel. Die Frau geht und kommt mit einer neuen Kerze und Streichhölzern zurück. Ich möchte die Gelegenheit nutzen und nach dem Klo fragen. Doch wie heißt das auf Quechua? Wie symbolisiert man so etwas? Die Herbergsmutter (diese Bezeichnung stimmt wohl) hat Erfahrung und meine Frage hellseherisch erraten. Sie »lockt« mich mit dem Finger den Weg zurück – bis draußen vor die Wellblechtür. Dann eine weitausholende Bewegung: »Dort! Die Natur!« Die »weite« Geste nehme ich wörtlich. »Armes Pueblo, hoffentlich sind deine Gäste nie schlecht zu Fuß!«

Eine romantische Nacht wartet auf mich, echtes Herbergsflair. Ich habe mir den besten Schlafsack herausgesucht. Da ich in allem, was hier herumliegt, »Leben« vermute, bedecke ich ihn zunächst mit der Zeltunterlage, dann kommt der Innenschlafsack (er lässt sich leichter ausschütteln), schließlich der Richtige. Möglichst wenig berühren. Ich schlafe längst, als mich das Rasseln der Wellblechtür weckt. Männerstimmen werden laut. Die engen Lehmwände bündeln die Geräusche. Ich bekomme mit, wie mein Rad zum Hindernis wird. Es klingt, als müssten die Männer darüber steigen. Die Tür wird aufgedrückt. Etwas antwortet dem Wellblech, nur viel dumpfer: denn ihr Holz schrappt auf dem Fußboden. Ich schalte die Taschenlampe ein, richte den Lichtstrahl an die Decke – indirekte Beleuchtung. Drei neue Gäste: Kesselflicker, Wolldeckenverkäufer, Tippelbrüder oder alles zusammen. Einer von ihnen bedankt sich für das Licht – auf Spanisch. Der Rest scheint wieder Quechua zu sein. Ich lasse die Lampe brennen, bis alles geregelt ist. Bündel werden in einer Ecke gestapelt. Zerren an Strohsäcken. Man wirft sich Schlafdecken zu. Dann wortloses Umfallen. Die drei Gestalten müssen todmüde sein. Nicht einmal Bedarf an »Dort, die Natur!« haben sie.

Der Raum misst etwa dreimal drei Meter. »Bei einer Belegung mit vier Personen wäre eigentlich noch Platz für weitere«, lästere ich in Gedanken. Schon werde ich dafür bestraft: Blechrasseln, irgendwelche Kommentare über das Hindernis »Rad«, Holztürschrappen. Wieder den Lichtkegel an die Decke. In der Tür stehen neue Gäste, alles irgendwie »Brüder« der hier schon Liegenden. Mächtiges Rumoren beginnt. Es wird eng, sehr eng. »Sardinen in der Dose«, der Vergleich stimmt. Ich ziele – als Tipp – mit der Taschenlampe auf die Kerze in der Nische. Der Hinweis wird verstanden, ein Streichholz flammt auf. Die Männer scheinen das Klo-Prozedere zu kennen. Holztürschrappen, Wellblechklappern. Nach einer Weile: Wellblechklappern, Holztürschrappen. Alle sind zurück. »Gute Nacht!«, denke ich, »wie wär's jetzt mit Schlafen?«

Doch weit gefehlt. Wellblech... Holztür... Weiterer Gästenachschub. Der Lichtkegel meiner Taschenlampe trifft wieder die Kerze: »Dort!« Eine Diskussion entsteht. Was ich höre, übersetze ich nach dem Tonfall: »Bleibt draußen! Seht ihr nicht, dass hier alles voll ist!« Die Antwort der anderen: »Rückt zusammen! Du da, du auch! Da ist noch Platz!« Wieder Abwehr: »Voll! Basta! Raus!« Draußen im Gang geht das Diskutieren weiter, jetzt mit der Herbergsmutter. Ein letztes Wellblechklappern, dann Ruhe. Gibt es etwa noch ein »Hotel« im Pueblo? Ich kenne nicht einmal seinen Namen. Endlich schlafen.

Es ist noch nicht richtig hell, da wird es bereits unruhig in dem Raum. Die Ersten greifen sich ihr Bündel. Nach einer Viertelstunde bin ich allein. Die »Ölsardinendose« ist leer. Was soll's! Ist man einmal aufgewacht, lohnt das Liegen nicht mehr. Auch ich schäle mich aus meiner Verpackung. Draußen warten die nächsten Schiebekilometer.

Während der Nacht hatte es gefroren. Ein Zeichen, in welcher Höhe ich mich bereits befinde. Erst jetzt entdecke ich das Restaurant des »Hotels«: ein Mehrzweckraum, wie könnte es anders sein. Die Wirtin steht vor dem Herd und reibt sich die Hände, nicht vor Freude, sondern weil sie friert. In dem Ofen brennt gar kein Feuer. Ihre Fingerzeige lassen sich leicht übersetzen. Dieser heißt: »Platz nehmen! Frühstück kommt gleich!« Eine Gasflamme bringt Wasser in einem Kessel zum Singen. Fertig. Schwarzer Kaffee, trockenes Brot. Andenart. Die Frage nach einer Zugabe verkneife ich mir. Wieder auf Strecke, werde ich aus meiner Proviantasche eine Tafel Schokolade essen – Kaloriennachschub.

Es geht ans Bezahlen, Quechua mit Körpersprache. Daumen und Zeigefinger aneinander reiben: »Wie viel?« Die Antwort kommt mit den gleichen Fingern: »Zwei!« Zwei Bolivianos für Übernachtung und Frühstück? Das sind umgerechnet etwa siebzig Pfennig. Ein lächerlicher Preis für so viel Andenherbergsatmosphäre.

Pässe sind auf meiner Karte nicht verzeichnet. Warum auch, man sieht sie doch. Auch das eine oder andere Pueblo fehlt auf ihr. Immer wieder glückt die Überraschung, wenn ich – unerwartet wie jetzt – Häuser sehe. Schon hat man mich entdeckt. Der Mann kommt auf allen vieren den Hang herauf. Was will er von mir? Fragen natürlich. Gott sei Dank auf Spanisch. Schnell begreife ich, dass ihm mein »Alemania« nichts sagt. »Liegt das bei den ›Estados Unidos‹ (den USA)?«, fragt er zurück. Ich fasse mich globaler: »Europa!« Er zeigt nach Norden: »Dort?« – »Nein, Osten!«, korrigiere ich ihn. Geografieunterricht für einen Indio, der sicher nie in seinem Leben eine Schule von innen gesehen hat. Nun ein Händedruck (mit beiden) für den Señor aus Europa – und »Suerte!« für den Rest der Reise. Noch schnell eine Frage: »Wie weit ist es bis ins nächste Pueblo?« Der Mann winkt ab: »Kein Pueblo mehr – nur weit weg, Potosi!« Ich stutze. Wie wär's mit Totora Palca, mit Puna oder mit Chaqui? Zumindest diese drei sind als nächste auf meiner Karte verzeichnet. Natürlich! Die Welt dieses Indio ist sehr klein. Potosi kennt er wohl nur vom Hörensagen. Nie ist er auch nur bis

Berghöfe in den Anden sind Einsiedeleien, wo die Genügsamkeit wohnt.

zum nächsten Pass gekommen. So ist für ihn sein Haus das Letzte vor der alten Silberstadt. Im Hintergrund sehe ich seine Frau. Mit einem Eimer geht sie hinunter in die Talkerbe. Wasser schöpfen? So sage ich zum Abschied: »Grüße an Ihre Familie!« Der Mann nickt beflissen: »Danke, Señor! Danke!«

Heute sucht die Piste den Himmel. Ich klage nicht. Auch Schieben kann zur Routine werden. Irgendwie identifiziere ich mich mit den Menschen, die in dieser harten Natur leben. Und *wie* sie leben, das sehe ich, weil ich so langsam reise. Da lehnt ein geborstener Reifen an einer Lehmwand. Man kann vieles aus ihm machen. Dort hat man dem steinigen Untergrund ein Feld abgerungen, von Zimmergröße. Ein angepflockter Esel zeigt, welches Transportmittel hier verwendet wird. Jeder Berghof eine Einsiedelei. Elektrischer Strom oder auch nur ein Wasserhahn sind den Menschen unbekannt. Selbst ein wärmendes Feuer bleibt Luxus. Woher das Brennmaterial nehmen, wenn es weder Baum noch Strauch gibt? Allenfalls getrockneter Dung käme in Frage. So kommt mit jeder Nacht die Kälte. Sie kriecht durch alle Ritzen; die Menschen wickeln sich in ihre Decken, rücken zusammen. Ein Raum für alle. Selten ein Lichtschein, auch Kerzen sind teuer. Ein halbes Leben in Dunkelheit. Heute Morgen sehe ich sie wieder, die Frauen. Sie schälen sich als Erste aus den Wolldecken. Dann stehen sie an der Ostwand des Hauses. Im Osten geht die Sonne auf, von dort kommt der erste wärmende Strahl. Ich sehe die kleinen, bunten Gestalten mit den langen Zöpfen, die stets so ordentlich geflochten scheinen, als würden sie vor dem Schlafengehen abgelegt. Und trotz der langen Röcke sehe ich ihre Beine, krumm, wie unter der Last des Lebens verbogen. Die nackten Füße stecken in Sandalen – aus Autoreifen. Was ich seit Tagen sehe, ist Bolivien »zum Begreifen«. Malerisches wird beim genauen Hinschauen zu bitterer Armut. Deshalb kommt mir mein Fußmarsch wie ein Identifizieren mit diesen Menschen vor. Rauschte ich hier im Geländewagen vorbei, ich schämte mich.

Gegenverkehr in über viertausend Meter Höhe.

Die Piste erlaubt ein paar Kilometer Fahren. Artig bedanke ich mich bei ihr. Der nächste Berg wird mich wieder aus dem Sattel zwingen. Soll er! Ein Stück zurück hatte ein Schild gewarnt: »Gefährliche Strecke!« Schon an der ersten Serpentine erinnern acht Kreuze an das Ende von Menschenleben. An anderer Stelle liegen zwei Pkw in der Schlucht, an dritter ein Autobus. Der Rost kriecht an seinen Resten hoch. Das Aufstellen von Kreuzen hatte man sich hier erspart; es müssten wohl zu viele sein. Voraus die nächste Steigung, der Rückblick lohnt nicht. So wie die Piste hier himmelwärts führt, findet sie auch immer in irgendein Tal zurück. Es schmerzt aber doch, wenn man mühsam ertretene Höhenmeter wieder hergeben muss. Die Anden sind nicht die Alpen. Dort ein kleiner »Hügel«, der Brennerpass, und schon ist man in Italien. Hier Bergketten, mehrere hundert Kilometer tief gestaffelt. Immer wenn ich die Zone der Kakteen nach oben verlasse, weiß ich, dass ich wieder einen Viertausender voll habe. Jetzt, wo die Sonne schon tief steht, schiebe ich noch immer. Warum noch den Radcomputer fragen? Längst habe ich meinen persönlichen Rekord aufgestellt. Der »lange Marsch« zwischen den Städten Tarija und Potosi: mehr als zweihundert Schiebekilometer. Doch das langsame Vorwärtskommen hat auch Vorteile. Man sieht viel und es gibt keine Spur von Höhenkrankheit. Der Körper kann sich an die dünne Luft gewöhnen. Nur wenn ich glaube, etwas Tempo zulegen zu müssen, erinnert mich mein Puls: »Hast wohl die Höhe vergessen!«

Auf verrückte Ideen kommt man nur, wenn das Umfeld dazu inspiriert. Als ich unweit der Piste die Reste eines Hauses sehe, weiß ich sofort: Darin schläfst du – *ohne* Zelt. Der Besitzer muss es schon vor langer Zeit aufgegeben haben. Wind und Wetter haben die Lehmwände eingerissen. Nur ein hüfthoher Wall war übrig geblieben. Eine Andennacht unter freiem Himmel. Wie will man das Menschen vermitteln, die geografisch mehr als zehntausend Kilometer von dieser Natur entfernt sind, schlimmer noch, die eine ganze Gedankenwelt von einem solchen Erlebnis trennt?

Die Sonne hatte wie immer die Dunkelheit im Schlepp, sozusagen an »kurzer Leine«. Der Abschied von ihr ist fast hastig. Schon färben sich die Berge düster. Sie nehmen die Nacht voraus. Bald fällt auch der Himmel ins Schwarze, mit einem Ton von tiefstem Blau. Unsichtbare Gestalten hetzen durchs All. Sie drücken »Schalter«, Lichter gehen an. Zunächst nur ein Dutzend, dann Hunderte, Tausende, Millionen. Der südliche Sternenhimmel in frostklarer Luft. Wer ihn unter ähnlichen Bedingungen gesehen hat, wird mich verstehen. So etwas vergisst man nicht. Im Vergleich dazu »funzelt« es über der Nordhalbkugel nur. Ich liege im Schlafsack eingemummelt und blicke nach oben. Zu einem solchen Erlebnis gehört Stille; und ich »höre« sie. Woher sollte in dieser Einsamkeit auch ein Geräusch kommen? Kein Windhauch beugt einen Grashalm. Ich warte. Warten auf was? Das Fußende meines Schlafsackes zeigt nach Süden. Den ersten Stern, der über die Lehmbrüstung emporsteigt, erkenne ich noch nicht als Teil des

Sternbildes, das auch für mich ein Symbol ist. Mehr als eine Nachtfahrt bin ich schon unter ihm geradelt. Doch bald hängt es vollständig am Himmel, das »Kreuz des Südens«. Zwischen den Millionen Lichtern dort oben ist es so unverkennbar wie bei uns der »Große Wagen« oder der »Gürtel des Orion«. Schon alte Völker kannten das Sternbild. Es führte Seefahrer und Entdecker. Berberfrauen tragen es in Gold getrieben als Schmuck. Drachengleich zieht es am Himmel von Süden her in westliche Richtung. Die »Schnur«, die es leitet, ist die Erdrotation. Auch wenn ich mir eine Frostnase holen sollte: Für eine solche Nacht wäre das kein zu großes Opfer.

Am nächsten Morgen sehe ich, dass meine Atemluft den oberen Teil des Schlafsackes durchfeuchtet hat. Dass der Stoff nicht gefror, lag an der Körperwärme, die am Kapuzenrand austrat. Um mich herum ruht die Natur unter einem Raureifmantel. Mein Trinkwasser ist ein Eisblock. Etwas steifbeinig mache ich Gelenkübungen. Der Untergrund war alles andere als eben. Doch auch das gehört zum »Eintrittspreis« für eine solche Sternenschau.

Nach der nächtlichen Sternenschau.

Vielleicht schaffe ich heute den Rest der Strecke. Vorausgesetzt, die Piste ist mir wohl gesonnen. Kommt es anders, heißt es eben noch einmal »Sternegucken«.

Ich marschiere los. Anhalten bräuchte ich nur, um etwas zu essen. Der Vorrat in den Packtaschen würde auch für mehrere Tage reichen. Die letzte Tienda hatte ich fast leergekauft. Beinahe wäre ich an dem einsam gelegenen Haus vorbeigefahren – kein Schild, kein Schriftzug. Zufällig stand die Tür offen, so sah ich das Warenangebot, einige Kartons auf dem Fußboden. Ich kaufte alles an Keksen, was die Frau vorrätig hatte, sechs Päckchen, dazu eine große Tüte »explodierten Mais«. So nenne ich das Popcorn, das die Indios hier selbst machen. Neben den Warenkartons stand eine Liege, auf der die Besitzerin mit wachem Blick nach oben vom »großen Geld« träumen konnte; denn unter dem Dach (eine Zimmerdecke fehlte) hingen alte Geldscheine – tausende Bolivianos. Inflation durch viele Nullen ausgedrückt. Als ich eintrat, war die Frau erschrocken aufgesprungen und hielt, wie es mir schien, aus Angst die »Ladenkasse« fest, den üblichen Wollbeutel unter dem Rock. Später erlaubte sie mir ein Foto von ihrer Tienda und zeigte, bevor sie aus dem Blickfeld ging, nach oben: »Mucho plata!« In der Tat: viel »Silber« hing dort oben. Leider hatte es nur noch dekorativen Wert.

Nun, wo ich ein paar der Kekse esse, mache ich die Erfahrung, dass schon allein durch das Kauen die Luft knapp wird. Ich japse wie ein Fisch in sauerstoffarmen Wasser. Wie hoch bin ich eigentlich?

Als ich am Rio San Juan den Anstieg in die Berge begann, musste ich ein paar hundert Kilometer auf das erste Lama warten. Inzwischen sind die Tiere so häufig, dass das Zählen nicht mehr lohnt. Auch jetzt ist die Hochebene, auf die ich vor mir hinabblicke, wieder von Lamas gesprenkelt – weiße, braune, schwarze. Deshalb wirken die Herden so bunt. Und noch etwas sehe ich. Die Berge am Rand der Hochebene haben Löcher, Stolleneingänge. Ich ziehe tief die Luft ein, als röche ich bereits das Silber. Doch das Tiefdurchatmen heißt nur so viel wie: Jetzt hast du es bald geschafft. Wo Minen sind, da kann der reichste aller Berge nicht mehr weit sein.

Ein Hinweis am Pistenrand verrät mir die augenblickliche Höhe: COMPANIA MINERA DEL SUR S.A. GRUPO SAN LORENZO, ALTURA 4.200 M. Aber schon nimmt die Piste wieder Anlauf. Am fernen Horizont schwingt sie sich bergan. Dort sehe ich jetzt einen Gipfel mit rötlichen Gesteinsfarben. Das ist er! Das muss er sein! Jahrhundertelang geschunden, konnte nur er so »nackt« wirken. Die Sonne verabschiedet sich. Der rote Berg wirft mir seinen langen Schatten entgegen. In mir ist der Wille: Dieses letzte Stück schaffst du noch. Nach dem »langen Marsch« bin ich zwar trainiert, aber doch ausgepowert. Mit gut fünfzig Kilogramm Fahrrad durch die Anden, da wird jeder Schritt zum »Tropfen«, der den Stein höhlt. Der Puls meldet sich, hämmert Alarm. Die Beinmuskeln murren. Ich drohe den Gelenken mit einem Silbernagel, zehn Zoll reinstes Potosisilber, diagonal hindurchgeschlagen, wenn sie nicht mehr wollen. Jetzt das Ende der Hochebene. Leicht und lässig schwingt sich die Piste hinauf. Ihr Schlenkern wirkt fast elegant. Mein Gott, ist das kalt! Eben waren es noch Finger am Lenker, jetzt umfassen ihn frostige Krallen. Absteigen, Schritte zählen, kleine Schritte. Noch eine Kurve, eine zweite. Zu Füßen des Berges buckelt die Piste. Ich bin oben! Meine Beine zittern, als fürchteten sie noch immer den Silbernagel. Ein Zittern auch in mir, eher ein Vibrieren. Neben mir der »Silberberg«, und mehr als viertausend Kilometer zurück der »Silberfluss«. Manchmal gerät eine kleine Menschenseele ins Schwingen. Dies ist ein solcher Augenblick.

Schicksalsberg der Indios

Mit Stotterbremse lasse ich das Rad hinabrollen. Der Wind drückt mir seine eisige Hand entgegen, treibt mir die Tränen in die Augen. Die Abfahrt endet, und ich bin noch immer über viertausend Meter hoch. Vor mir Potosi. Als Stätte unermesslichen Reichtums bejubelt von den Spaniern, als »Tor zur Hölle« gefürchtet von den Indios. Einst größer als Rom oder Paris, ist die alte Silberstadt heute vom Staub der Zeit bedeckt. Potosis Geschichte bröckelt – im wahrsten Sinn des Wortes. Morgen werde ich hier ein wenig herumschnüffeln, schon möglich, dass ich dabei etwas »Staub aufwirble«.

Wenn es um Potosi geht, sparen Reiseführer nicht mit Empfehlungen: prunkvolle Kirchen, alte Kolonialbauten, Plätze, um die sich architektonischer Reichtum stapelt. Im Rang allem übergeordnet: die *Casa Real de la Moneda*, die königliche Münze. Wo Silber floss, da protzte von jeher das Geld. Es gab Pariser Chic, rauschende Feste, Glücksspiel. Dem mexikanischen Alamos sagte man Dachschindeln aus purem Silber nach, in dem heute bolivianischen Sucre warf man nach dem Tafeln das Geschirr aus dem Fenster, das silberne. Da konnte Potosi, die reichste aller Städte, nicht nachstehen. Man riss das Straßenpflaster zwischen zwei Kirchen auf und verlegte dafür Silberbarren. Bei all den Portalen, die es in Potosi gab, ließ sich aber ein Tor leicht übersehen: das zur »Hölle«. So gehe ich durch die Stadt, lasse mich von den Empfehlungen zwar leiten, doch nicht dazu verleiten, nur nach Fassaden und Kirchenglocken zu schauen, denn sonst wäre ich jetzt hingeschlagen, gestolpert über einen Minero, der auf dem Bürgersteig

Alten Silberstädten wie Potosi sieht man noch heute den ehemaligen Reichtum an.

liegend seinen Rausch ausschläft. Dass der Mann in den Minen arbeitet, steht außer Zweifel. Nicht nur seine Kleidung verrät es. Ginge ich die schmale Straße weiter, käme ich zum Silberberg. Hier wohnen nur Mineros. Hier gibt es die vielen kleinen Geschäfte, in denen sich die Bergarbeiter mit dem versorgen können, was sie für ihre Arbeit unter Tage benötigen: Spitzhacke, Gummistiefel, Helm …, nicht zu vergessen: Kokablätter. Der Mann, der zu meinen Füßen – so verrenkt wie er hingeschlagen war – schläft, ist mithilfe des Alkohols für ein paar Stunden seinem Elend entkommen. Sein Trinken ist Flucht vor dem Leben.

Aber nicht die Stadt selbst, ihr Berg ist das eigentliche Ziel meiner Reise; und so gilt mein Hauptinteresse auch ihm. Heute gehe ich zu Fuß den Weg zurück, den ich gestern mit dem Rad herabgerollt bin. Wenn Potosi das Tor zur Hölle ist, dann müsste mich diese Straße direkt zu ihr führen. Tagebuch und Stift halte ich griffbereit. Schon jetzt weiß ich, es werden sich Seiten füllen.

Mein erster Tag am *Cerro Rico*.

Wer diesen Weg leichten Schrittes geht, der weiß vielleicht nicht, dass er sich dem größten »Indiofriedhof« nähert, ja geradezu einer Vernichtungsstätte indianischen Lebens. Menschlicher Geist, geblendet durch die Gier nach Geld, schuf sie unter jeglicher Missachtung christlicher Grundsätze. Dabei beginnt die Geschichte des Berges eher märchenhaft. Schon den Inka war der in vielen Rottönen leuchtende Kegel aufgefallen. Sie nannten ihn *Sumaj Orcko*, schöner Hügel. Als der große Inka Huayna Cápay den Berg zum ersten Mal sah, ahnte er den Reichtum in seinem Innern. Man grub – und fand Silber. Doch als die Indios es abzubauen begannen, tönte eine Stimme aus der Tiefe herauf, laut wie Donner, dass das Silber nicht für sie bestimmt sei. Vor Schreck flüchteten sie. Von nun an nannten die Indios den Berg *Potosi*: der Donnernde. So blieb es – nach der erneuten Entdeckung des Schatzes – den Spaniern überlassen, ihn zu heben. Sie bedienten sich dafür der unterworfenen Indios. Was man fand, übertraf die kühnsten Erwartungen. In mächtigen Adern ruhte ein erstarrter Silberstrom. So kam der »schöne Hügel«, »der Donnernde«, zu seinem dritten Namen: *Cerro Rico*, reicher Berg.

Die Spanier hatten in den von ihnen eroberten Gebieten bereits die »Encomienda«, eingeführt, ein System der Zwangsarbeit. Mit der Entdeckung des Silbers im *Cerro Rico* schufen sie ein weiteres, die »Mita«. Jahr für Jahr mussten die Bewohner des Hochlandes ein Siebtel ihrer Männer an die Minen liefern. Die furchtbaren Arbeitsbedingungen führten dazu, dass der Berg die Indios geradezu »verschlang«. Immer größere Kreise zogen die Häscher, hunderte von Meilen, um billiger Arbeitskräfte habhaft zu werden. Denn von zehn Indios, die man in den Berg trieb, kehrten sieben nicht mehr zurück; und nicht weniger als fünftausend Stollen brauchten menschlichen »Nachschub«. Die obersten lagen in eisiger Höhe, andere tief im Innern des Berges, in brütender Hitze.

Durch diese Torbögen kam geschmolzenes Silber und »ging« geprägtes: die königliche Münze von Potosi.

Über Stangen und Leitern mussten die Indios das Erz auf dem Rücken nach oben tragen. Draußen, an den Hängen des Berges, brannten die Feuer tausender Schmelzöfen – geschürt vom Wind, den, so die Kirche, der heilige Augustin vom Himmel schickte. Ihre Rauchschwaden vergifteten Menschen, Tiere und Pflanzen. Auf die, die dem schrecklichen Los unter Tage entgingen, wartete in den Bottichen, in denen man mithilfe von Quecksilber das Erz vom tauben Gestein schied, noch Schlimmeres. Mit den Füßen mussten sie den Brei durchstampfen. Schon nach kurzer Zeit machte sie das Quecksilber zu menschlichen Ruinen. Und so, wie der Berg einen nicht endenden Strom an Leben verschlang, entquoll ihm ein anderer aus reinstem Silber: Millionen Kilogramm, tausende Tonnen. Er füllte die Kriegskassen Spaniens, die Taschen des Adels, er mehrte den Reichtum der Kirche. Altäre aus Silber, Kreuze aus Silber, Kandelaber aus Silber, »gegossen« aus menschlichem Leid. Potosi bekam nicht nur seine Stadtkirche, man baute ein Dutzend, fast ein halbes Hundert. Und während man umgeben von Prunk dem Himmel huldigte, trieb man oben am Berg die Indios wie Vieh in die Stollen, trug sie tot wieder ans Licht: abgestürzt, erschlagen von Gestein, zusammengebrochen unter der Last der Arbeit, vergiftet durch Arsen, Grubengas, Quecksilber, erstickt an Staublunge. »Mal de Mina«: die »Minenkrankheit«, eher der Sammelbegriff für grenzenloses Leid. Der Menschenstrom, der jahrhundertelang in den Cerro Rico floss und im Berg versiegte, war breit wie ein Urwaldstrom. Eduardo Hughes Galeno forschte nach Quellen und stieß auf die schreckliche, unfassbare Zahl von acht Millionen Indioleben, die hier zerschmolzen. Die Spanier bezahlten die Bergung des größten Silberschatzes der Erde mit Menschenleben, als wären diese eine beliebige Münze.

So sehr bin ich mit meinen Gedanken bei der Geschichte des Berges, dass ich fast in einen Haufen menschlicher Exkremente getreten wäre. Erst jetzt sehe ich: der Cerro Rico ist voll davon. Auch heute arbeiten hier noch tausende Mineros in den Stollen. Doch wer stellt sich schon die Frage, welche Toilette sie benutzen sollen, wo es doch keine gibt? Seit über vierhundert Jahren ist es so, wie es ist. Der »reiche Berg« stinkt zum Himmel. Ich bin schockiert, als ich sehe, dass halb wilde Schweine von Exkrement zu Exkrement schnüffeln und diejenigen Haufen fressen, in denen sie noch etwas Verwertbares riechen. Ich war auf einiges gefasst, nicht jedoch auf einen solchen »Empfang«.

Mein erster Tag am Cerro Rico soll nur dem äußeren Kennenlernen dienen. Einen Besuch der Stollen habe ich mir für später aufgehoben. Nirgendwo sehe ich moderne Förderanlagen. Überall Rost, Verfall. Keuchend schieben Mineros erzgefüllte Loren aus den Stollen. Als ich ein paar Schritte in einen der dunklen Schlünde hineingehen will, pralle ich zurück. Es ist der Eingang zu einer »Kloake«. Viele Mineros wohnen direkt am Berg. Ihre Hütten sind Elendsquartiere. Als Baumaterial dient Abraum und Wellblech. Hier oben, in viertausendfünfhundert Meter Höhe, mag die Sonne scheinen. Kraft zum Wärmen hat sie kaum; und noch ist sie nicht untergegangen, da gefriert bereits der Atem vor dem Mund. Hinter mir eine Stimme: »Señor! Señor!« Ich drehe mich um. Diagonal die Halde herab kommt ein kleines Mädchen. Es »geht« auf Händen und Füßen, denn das Gestein liegt locker. In einigen Metern Abstand folgt ihm ein Junge. Das Mädchen mag acht Jahre alt sein, der Junge fünf. Beide sind barfuß. Der Junge trägt nicht einmal ein Hemd; der scharfe Wind lässt die Rotzlaternen an seiner Nase zittern. Die Kinder hatten mich bisher wohl nur von hinten gesehen. Jetzt, wo sie unmittelbar vor der bärtigen Gestalt stehen, fehlt ihnen der Mut zum Betteln. Das Mädchen fängt sich zuerst: »Señor, einen Boliviano für Brot, bitte! Bitte, Señor!« Noch nie war ich von einem Kind so höflich angebettelt worden. Es sind die Worte, aber auch der Anblick, der mich diese Bitte wie »auf meine Haut geschrieben« empfinden lässt. Ich frage das Mädchen: »Wie heißt du?« Dabei nenne ich, um den beiden die Scheu zu nehmen, meinen eigenen Namen. Das Vorstellen wirkt. Das Mädchen zeigt auf sich: »Angelica!« Ich möchte ein we-

An den Hängen des Silberberges findet man viel Rost und Zerfall: alte Erzwaschanlage.

nig mehr wissen, ob der kleine Junge ihr Bruder ist, wie viele Geschwister sie hat, wo sie wohnt? Fast artig kommen die Antworten: »Das ist Fidel! Ich habe noch viele Geschwister.« Das Mädchen streckt mir die rechte Hand entgegen und macht »Fingerzählen«: »Julia, Martha, Edydy… wir wohnen hier oben!« Die kleine Hand deutete ein »Irgendwo am Berg« an. Dann kommt es stolz: »Ich gehe zur Schule, ich kann schreiben!« Wie um das Kind zu prüfen, hole ich Tagebuch und Stift hervor. »Schreibe mir bitte die Namen deiner Geschwister auf!« Das Mädchen legt das Büchlein auf einen Stein und beginnt – etwas holprig zwar, aber lesbar:

»Angelica Humaniz Pinto
Julia Humaniz Pinto
Martha Humaniz Pinto
Fidel Humaniz Pinto
Edydy Humaniz Pinto
Esperanza Humaniz Pinto
Bertha Humaniz Pinto
Juan Humaniz Pinto
Felicia Pinto de Humaniz
Adrian H. Ch.
Chuquesa.«

»Der christliche Kindersegen der Armut«, denke ich, als die Kolumne immer länger wird. Angelica hat nicht nur die Namen ihrer Geschwister, sondern die der ganzen Familie notiert. So sehe ich, dass das Brot, für welches das Kind um Geld bettelt, fast für ein Dutzend Menschen reichen müsste. Ich lobe das Mädchen, dass es in der Schule so gut aufgepasst hat, und gebe ihm *dafür* das Geld. Kinder sollen nicht lernen, dass mit Betteln einfacher Geld zu machen ist als mit dem Besuch der Schule. Die kleine Hand schließt sich um die Münzen: »Gracias, Señor!« Dann eine Überraschung.

Ich soll mitkommen. Angelica will mir ihre Familie zeigen. Darauf bin ich nicht vorbereitet. Solche Armut besucht man nicht mit leeren Händen. So rede ich mich heraus: »Ich möchte noch etwas am Berg spazieren gehn!« Meine Antwort wird akzeptiert. Die beiden eilen davon – nicht über die Halde, das wäre mit dem Geld in der Hand ein zu großes Risiko. Lässt man es fallen, verschwindet es in den Zwischenräumen des Gesteins. Sie laufen den langen Weg über die Serpentine zurück, so flink, dass sie mir ihre Fußsohlen »zeigen«.

Inzwischen beginnen sich die Stollen zu leeren. Graue Gestalten kommen heraus. Mineros nach der Arbeit unter Tage. Sie haben die Farbe des Gesteins. Doch nicht für alle von ihnen ist Feierabend. Als ich auf zwei stoße, die sich am Ende eines Lorengleises ausruhen, spreche ich sie an: »Señores, wie viel Stunden arbeiten Sie am Tag?« Die beiden schauen kurz zu mir auf, dann kommt die Antwort des einen: »Vierundzwanzig Stunden, sieben Tage!« Er gibt seinem Kumpel ein Zeichen: »Komm!« Noch bevor sie den Stolleneingang wieder erreichen, fallen die Männer in Trab. Natürlich war die Antwort symbolisch gemeint. Sie hieß: »Arbeiten bis zum Umfallen!« Nur die, die es sich leisten können, belassen es beim Soll von acht Stunden. Ein richtiger Minero-Arbeitstag dagegen hat zwölf, manchmal sogar fünfzehn Stunden.

Unten in Potosi gehen die ersten Lichter an. Dort liegt sie, die Stadt der Kirchen, die Stadt, der ein König die Wappeninschrift schenkte:

> »Ich bin das reiche Potosi, Schatzkammer der Welt, Königin der Berge; den Königen diene ich zum Neide.«

Eduardo Galeano dagegen zitiert eine alte Frau: »Potosi, die Stadt, die der Welt am meisten gegeben hat und am wenigsten besitzt.« Gehen wir zurück in die reiche, arme Stadt. Morgen treffen wir uns wieder hier, am Cerro Rico.

Einem einzelnen Interessenten zeigt man die Minen nicht. Ich hatte mir die Füße auf der Suche nach einer Führung abgelaufen. Solche werden zwar angeboten, doch wie immer reise ich außerhalb der Saison. So macht es Mühe, eine kleine Gruppe Neugieriger zusammenzubekommen. Endlich klappt es. Australien ist vertreten, Neuseeland, Kanada – alles Studentenalter. Wir bekommen Gummistiefel, eine Art Ölzeug, Schutzhelm. Unser Führer stellt sich vor: »Juan Mamani Choque!« Seine Ansprache ist kurz und doch aufschlussreich: »Ich war Minero. Ich bin in der Mine verunglückt. Das Krankenhaus musste ich selbst bezahlen; alle Ersparnisse gingen dafür drauf. Auch mein Vater war Minero. Er ist zweiundfünfzig. Das ist nicht normal. Als Minero wird man selten älter als fünfundvierzig – ›Mal de Mina‹!« Bei diesen Worten hustet er, als litte er selbst bereits an Staublunge. Juan kann nicht mehr unter Tage arbeiten. Er fand einen neuen Job, verdingte sich als Führer. Vor der Abfahrt meint er: »Es ist nicht leicht! Habt ihr Mut?« Als wir das Minero-Viertel passieren, gibt er dem Fahrer ein Zeichen: »Halten!« Dann an uns gewandt: »Bringt den Mineros etwas mit! Sie freuen sich: Zigaretten, Kokablätter, Trinkwasser. Ich werde es ihnen als Geschenk von euch geben.« Jeder kauft etwas nach dieser Empfehlung. Für jemand aus einem Wohlstandsland ist der Geldbetrag lächerlich. Als Nächstes stoppt uns ein Polizist. Ein Papier macht die Runde. Wir müssen uns darauf eintragen: Name, Nationalität, Passnummer, das Hotel, in dem wir wohnen. Aus der Gruppe kommt der Kommentar: »This is, if we should get lost in the mine!« Auf halber Höhe am Berg hält der Kleinbus. Juan mischt Karbid und Wasser für die Grubenlampen. Jeder von uns erhält eine solche Funzel. Ich bin froh, dass ich meine Taschenlampe dabei habe, denn in den Stollen dürfte das Karbidlicht nur so weit wie die Hand reichen. Noch ein paar Sicherheitshinweise, dann verschluckt uns der Berg: »Glühwürmchen« auf dem Weg unter Tage. Für mich ist es nicht der erste Besuch eines Bergwerkes. Ich habe Salz, Kohle, im australischen

Kalgoorlie sogar Gold gesehen. Nie hatte der Weg durch solche Schwärze geführt. In den Stollen des Cerro Rico ist Nacht. Der Schein der Karbidlampen erhellt nur das allernächste Umfeld. Wir waten durch Schlamm und, der Geruch verrät es, durch Fäkalien. Indios sind kleinwüchsig; deshalb sind die Stollen für uns zu niedrig. Nur gebückt kommen wir voran. Immer wieder überholen uns Mineros auf dem Weg nach »vor Ort«. Sie gehen nicht, sie laufen. Dann müssen wir uns platt machen, denn auch die seitlichen Maße der Gänge betragen nur das Minimum – Lorenbreite. Juan hat die Sachen, die wir für die Bergarbeiter gekauft haben, entgegengenommen und trägt sie in einem kleinen Rucksack. Jetzt stoppt er einen Trupp: »Für euch! Von den Besuchern!« Flink greifen Hände nach den angebotenen Zigaretten, nach einem Beutelchen Kokablätter. Schon vor Jahrhunderten hatte man bemerkt, dass Indios, kauten sie Koka, ganze Tage laufen konnten, ohne zu essen. Auch heute noch ist »Mama Koka« für sie *das* Stimulierungsmittel, besser Betäubungsmittel. Nur mit der Wirkung des grünen Saftes, verstärkt durch Asche und andere Zugaben, ertragen sie die Arbeit unter Tage. Die Geschenkübergabe dauert nur Sekunden. Für einen Minero zählt jede Minute. Zeit ist Erz, Erz ergibt Bolivianos. Weniger Ausbeute, weniger Geld. Arbeit unter der Knute der Armut. Immer wieder muss Juan vorausgehen, um zu sichern. Dann kommandiert er: »Warten! An die Wand!« Minuten sind wir allein. Einmal leuchte ich mit dem Schein meiner Taschenlampe kurz den Stollen ab (es gilt die Batterie zu schonen). Der Lichtkegel trifft gebrochene Grubenhölzer. Von oben drückt der Berg nach. Ich schalte die Lampe wieder aus. Nur nicht noch mehr sehen! Die Liste des Polizisten macht wohl doch Sinn. Wir stehen und warten. Unsere Karbidlampen flackern, beleuchten die kleine Runde. Wasser tropft. Aus einem undichten Luftschlauch zischt es. Was auf dem Weg in den Berg an Luft verloren geht, fehlt dort, wo sie am meisten gebraucht wird, vor Ort. Kanada meldet sich. »Horrible!« Die Studentin hat Recht. Ein Untertageerlebnis wie dieses ist nicht jedermanns Sache. Wir ahnen inzwischen alle: Wenn uns hier etwas passiert, nur ein paar Stempel ganz wegknicken, dann wird man die entsprechende Botschaft benachrichtigen. Wer sollte uns hier herausholen? Juans Ruf tönt wie durch ein Sprachrohr aus der Tiefe des Stollens: »Achtung, Erz! Achtung!« Ein dumpfes Rollen nähert sich. Wir drücken uns an die Wand. Das Geräusch schwillt an, wird zum Dröhnen. Der Streckenabschnitt, in dem wir uns befinden, führt bergan. Erst einmal auf den höchsten Punkt geschoben, folgen die Loren der Schwerkraft, beginnen von selbst zu rollen. Wieder schalte ich die Taschenlampe ein. Ich möchte sehen, was da auf uns zukommt. Die Lore selbst ist kaum auszumachen, aber zwei gelbe Jacken reflektieren das Licht. Schon donnert die Erzfracht an uns vorbei. Mit dem Schein verfolge ich die Lore. Die beiden Mineros waren aufgesprungen. Sie müssen jeden Meter des Stollens kennen. Mit schlafwandlerischer Sicherheit wiegen sie den Körper, weichen bei Hindernissen aus, nach links, rechts; sie ducken sich auf Höhe des Erzes, wenn es um ihren Kopf geht. Das spielerische Ausweichen wirkt wie ein Tanz; und wo ich diese Bewegungen sehe, nenne ich sie auch so: »Tanz der Mineros«. Juan kommt zurück: »Alles klar? Weiter!« Wieder Glühwürmchenspielen. Vor mir der Neuseeländer: »Was ist, wenn hier einer ›crazy‹ wird? Warum nehmen die keinen Psychologen mit? Mit einer mentalen Blockade macht keiner einen Schritt weiter – nicht vor, nicht zurück!« Von vorn antwortet eine Stimme: »... sollte man verbieten. Niemand sagt dir, was hier auf dich zukommt!« Die Kommentare zeigen deutlich, dass einige Nerven bereits angekratzt sind. Dabei sollten die richtigen Erlebnisse erst noch kommen. Juan ist in einem kleinen Kessel stehen geblieben und gibt neue Instruktionen: »Wir werden tiefer in den Berg hineingehen, jetzt nach unten. Ihr müsst euch ganz flach machen! Und passt auf, am Ende geht es bergab!« Er kriecht voraus. Als ich den Eingang sehe, denke ich: »Da ist die Gelegenheit für die ›mentale Blockade‹.« Die Röhre im Gestein ist so flach, dass wir wie Schlangen kriechen müssen. Mit einer Hand die Karbidlampe vorschieben, dann den Körper nachziehen. Wie wir so in Bauchlage vorwärtsrobben, das Kinn in Bodennähe, rechne ich eigentlich mit einem hysterischen Schrei. Doch auch »Kanada« bleibt tapfer. »Kompliment!« Das dicke Ende kommt jedoch noch. Wie von Juan vorausgesagt, neigt sich die Röhre zum Schluss. Nur durch Beine spreizen und Verhaken mit den Schuhspitzen im Gestein lässt sich ein Ins-Rutschen-Kommen verhindern. Vor uns verliert sich der Schein der Lampen im Nichts: Dort ist der senkrechte Abstieg auf die weiter unten liegende Sohle. Die Ersten, die durch sind, warten, auf verkeilten Stangen balancierend. Das Unternehmen gerät zur Mutprobe. Was hat sich geändert in den letzten hundert Jahren im Cerro Rico? Wohl nicht allzu viel. Nur Erz wird heute nicht mehr über diese Kraxelsteige nach oben transportiert. Fünfundzwanzig Kilogramm, in ein Wolltuch gepackt – das Minimum. Ein Fehltritt, und es war der letzte im Leben. Juan freut sich, dass wir es alle geschafft haben. Er hat sich eine Überraschung für uns aufgehoben. Unvermutet stehen wir vor einer Teufelsgestalt. »Das ist ›El Tío‹ (der Onkel)«, stellt er uns die Figur vor, »unser Beschützer!« Warum »El Tío« für den Teufel?, möchte ich von ihm wissen. Er klärt uns auf: »Die Spanier machten den Indiofrauen Kinder und leugneten die Vaterschaft. Eine Mutter traf später den Vater ihres Kindes wieder und sagte zu diesem Kind: ›Schau, das ist dein Vater!‹ Der Spanier antwortete: ›Stimmt nicht! Ich bin nur ein Onkel!‹ So kamen die Mineros auf die Idee, den Teufel ›Onkel‹ zu nennen. Wir bauen ihn aus Erz, machen ihm Zähne aus Mineralien und Augen aus alten Glühbirnen von Grubenlampen. Wir geben ihm Alkohol, Zigaretten und behängen ihn mit Luftschlangen, damit er uns im Berg beschützt. Manchmal verspritzen wir noch Lamablut, damit wir nicht unser eigenes hier durch einen Unfall opfern müssen.« Alle haben der langen Erklärung Juans aufmerksam zugehört. Da kann eine weitere Frage nicht ausbleiben. »Neuseeland« stellt sie: »Warum gerade den *Teufel* als Beschützer?« Juan scheint auf diese Frage vorbereitet zu sein: »Die Kirche erzählt uns, Gott wohnt im Himmel, der Teufel in der Erde. Wie also soll uns Gott beschützen, wenn wir in der Mine sind? Hier regiert der Teufel, nicht Gott!«

Lamablut und »El Tío«. Wir stehen an der Schwelle des zweiten Jahrtausends. Doch im Cerro Rico ticken die Uhren anders.

Weiter geht es, gebückt durch nachtschwarze Stollengänge. Juan eilt wieder voraus und sichert. An einer Stelle, wo er auf uns wartet, erhellen die Lampen Ausblühungen im Gestein. Ich rieche daran. Doch in dem ganzen Stollen liegt ein seltsamer Geruch. Er könnte viele Ursachen haben. Was wir hier einatmen, ließe wohl so manches Messgerät über den »roten Strich« ausschlagen. Ich deute auf die Ausblühungen und frage Juan:»Was ist das?« Seine Antwort lässt alle aufhorchen: »Wenn du das deiner Schwiegermutter ins Essen mischst, dann ist in ein paar Tagen der Fall erledigt!« Ich hake nach: »Arsen?« Und Juan bestätigt es: »Arsen!« Obwohl der Cerro Rico, was das Silbervorkommen betrifft, inzwi-

Die Minen sind das Reich des Teufels. Als *El Tío* ist er der Schutzpatron der Mineros.

schen praktisch leer gekratzt ist und jetzt hauptsächlich die »billigen Schwestern« des Silbers, Blei, Zinn und Zink, gefördert werden, birgt der Berg auch noch Gifte, so wie sie der Vulkan beim Ausbruch ins Magma gemischt hat. Arsen, das hier in gelöster Form ausblüht, ist nur eines davon.

Wir haben schon einige Kilometer unter Tage zurückgelegt und sind noch immer nicht vor Ort. Juan möchte uns zeigen, wo er früher gearbeitet hat. So führt er uns weiter – wieder begleitet vom Zischen aus einem defekten Luftschlauch. Erneut ein Zeichen: »Warten!« Dieses Mal bleibt er besonders lange weg. Plötzlich kommt er angerannt: »An die Wand! Ganz an die Wand!« Wir machen uns so flach, wie wir können. Nichts tut sich; kein Rumpeln, kein Rollen von Eisenrädern. »Was ist, Juan?«, möchten wir von ihm wissen. Er winkt ab: »An die Wand!« Nun ist ein Geräusch zu hören, leise und doch irgendwie eindringlich. Zu deuten ist es nicht. Es scheint auch nicht näher zu kommen. Es dauert, bis sich seine Lautstärke verändert. Ich lasse die Taschenlampe aufblitzen. Der lange Lichtkegel verliert sich in der Steinröhre des Stollens. Nichts ist zu erkennen. Juan meint: »Warten!« Das Geräusch könnte vieles sein, sogar tiefes Luftholen, oder das leichte Schnarchen eines Schläfers. Jetzt ist es deutlicher zu vernehmen; es klingt wie ein Keuchen. Unendlich langsam kommt es näher. Dann doch ein Anschwellen, als stünde der Verursacher bereits vor uns. Wieder die Taschenlampe. Sofort richte ich den Lichtkegel auf den Boden; ich schäme mich für dieses Anleuchten. Der Lichtstrahl hat zwei Mineros getroffen. Tief gebückt ziehen sie an Tauen eine Lore voll Erz, Schritt für Schritt. Diese ist so groß, dass sie gerade noch durch den Stollen passt. Deshalb also Juans Warnung: »*Ganz* an die Wand!« Wie im Zeitlupentempo bewegt sich die Lore an uns vorbei. Fuß vor Fuß setzen die beiden Mineros. Jeder ihrer kleinen Schritte ist begleitet von einem tiefen Keuchen. Ich blicke auf die gebückten Rücken herab. Die Taue gleiten vorbei, so langsam, dass ich trotz meiner Karbidfunzel glaube, jede Faser zu erkennen. Dann die Lore mit ihrer rostigen Blechwange. Fast berührt sie mich; mir ist, als spürte ich das Eisen. Darüber der Erzkegel, grau, glanzlos, wie wertloses Gestein. Die Lore ist noch nicht ganz vorbei, da »teilt« sich das Keuchen. Es ist eine Täuschung. Zuerst sehe ich die Beine, dann den Körper zweier anderer Mineros. Sie haken sich mit den Absätzen ins Gestein am Stollengrund und drücken die Lore vorwärts. Der gekrümmte Rücken und die nach hinten geworfenen Arme lassen die Körper wie verrenkt erscheinen. So langsam, wie sich das Geräusch genähert hat, so langsam entfernt es sich wieder. Nach einiger Zeit ist nur noch das »tiefe Atmen eines scheinbar Schlafenden« zu hören. Niemand von uns sagt ein Wort. Was wir eben gesehen haben, das »sitzt«.

Juan wird dieses Betroffensein wohl schon mehrfach erlebt haben. Er lässt es wirken, schweigt selbst. Dann bricht er die Stille. Seine Worte klingen nüchtern-hart: »Das waren zwei Tonnen Erz!« Nun sein Kommando: »Weiter!«

Irgendwie »Gott sei Dank!«, meinetwegen auch: »Gracias, ›El Tío‹!« Wir haben heil das Ende des Stollens erreicht. Mineros schaufeln mit fliegenden Bewegungen Erz. Ihre Stirnlampen erhellen die Szene. Es sind keine normalen Bewegungen. Diese Menschen sind »Maschinen«, am Laufen gehalten von »Mama Koka«. Juan spricht sie an: »Macht eine Pause! Trinkt etwas! Die hier«, er zeigt auf uns, »werden für euch arbeiten!« Er reicht ihnen den Rest des mitgebrachten Wassers. Gierig greifen die Männer danach. Uns dirigiert er an die Schaufeln und zeigt dabei nach oben: »Seit einem Jahr gibt es einen Flaschenzug. Vorher mussten wir das Erz hinauftragen. Dreißig mal dreißig Kilogramm waren die Tagesnorm. Manche schafften es sechzigmal. Es gab einen Minero, der trug fünfundvierzig Kilo.« Wir kannten eine solche »Senkrechte«, waren sie selbst hinabgestiegen. Der Weg zurück – mit dieser Erzlast –, dazu brauchte man mehr als Muskeln, mehr als »Mama Koka«, dazu brauchte man auch die schützende Hand

Sie arbeiten wie Maschinen und erreichen kein hohes Alter: Mineros vor Ort.

von »El Tío«. Nun möchten wir es den Mineros gleichtun. Es gilt einen Gummisack, gefertigt aus einem Lkw-Reifen, zu füllen. Doch bei dem Versuch, es an Geschwindigkeit mit den Indios aufzunehmen, scheitern wir kläglich. Es fehlt uns nicht an Kraft, aber vielleicht an der »Stimulanz«. Die Mineros nehmen uns die Schaufeln aus der Hand; wir sind ihnen zu langsam. Erz ist eben Geld, Bolivianos. Auf fünfzehn solche Münzen bringt es ein Minero am Tag, vorausgesetzt, er arbeitet mindestens zehn Stunden. Das ist ein Stundenlohn von umgerechnet fünfzig Pfennig. Schon schaufeln sie wieder wie eine Maschine. Der gefüllte Korb verschwindet in der Höhe. »Folgen wir dem Erz«, meint Juan. Er möchte uns den Stolz der Kooperative zeigen, den Flaschenzug.

Wieder stehen wir vor Balken und Holzleitern. Neigungswinkel etwa achtzig Grad. Hier endet ein Fehltritt noch genauso wie vor vierhundert Jahren. Wenn das Ministerium für Tourismus in La Paz von den Umständen wüsste, würde es die Minen für Neugierige wahrscheinlich sperren. Wir hangeln uns hinauf, immer nur nach oben schauend, irgendwie die Karbidlampe festhaltend und gleichzeitig uns selbst. Kein Schrei, kein »Ich kann nicht mehr!«. Noch einmal: »Kompliment, Kanada!« Juan ist längst oben. Er zählt uns: »Alle da! Gut so!« Genau dort, wo wir aus der Tiefe aufgetaucht sind, steht eine bereits mit Erz gefüllte Lore. Über eine Rutsche poltert von oben weiteres nach. Das Erz beginnt sich zu türmen. Dann ein besonders lautes Geräusch. Der Brocken hat die Größe eines Fußballs. Er findet auf der übervollen Lore keinen Platz mehr, rollt, stößt gegen den Rand – und stürzt in die Tiefe. Alle sehen es. In meiner Erinnerung läuft dieser Vorgang später immer wieder wie im Zeitlupentempo ab.

Der große Erzbrocken, das Rutschen, sein Rollen, das Anecken an der Lorenkante – dann der Fall in unseren Aufstiegsschacht. Wären wir nur eine halbe Minute später losgeklettert, hätte der Minero im Stollen über uns das Erz nur wenig früher auf die Rutsche gekippt, der Brocken wäre auf uns herabgesaust. Kein Helm schützt vor einem solchen Gewicht. Den Ersten hätte es von der Leiter gerissen; dann den Nächsten, eine Sturzfolge wie bei

Der reichste aller Berge ist auch ein sehr geschundener: der *Cerro Rico*.

Dominosteinen. Unsere Namensliste wäre »zum Einsatz« gekommen. Alle schweigen. Alle denken das Gleiche. Auch Juan ist betroffen. Ein solcher Zwischenfall war nicht eingeplant. Es gibt keinen weiteren Aufstieg mehr. Der »Stolz der Kooperative« bleibt unbesichtigt. Juan kennt jeden Stollenausgang. Bald ist ein schwacher Lichtschein wahrzunehmen. Dort vorn endet das Reich von »El Tío«. Fast möchte ich sagen: »Danke, Onkel!«

Vor dem Stollen – wie eine Anspielung – die Frage an unseren Führer: »Juan, wie viel Unfälle gibt es in den Minen?« Er scheint nicht antworten zu wollen; doch dann sagt er: »Ungefähr zwanzig!« Ich möchte es genauer wissen: »In welchem Zeitraum? Verletzte? Tote?« Juans Antwort klingt bitter: »Etwa alle sechsunddreißig Stunden trägt man einen toten Minero aus den Stollen!« Das sind die, die direkt im Berg sterben. Doch jene, bei denen der Tod langsam kommt, durch Vergiftung, durch Staublunge? Niemand kennt ihre Zahl. Wie sagte doch Juan, als er sich vorstellte: »Selten wird ein Minero älter als fünfundvierzig Jahre!« Was hat sich geändert im Cerro Rico, seit man das erste Silber fand? Etwas abseits werden Loren repariert. Die Arbeiter scheinen mir verdammt jung. Noch während ich auf sie zugehe, sehe ich, es sind Kinder. Ich frage den ersten Jungen: »Wie alt bist du?« Er montiert gerade eines der schweren Eisenräder und antwortet mir unter der Achsel hindurch: »Zwölf!« – »Und du?«, spreche ich den Nächsten an. Keine Antwort. Ein drittes Kind verdrückt sich in einen Schuppen. Ich gehe zu unserer Gruppe zurück und sage zu Juan: »Hier arbeiten Kinder! Ist das überhaupt erlaubt?« Wieder Zögern, dann nickt er: »Etwa achthundert, der Jüngste ist acht! Eigentlich ist es verboten, aber ...«

Das Fahrzeug, das uns nach Potosi zurückbringen soll, kommt. Das Erlebnis »Cerro Rico« hat allen die Sprache verschlagen. Wortloses Einsteigen, Schweigefahrt in die Stadt. Zum Abschied meldet sich noch einmal »Kanada«: »Horrible! Unbelievable!«

Meine Zeit wird knapp. Zu Beginn der Reise hatte ich sie großzügig bemessen gehabt. Doch durch den Zwangsstopp im Chaco und den Fußmarsch nach Potosi war der gesamte Puffer verbraucht. Nun wartet die Busfahrt nach La Paz auf mich, der »Luftsprung« zurück nach Europa. Doch ich verlasse das Land nicht, ohne Abschied zu nehmen vom Cerro Rico. Ein letztes Mal gehe ich den Weg bergan. In einem langen Marsch umrunde ich den »Sumaj Orcko«. Seine Rottöne hatten bereits den großen Inka fasziniert: Sie waren es auch, die mich den Berg am Ende der Tour schon aus großer Entfernung erkennen ließen. Ich bücke mich nach einem Stück geflammter Lava. Könnte es die Geschichte des Berges erzählen: Alles, was Menschenhand darüber schrieb, würde vor den Worten eines solchen »Augenzeugen« verblassen.

Ich werde dieses Stück »Schweigen« mitnehmen – als sichtbares Andenken an den Schicksalsberg der Indios.

Para los Niños de la Tierra

Diese sechs Worte haben mich auf meiner Reise nicht nur zur Abwehr bürokratischen Übereifers, polizeilicher Willkür und als Hemmschild gegen mögliche Kriminalität begleitet. Ich wusste, dass ich auf meinem langen Weg vom Rio de la Plata zum Cerro Rico mit Armut – in vielfältiger Form – konfrontiert werden würde. Deshalb waren diese Worte auch ein Versprechen. Man kann als Einzelner nicht das Leid eines Landes lindern; doch man kann Akzente setzen. Das Schicksal der Mineros von Potosi hat mich von allen Reiseerlebnissen am tiefsten berührt. Tausende sind inzwischen arbeitslos geworden, weil unrentable Minen geschlossen wurden. Kein soziales Netz fängt diese Familien auf.

Eines der Hilfsprojekte der Organisation WORLD VISION DEUTSCHLAND in Bolivien heißt »Los Chacos«. Dort werden Einzelschicksale betreut, wie das des Mineros Chuve. Er arbeitete zwanzig Jahre in der Silbermine *Chorolque* von Potosi. Arbeitslos geworden, kam der Mann mit der Familie in den Armengürtel der Stadt Santa Cruz. Eines der Kinder, die fünfzehnjährige Wilma, ist geistig behindert, ein Umstand, der dem Schicksal dieser Familie eine besonders tragische Dimension verleiht. Der Verdienst des Autors aus dem Verkauf dieses Buches fließt deshalb in Form einer Patenschaft in das genannte Hilfsprojekt.

Für Leser, die sich über »World Vision« informieren möchten, hier die Adresse:

World Vision Deutschland e.V., Am Houiller Platz 4, 61381 Friedrichsdorf, Tel: 06172/763-0

Quellennachweis

Die Abenteuer dieser Reise machen deutlich, dass übliche Reiseführer hier kaum von Nutzen sein konnten. Ging es doch nicht um Bauwerke, um Monumente, um Hotels, Verkehrsverbindungen und Ähnliches. Auch halte ich generell wenig von solcher Literatur, deren Autoren nur das Positive sehen, die Wahrheit ausblenden und somit den Reisenden vor Ort einem »Kulturschock« aussetzen. Deshalb orientierte ich mich anders. Für politisches Hintergrundwissen diente mir Gaby Webers »Die Guerilla zieht Bilanz«. Das aktuelle Zeitgeschehen in den lateinamerikanischen Ländern, wie auch Kulturelles vermittelte mir die Schriftenreihe »ila« der »Informationsstelle Lateinamerika«. Über Paraguay fand ich fundierte Auskünfte in »Mai's Weltführer 11«. Der Autor, H. W. Kopczinski, lebt seit über zehn Jahren in Paraguay, also »vor Ort«. Mein Wissen über den Chaco verdanke ich Peter Klassens, »Immer kreisen die Geier«. Das Buch des Mennoniten ist eines der ganz wenigen deutschsprachigen »Lesebücher« über diese Region. Weiterführende Literatur setzt spanische Sprachkenntnisse voraus. Verwiesen sei hier auf den Titel »Escenario Indigena Chaqueno, Pasado y Presente« von Wilmar Stahl. Den Cerro Rico kann jeder erleben. Um den Silberberg zu »verstehen«, wird er nicht umhin kommen, sich mit der Geschichte Lateinamerikas zu befassen. Carlos Fuentes, »Der vergrabene Spiegel. Die Geschichte der hispanischen Welt«, und Eduardo Galenos, »Die offenen Adern Lateinamerikas. Die Geschichte eines Kontinents«, waren hier für mich wertvolle Quellen.

Glossar

1 La Marga argentinische Kulturzeitschrift

2 Bombilla Trinkrohr für Mate, unten zu einem kleinen Sieb ausgearbeitet

3 Marcanasso-Stimmung Negative Grundstimmung, der traurige Blick zurück auf alte, bessere Zeiten

4 Carlito Das Spanische kennt die »verniedlichende« Endsilbe »ito«. Carlito = Carlchen

5 Graf Spee Das im Seegefecht beschädigte Schlachtschiff suchte im Hafen von Montevideo Schutz. Das Ersuchen des Kapitäns, das Schiff hier reparieren zu dürfen, beantwortete die uruguayische Regierung mit einem Ultimatum, den Hafen wieder zu verlassen. Den aussichtslosen Kampf mit den Engländern vor Augen, steuerte er es daraufhin zur Selbstversenkung in die Mündung des Rio de la Plata.

6 Reduktionen Von Missionaren geleitete Klosteranlagen in Südamerika, in denen Indianer »Kirche und Zivilisation« kennen lernen sollten.

7 Camiones Lastkraftwagen, hier deren Fahrer gemeint

8 Tereré die kalte Form des Mate

9 Adobe Ziegel aus Lehm oder lehmiger Erde, manchmal zur Verfestigung mit Gras o. Ä. durchmischt. Die Trocknung erfolgt in der Sonne.

10 Ladrillo gebrannter Ziegel

11 Campesino (in der Regel armer) Kleinbauer

12 Australischer Tank Weltweit genutztes Tränkesystem. Ein oft haushoher, meist ringförmiger Erdwall wird durch ein

Windrad mit Wasser gefüllt. Der Eigendruck ermöglicht über Schläuche die Wasserversorgung auf Weiden über große Entfernungen. Die Regulierung in den Tränken erfolgt durch Schwimmer.

13 **Rechtssystem** Ich zitiere den Paraguay-Kenner H. W. Kopczinski: »Die neutrale ›Comisión Internacional de Juristas de Suecia‹ teilte mit, dass das paraguayische Rechtssystem korrupt, ineffizient, politisiert und nicht unabhängig sei. Es widerspreche völlig den international geltenden Rechtsnormen … und stelle sich gegen alle internationalen Vereinbarungen über Gesetzgebung und Menschenrechte.«

Jeder Paraguay-Reisende sollte also wissen, dass er bei Rechtsproblemen *auch* als Unschuldiger mit schlimmen Folgen rechnen muss.

14 **Tienda** kleines Geschäft, etwa: Tante-Emma-Laden